遗像坊

中华文化 ◎ 特色与生命力

王蒙 等著

河北出版传媒集团

河北教育出版社

图书在版编目（CIP）数据

远集坊 : 中华文化 : 特色与生命力 / 王蒙等著
. -- 石家庄 : 河北教育出版社，2025.1
ISBN 978-7-5545-7571-0

Ⅰ.①远… Ⅱ.①王… Ⅲ.①中华文化 – 文集 Ⅳ.
①K203-53

中国国家版本馆 CIP 数据核字（2023）第 012465 号

远集坊 中华文化：特色与生命力

作　者　王　蒙　等
出 版 人　董素山
责任编辑　汪雅瑛　王旭瑞
装帧设计　李关栋
出版发行　河北出版传媒集团
　　　　　河北教育出版社 http://www.hbep.com
　　　　　（石家庄市联盟路 705 号，050061）
印　制　河北新华第一印刷有限责任公司
开　本　787 mm×1092 mm　1/16
印　张　24
字　数　304 千字
版　次　2025 年 1 月第 1 版
印　次　2025 年 1 月第 1 次印刷
书　号　ISBN 978-7-5545-7571-0
定　价　118.00 元

目 录

上 篇

中华文化：特色与生命力

下 篇

中华文化：特色与生命力 ◎

保亦坊

上 篇

今天我们如何做父母

◇ 朱永新

每个家庭生活都是一场精彩的家庭剧，每个家庭都会发生很多有意思的故事，我们今天和大家一起讨论怎么做父母有着特殊的意义，我也特别愿意跟大家做这样的分享。

三个问题：第一个，是关于一个调查数据，以及我们做的一些分析。第二个，家庭教育为什么很重要？第三个，父母要做的三件最重要的事。

关于家庭教育的调查，是中国教育科学研究院组织的一场调查，包括四个省两万名父母和小学生，这个调查没有引起我们的关注。父母最关心孩子什么问题？这个调查数据调查显示父母最关注孩子成才，但是对孩子成人关注不够。这些数据是由多往少排的，健康安全第一位，习惯第二位，学习第三位，人际交往、性格养成、兴趣爱好、情绪情感，越是跟人的品质相关的东西越关注不够，和生活、学习相关的关注很多，所以我们概括为对现实性的因素关注比较多，长远发展性的问题关注比较少。在现实生活中，成人比成才更重要，发展性因素比现实性问题更重要，至少不应该是倒金字塔形，应该是一个立柱或者金字塔形就比较合理。

学生要不要去上学前班？这是针对学前的儿童来说的。绝大多数父母亲都认为孩子学得越多越好，所以经过调查有两个数据结论：第一，80%

的孩子上过学前班，80%的家庭把孩子送到学前班去学；第二，学前班不仅仅没有帮助学生赢得任何学习的优势，反而有的时候会让他们过早学习知识而引起挫败感，降低学生的自信心和兴趣，从而产生学业上的懈怠和松懈。在小学生里面调查，最优秀的小学生群体里没有上过学前班的比上过的学生要多出11%，而成绩较差的学生里面，上过学前班的比没有上过的多出10%，这是很有意思的两个对比，从一正一反证明学前班其实对学生小学生之间的成长并没有太大的作用。

择校，现在很多人不惜一切代价选择一个好的学校，择校能够帮助孩子取得优异成绩吗？个别孩子是有作用的，针对某一个家庭可能有作用，但是总体上来说是一个平均数。成绩最优秀的学生里面29.95%是择校生，28.48%是就近入学，其实择校和就近入学没有什么差别，这个差别几乎可以忽略不计，那就没有必要花很多择校的成本了。所以我们很多人是自己给自己造成的心理恐慌。

课外班、课外作业能提升孩子的成绩吗？绝大多数父母要把学生送进补习班，并且认为补习班是有用的。我也做过一次调查，对年轻的父母，他们都讲：孩子送到了补习班补课以后的确有助于学习成绩的提升。但是大数据告诉我们好像作用没有我们想象的那么大，也就是说课外班和课外作业有90%以上的学生在上，但其实对孩子学习成绩的影响不像我们想象的作用那么大。

父母亲经常用物质刺激的办法刺激孩子学习，学习好了给你买你喜欢的东西，这些到底对学生的学习成绩有多大影响？调查发现：和孩子学习成绩正相关的不是这些奖励，更重要的是父母教育理念的一致性，良好的沟通氛围对孩子的影响比物质刺激更大。所以这也是说明家庭关系比物质奖励对孩子的影响更重要。

共同生活对孩子学习成绩影响大不大？我们很多父母亲给孩子安排得

很好，但是他跟孩子没有共同生活，这个调查发现，父母亲跟孩子共同生活越多，陪伴孩子越多，孩子发展就越好。比如说大家可以看到，父母亲闲暇时刻在看报、读书的，孩子学习成绩好的占31.31%；反之，父母亲在看电视、玩电脑的，成绩好的孩子就要少一些。这说明如果父母亲经常和孩子在一起做游戏，一起运动，一起聊天，对孩子学习成绩影响是比较大的。

父母亲跟孩子们一起沟通，一起做家务，对孩子的成长到底有没有好处？他们也做了调查，一种主张孩子做家务的，一种主张基本上孩子只要学习好，不用做家务的，这两种孩子差异非常大，做家务的学习成绩优秀的占到将近82%，不做家务的只有3.17%，你以为做家务好像浪费了孩子的时间，少了一点做作业的时间，少了一点看书的时间，但其实对他的成长更有好处。所以让孩子学会自己做自己的事情，会增加孩子的责任感，增加孩子自我管理的能力。

爸爸对孩子的成长有多大作用？在很多家庭，爸爸基本上是"影子父亲"，只管赚钱，只要把钱拿回家就行了，教育孩子是妈妈的事。10%的家庭是父母亲承担主要责任，90%的家庭都是妈妈在管孩子，但是调查就发现，凡是这样的家庭，会导致男孩子性别的弱化、性别认同的弱化，特别是母亲过分呵护以后，孩子的依赖性、独立性都会受到很大的影响。

父母亲们了解自己的孩子吗？很多父母亲说我还不了解我的孩子吗？但是这个调查很有意思，发现孩子眼里的父母和父母眼里的孩子不一样，或者说孩子不完全是你以为的这样。所以我们绝大部分的父母亲其实对孩子真正的情况了解不多。父母亲往往比较了解表面上的东西，所谓表面上就是看得见的，比如说孩子的好朋友，父母知道；孩子喜欢哪个老师，父母知道，但是对于深层次的内心的东西了解不多。比如说孩子最大的愿望是什么，孩子最不愿意提的缺点是什么，孩子最崇拜的人是谁，这些问题父母亲不是很清楚。其实父母亲只关注孩子外向性的东西、表面性的东西，我们绝大部分父母亲跟孩子的沟通、交流、深度的了解是不够的，成为朋友就更加不够了。

孩子的学习成绩跟父母亲的养育方式有没有关系？其实是非常有关系的。在学习动机、课外阅读、学习成绩三个学习核心方面，男孩子情况比女孩子差，一方面跟我们的教育方式更适应女孩子有关，一方面跟父母自身的教育方式有关，也就是说现在父母的养育方式，更适合女孩子的成长，而不太适合男孩子的成长。

我简单介绍一下两年前中国教育科学研究院做的这个调查，中国教育报发过他们的调查报告，然而这些重要结论一直没有引起很好的关注和普及，但还是很有教育力和说服力的。跟孩子一起走进大自然，一起读书，可能比花钱到补习班的效果更好，教育资金应该投到哪里去，是值得我们研究的。

家庭教育为什么很重要？我们很多情况下并不清楚，或者说有很多教育理论也没有完全讲清楚，所以我今天想从理论、实际上做一个说明。

第一，家庭是人生最重要的场所。人的一生总是生活在不同的空间里，主要有四个空间，第一个是母亲的子宫。过去我们没有非常好地注意这个环节，这个环节对人成长非常重要，中国古代为什么那么重视胎教，为什么重视母亲在怀孕期间的营养、情绪、和别人的交往，是有道理的，这个时间儿童是通过母亲的身体去感知外部的世界。去年我跟北京的一个优秀的阅读推广人交流，她就跟我讲自己的经历，她怀孕期间每天读一首诗歌、听一首乐曲，发现孩子出生以后，读到曾经读的这些诗歌和听过的这些乐曲，跟没有读过的反应不一样，儿童是有记忆的，他在母亲怀孕期间可以感知外部世界。所以这个环节是过去长期被我们忽略的。第二个是家庭。人是离不开家庭的，人在家庭中生活，从家庭中出生，又回到家庭。第三个是教室或者学校。我们研究新教育的完美教室的时候发现，其实教室对孩子的成长非常关键，它是儿童在学校生活非常重要的空间，教室就是个小社会，在这个小社会里面，孩子能不能很好地适应，跟教师之间、同学之间能不能有很好的关系，都会影响人格的发展。第四个就是未来的职场。

这四个空间里面家庭是中枢。在母亲的子宫里时也算生活在家庭里，在学校教室里时每天要回到家里，在职场打拼也要回到家里。所以家庭才是人生最重要的空间，最重要的人生港湾，但往往没有引起我们很多人的重视。

第二，关于童年。童年也没有引起我们的足够重视，我们都认为孩子就是玩玩，还有什么童年？我们每一个人真正回忆自己一生时就会发现，童年是我们人生的最重要的底色，童年的重要意义远远没有被发现。根据西方很著名的大脑发育图谱，新生儿大脑的突触，就是大脑细胞之间建立联系的突触的分布情况，出生后一个月的时间内已经有很大变化了，九个月的时候密度更加增加了，两岁孩子的大脑发育程度跟成人的大脑发育程度已经基本上相同了。所以中国古代有一句老话："三岁看大，七岁看老。"过去我们学教育学、心理学的时候总觉得太夸张了，怎么三岁看大，七岁看老呢？现在来看是有道理的，两岁的时候的大脑发育程度跟成年人的相差无几，我们的确很难理解。

人的童年和动物的童年完全不一样，很多动物生下来就能够独立生活，不需要很多的学习，但是人不一样，人从语言到行为，都需要大量的学习。人学会走路，学会站立，学会说话，这些都是非常复杂的操作系统，但是人在最短的时间内就已经学会并掌握了，所以儿童的学习能力是让我们非常吃惊的。很多人说我回忆不起我的童年了，其实你虽然不一定记得，但它一直是你人生的底色，一直是你人生不可磨灭的最重要的东西。所以西方几乎所有的心理学，以及那些最著名的心理学家，尤其是精神分析学家弗洛伊德等，没有一个人不关注人的童年，人有了精神问题一定会追溯童年，那就是他的源头，他童年的经历，他的某一个关键性刺激，某一个关键性人物，都会对他产生难以想象的影响。所以童年对一个人的成长非常重要。

影响童年最关键的人物是父母。托尔斯泰观察了孩子从出生到五岁这段时间，在他的智慧、情感、意志和性格诸方面从周围世界中所获取的影响，要比他从五岁到一生终了所获取的影响多许多倍。这个跟"三岁看大，七岁看老"基本差不多了。这个有点夸张，但还是很深刻的。我们五岁前孩子的父母亲看到这句话就要好好记住，这是很重要的，得多花点心思。

苏联的教育家马卡连柯也说过类似的话："五岁时成为什么样的人，将来也就是那样一个人。"这个讲得也比较武断，但也是在强调童年的意义。

教育家苏霍姆林斯基说童年是人生最重要的时期，它不是对未来生活的准备时期，而是真正的、光彩夺目的一段独特的、不可再现的生活。今天的孩子将来会成为一个什么样的人，起决定性作用的是他的童年如何度过，童年时期由谁携手带路，周围世界的哪些东西进入了他的头脑和心灵。人的性格、思维、语言都在学龄前和学龄初期形成。这段话讲得比较具体了，比托尔斯泰和马卡连柯讲得更具体、深入，而且分析了重要的原因。因为绝大部分父母亲认为童年不重要，未来很重要，觉得孩子童年辛苦一点，未来才能幸福。

其实童年和未来、现在和未来之间不是截然分开的，而是川流不息的河。童年的经历、童年能不能幸福，决定了未来能不能幸福，不能说童年不幸福没事，只要未来很幸福就好，没这回事。所以很多父母用打骂、惩罚的方法逼着孩子做很多事，其实并不能起到很好的效果。

当然由谁携手带路也很重要。由谁携手带路？当然是父母，父母亲在这一段时间怎样去陪伴孩子生活是个很值得关注的大问题。最近我出版了一本书叫《未来学校》，樊登读书会在讲，我看有很多评论说未来学校就是个空想，我们哪有时间带孩子。未来可能父母亲会选择一段时间陪伴孩子，所以我说未来叫"王者归来"，什么叫"王者归来"？就是现在我们很多是职业女性、职业男性，未来很可能双方会有一方在孩子成长的关键时期陪伴孩子一起成长，这样的父母越来越多了。未来更重要的是，很多父母亲在设计自己人生规划时，可以选择一些重要的学习陪伴孩子一起来学。这和现在的补习班不一样，这是"不得已"的学习。未来可能会设计这种学习：父母跟孩子一起学习新东西。更重要的是，父母在携手带路的时候要明确要将孩子带向何方。我们很多父母亲并不明白怎么陪伴孩子，怎么把孩子带到明亮的那一方去，周围世界的哪些东西进得了他的头脑和心里，在孩子成长最关键的时期，我们要给孩子什么样的东西……我提出了一个观点：要把最美好的东西给最美丽的童年，世界如此之大，孩子创造世界的可能性也如此之大。童年对孩子的成长的确非常重要。每个人都只考虑儿童的将来，没有人关心儿童的现在。所以关注儿童当下是非常重要的。

第三，父母是孩子最长久的老师。这个观点大家应该都了解，但也不算了解。大家都知道家庭、父母对孩子成长很重要，但究竟怎么重要？父母为什么是孩子最重要的老师，而且是最长久的老师？很多人并不是很清楚。从父母开始职业化以后，从现代学校制度产生以后，很多父母就自觉不自觉地以为教育是学校的事，以为只要管好孩子的身体、衣食住行就可以了，教育的事情交给老师去，这是很多父母的朴素的想法。我曾在台湾地区参加过一个很传统的开学典礼，其中有一个仪式就是父母把象征教育孩子的权杖交给校长，意思是孩子就交给你了，怎么教育都可以。现在很多父母还是这样，其实他们不知道，他们比老师还要重要，因为儿童最初的世界就是父母，父母是儿童的第一任老师。的确是这样，我们可以在任何一个儿童身上看到父母的影子，任何儿童身上的问题都能够找到家庭的问题或者父母的问题。所以父母对孩子的影响渗透到了每个细节。西方心理学家做过一次很有意思的研究，专门记录不同家庭在晚餐时说什么话，录音录像进行比较。研究下来发现，这些话对孩子的影响是不一样的，孩子受到的熏陶、受到的教育、关注的问题在家庭关注的很多话题中产生了不一样的影响力。包括这个家庭关注油盐酱醋、各种新闻，对孩子的影响也不一样。

父母不教育孩子，孩子会变坏；父母用错误的方法教育孩子，孩子则可能变得更坏。有的时候不教育比坏的教育还好，在好的教育、自然的不教育、错误的教育之间我们很多父母亲恰恰选择了错误的教育。现在很多教育上的问题，其实都是错误的教育，我们错误的教育远远大于不教育。现在大家都很关注孩子成长，但是在这个过程中的确有很大的问题。所以我们说在优秀的孩子成为优秀人才的背后，总能找到温馨和谐家庭的影子；同样，一个人形成不健全的人格，也可从其家庭中找到充满冲突和矛盾的因素。

所以，这么重要的问题，这么复杂的学问，这么重要的领域，父母们恰恰是没有受过训练。我说学个开车还要学那么长时间，还要领个驾照，但是做父母亲这么复杂的事情没有受过任何训练就做父母了，就开始生孩子，就开始行使教育权利了，这个的确是有问题的。

我们父母亲犯的毛病有哪些?

望子成龙，期望值过高。几乎所有父母亲都用很长的时间做望子成龙的梦，几乎所有的孩子在早期都认为自己很了不起，然后逐步退却。对孩子抱不切实际的期待是不利于孩子成长的，望子成龙、望女成凤没有什么大错误，但是这个要建立在孩子自身的基础之上。我们说每个孩子都有可能成龙，都有可能成凤，都有可能成为一个优秀的人，但是首先你要清楚，不是所有的孩子最后都能够成龙和成凤。我们现在理解的成龙和成凤就是名校，就是清华北大，就是好工作，这个是有问题的，从概率上也做不到。因为北大、清华、哈佛也好，他们的名额总是有限的，而且并不意味着你进名校就会成功。有些成功之人并不是北大、清华，也不是哈佛、耶鲁等名校毕业的。为什么认为孩子一定要考上一个名校才能成龙成凤？所以父母过高的期望值不利于孩子成长，期望值过高而达不到的话就意味着失败，这种失败感对孩子和父母都会有非常大的消极作用。

重智轻德，一俊遮百丑。许多家长认为只要学习好就什么都好，至于孩子怎么做人，怎么和人相处，怎么成为一个受人尊敬和受人欢迎的人，怎么有同情心，这些东西完全不关注。所谓"精致的利己主义者"从家庭开始就产生了，有的孩子为了自己考好，把优秀学生的笔记本偷掉，同学之间像防贼一样，同学之间没有心灵沟通，这些背后其实都有家庭的期望。其实孩子品德的发展、个性的成长远远比成绩更重要。仔细去想一想，在学校里面成绩最优秀的人、考试最好的人，未必就是走向社会以后发展得最好的人，所以做人、人的品格发展、人格成长才是最关键的。一个人生活在社会之中，他怎么和别人和谐相处，成为受人尊敬的、受人欢迎的人，他能不能懂得尊重、宽容、理解，能不能懂得这种人性的美好，这些才是非常关键的问题。

两个极端：宠爱和冷漠。有些家长对孩子宠爱得无以复加，细致到了不让孩子去尝试一点点新鲜的事物，连吃个鸡蛋都要帮他把鸡蛋壳剥开。父母亲在生孩子这个阶段，往往和人生职业中的重要阶段是有重叠的，所以很多家庭选择把孩子交给长辈。有统计显示，在中国超过30%甚至到50%的家庭，长辈都是参与孩子抚养的，所以孩子的独立性、孩子的生活习惯都会受到影响。有些家长对孩子又是很冷漠，对孩子爱理不理，这个和单亲家庭或者一些特殊背景有很大的关系。

第四，家庭教育是真正的人诞生的摇篮。一个真正的人的诞生，其实是从家庭里面开始的。英国学者赫胥黎说：欲造伟大之国民，必自家庭教育始。

德国教育家福禄贝尔说：推动摇篮的手，是推动地球的手。意思就是，真正决定我们人类社会是不是美好，其实和母亲（推动摇篮的手）有很大的关系，因为人的形成最关键时期是在家庭里铸就的。后面这句话讲得同样很精彩：国民的命运，与其说是操在掌权者手中，倒不如说是握在母亲的手中。因此，我们必须努力启发母亲——人类的教育者。母亲的教育是非常非常重要的，母亲强大了，孩子才能强大，国家才能强大。

我们国家的思想家、教育家梁启超先生也说过类似的话。他自己的教育是很成功的，他的几个孩子都是各个领域大师级的人物，还有科学家院士等，他讲："故治天下之大本二，曰：正人心，广人才。而二者之本，必自蒙养始（就是人生启蒙的开始）；蒙养之本，必自母教始（启蒙教育要从母亲教育开始）；母教之本，必自妇学始（就是女性的学习），故妇学实天下存亡强弱之大原也（就是女性的教育的问题）。"当然现在我们对这个问题还是远远不够重视。我们专门开了一场青少年生命教育的公益课，我们特别提到了要加强家庭教育和母亲教育的问题。

整个家庭教育为什么很重要，我们这样一梳理就应该比较清楚了，从家庭本身的意义，人的童年的阶段以及父母本身对孩子的影响力，以及家庭教育本身的意义和价值，这样我们就会知道：没有什么比家庭对孩子影响更大；没有什么比父母对孩子影响更大，所以在这样一个人生成长最关键的时期，你怎么和孩子一起度过，怎么成为携手带路的人，把他带向何方，都具有非常关键的和重要的意义。

家庭教育之路上充满着无证驾驶的"司机"，如果这样的"司机"充斥在我们的国土上，是危险的。这一点不是危言耸听，事实上就是这么一个现状。我们教育工作者，包括我们今天来的这些家庭教育媒体，都有一个很重要的使命，就是培训家长"上路"，包括我们今天这样一个讲座，其实也是一件这样的事情。很多事情其实是教育的常识，比如说我们前面讲的成人比成才更重要，这是教育的常识，但是相当多的家庭碰到具体问题首先想到是"成才"，碰到孩子成长过程中各种各样的关键时刻首先想到的往往都是违反教育常识的事情。

这些问题都是家庭教育中最关键的问题，而很多还没有成为我们的常识。

我很喜欢的一本书叫《有吸收力的心灵》，我专门写了一本解读蒙特梭利的书，叫《儿童有一种未知的可能》。在成长发育的过程中，儿童如果没有得到适当的照顾，他们长大成人后会有报复社会的可能。无知地对待儿童，比无知地对待成人的后果要可怕得多。这会在儿童的心中产生巨大的障碍，进而形成一种阻碍世界发展的个性。成人有选择能力，有辨别能力，但是儿童不一样，儿童是软弱地被动接受，甚至是无法抵抗的，所以对儿童要特别慎重。

父母要做的事很多，要学的东西也很多，最重要的是三件事，做好了，家庭教育基本上就成功了：

第一，陪伴。陪伴为什么重要？其实它是人生最重要的一笔财富之一。在孩子成长的关键时期，你用了多少时间和他在一起说话、阅读，用了多少时间和他一起走过山山水水？这些是一个儿童一生最重要的财富，而且这个陪伴是没有办法补偿的，比如说我现在处于生命中最重要的打拼时期，这个时候父母基本上都是自己创业或者正处于职业生涯里要升迁的关键时期，在单位里面要表现好，工作要有所成就，这和陪伴孩子就形成了很大的冲突。现在一个人从小学、中学、大学到博士，差不多要30岁才能拿到博士学位，其实没有必要，绝大部分人20来岁就可以开始工作了，一边工作，一边学习，会成为教育成长的特点，把创业的关键期和家庭的关键期适当错开，是未来家庭和教育的一个很重要的新设计，否则这样下去对人的成长，尤其对儿童的成长是不利的。

一位父亲讲得非常好：如果你的孩子没有这么优秀，你要教育，你反复教育，你要耳提面命，你跟孩子在一起的时间多，说的话多，这不是幸福吗？孩子成人之后，彼此亲近的机会就少了，在他未成年的时候，多一点的时间跟他在一起，也许就是幸福，千万别像我先前那样，让呵斥和哭泣成为主流声音，把可能的幸福变成彼此的折磨。这是一位父亲事后来忏悔的一段文字，在他孩子成长最关键的时期，呵斥和哭泣是家庭的主流声音。我们应该把交流和快乐、欢笑作为我们家庭主流的声音，这才对。任何东西都是可以替代的，陪伴是没办法替代的，别人替代不了你，未来也替代不了现在，这是一个非常重要的常识性东西，很多父母亲都以为没关系，认为我现在没时间，以后我多花点时间就可以，其实人生没有以后，只有当下。

第二，阅读。阅读也是我们家庭没有得到充分重视的问题。我很喜欢的一本书（《朗读手册》）的扉页上的一句短诗：你或许拥有无限的财富，一箱箱的珠宝与一柜柜的黄金，但你永远不会比我富有——我有一位读书给我听的妈妈。这就讲到了儿童早期阅读的重要性。

儿童的早期阅读为什么很重要？关于阅读我曾经讲过一句话："一个人的精神发育史就是他的阅读史。"人的精神世界的塑造，其实和他的阅读有着密切的关系。前面我们讲了，儿童在他早期大脑发育的过程中，虽然在两岁之前没有真正学会阅读，但是在他从两岁到7岁，乃至于从7岁到青少年成长的最关键时期，阅读在重塑他的精神世界中发挥着非常关键的作用。因为人类最初儿童的成长是经验型成长，在他生活的空间内和他相处的人——爸爸妈妈，和他们一起获得最重要的人类生存本领，学会行走、学会语言，但是他要学会书面语言、塑造精神世界和增长智慧就需要大量阅读，因为人类最伟大的思想和智慧就在那些最伟大的书里面，这是人类几千年不断创造、不断积累成的一个经典传递方式，每个人都要经历这样一个历程，这是成长的关键时期。儿童不可能去经历各种各样的生活空间，他对人的认识、对世界的认识，对自然的认识绝大部分还是通过阅读来获得的，所以儿童早期的阅读对儿童的成长起着非常关键的、重要的、难以替代的作用。我每天早晨读一本童书，我在我的新浪微博和头条专门有一个栏目叫"童书过眼录"，已经创办将近7年时间了，这不是一种补偿，其实伟大的童书都值得看，它们一点不幼稚。我今天早晨读的是《给孩子的神奇植物课》，是讲中国的中草药，讲这些植物怎么生长，怎么制作的过程。我自己也很受用，很多父母亲跟着我读，我今天推荐，他们明天就在网上找这本书，买来去给孩子读，我推荐的书跨度很大，从幼龄到青少年的都有，我认为它很重要。我每天早晨还会给父母亲写一段文字，叫"新父母晨诵"。我最近也对话了杜威，用8年时间做了一个"通读名著的计划"，想把最伟大的教育家的著作再读一遍，一边读，一边写自己的对话，每天早晨我会给父母亲分享一段文字，每天有一点时间来进行学习，还是挺有意思的。

我把我们做的书目慎重推荐给我们的父母亲，因为每天都有父母亲在我的微博和头条后面留言，让我给他们孩子推荐书，其实我觉得有了这一套垫底，就不需要问我了。书目是我组织专家做了将近10年的工作，从幼儿开始，一直到大学生，还有给父母的、教师的，小学、中学、大学、父母、企业家、公务员，每个群体我都选择了100种书，每一种都做了延伸阅读，幼儿我们分了低中高三个阶段，学前的分三个主要时期，父母亲怎么跟孩子亲子共读，从玩具书到图画书都做一个仔细介绍，每两年做一次修订，因为不断有好书、新书出来。这个书目起到了很大的作用。一直没有人拿出一个比较权威的书目出来，这个书目相对来说没有任何利益机制在里面，我们不考虑市场，不考虑出版社，只考虑对孩子的重要性，所以我们对版本、对作者都做了非常精心的选择。如果父母要阅读的话，基本上这些书就可以解决问题了。为什么父母亲也要阅读？因为父母亲不仅要陪伴孩子阅读，想要真正了解孩子，自己也需要阅读。去年我们专门编写了一套书，叫《这样爱你刚刚好》，一套帮助父母了解孩子在不同年龄阶段的心理特点、生理特点，以及在学习上怎么帮助他更好成长的书。从0到21岁，共21本书，共同组成了一套比较好的阅读体系，让父母亲带着孩子读书，尤其是在幼儿教育阶段，告诉父母亲怎么去帮助孩子更好地成长。

我读这些教育家的书也写了一本书，叫《大师教你做父母》，对话叶圣陶、陶行知、苏霍姆林斯基等名家。

第三，习惯。习惯对人的成长非常重要，但是很多父母亲并没有刻意关注这个问题。叶圣陶先生是我很尊敬的教育家，他曾经讲过一句话：教育就是培养习惯。是的，一个人一生靠什么在支配自己？我们绝大部分的行为都是习惯在支配。比如说我每天早晨5点起床，很多人就问我，你怎么起得来？我们都是8点才起来。我开玩笑说我是20世纪50年代的，所以5点起来，60年代6点起来，90年代就9点起来。我每天大概比别人早起两个小时，我读书、写作都是在这个时段完成的。所以每天早晨轻轻松松地可以读很多书，写很多文字。我怎么起来的呢？我曾经写过一篇文章叫《父亲的礼物》，我认为我父亲给我人生最大的一个礼物，就是让我早早起床。当时我父亲是个小学老师，他每天早晨很早到学校去，因为老师要比学生去得早，他每天早晨5点把我从床上拖起来写毛笔字。我的字没有写好，但是生物钟形成了，每天都是这个时间起来，当时我还很怨恨他，躺在被窝里多舒服，那么冷就要起来，就要写字，老是在怨恨父亲，但是现在回过头来想一想，这是我人生很大的一笔财富，我每天比别人多出两三个小时，一辈子可以比别人要多活好几年。如果有效的工作时间是12年多，我比别人要正常多工作几年，就是靠着每天早起的这一段时光。我每天早晨起来会把一天的活动做一个很好的规划，静下心来去读书，把日记写下来，所以大家看到我每年都会出一本工作日记，特别是两会手记，我刚刚出版了《春天的约会》，是这5年每年两会期间的手记，所以这些都是习惯的原因。做新教育事业以后，我发起了一个行动叫"每月一事"，我把人生的习惯分成12个月，每个月做一件事，比如说1月就培养孩子节俭，2月培养守规矩，3月培养环保意识，4月培养公益意识，5月培养勤劳，6月培养审美，7月培养健身意识，8月培养礼貌友善，9月培养阅读，10月培养感恩，11月培养自信，12月培养自省。一生有12个重要的习惯，把每个习惯养成了，然后巩固了，孩子今后就习惯成自然。每个月我们也会有一个主题月活动，去读和主题相关的书籍，让孩子从意识上认识到这个习惯很重要。比如，运动为什么很重要？健康为什么很重要？前段时间我做了一个公益课程，就是做最好的自己，健康是"1"，没有这个"1"任何东西都没有价值和意义。我们讲运动不是说要成为优秀的运动员，而是要把运动健康作为人生的习惯。每一件事情都可以形成一个规则，人生其实有很多底线，这些底线都是社会的各种基本规则，要懂得服从规则。很多人做事没有底线、不懂规则，和他的意识有很大关系。用12个"每月一事"的方式培养一个人的良好习惯，是非常重要的。其实父母亲在家庭生活中也能引导孩子养成一个一个的好习惯，比如说勤洗手，应该在家庭里面养成，根本就不需要到学校再去教的事情，如果在学前教育阶段教会孩子饭前饭后、从外面回家要洗手，什么都解决了，很多习惯都是在家庭里面养成的。其实如果把好习惯养好了，一个人就拥有了终身的财富。

家庭教育这三个关键词是最基础的。

前面提到的我的这本《未来学校》的书，专门有一章叫"王者归来"，讲了整个家庭教育发展的历程。人类教育最早是没有家庭的，是在物质财富剩余以后才产生家庭的形态，未来的家庭还会有很大的发展，有不少新的形态，但是家庭跟教育之间的关系始终是交错进行的。

从200多年前有了现代学校以后，在中国100多年的历史中，民国时期的教育普及率还很低，80%、90%的人是文盲。那个时候教育基本上发生在家庭中。我提出未来可能会出现家庭再次成为教育的主导者的情况，那这意味着什么？第一，现在我们学校的整个学习过程都是设计好的，把孩子送到幼儿园、学校，父母基本不管了，学什么都是学校定的。未来不是，这样一套体系的最大问题是不考虑孩子的个性，而是考虑统一的大纲、统一的教材、统一的评价。未来不一样，国家会设计一个基础性的国家教育标准，就是希望我们的公民都能够达到一个最基本的标准。这个标准肯定不会像现在那么高，现在太高了，其实我们有很多时间学了一辈子派不上用场的东西。前两年国外做过一次很有意思的调查，现在学校里孩子们学的这些东西能保留多少？回答是17%，我们学的大部分东西都是没有用的。什么是有用的？对不同的孩子来说，有用的东西是不一样的。教育的使命是帮助每个人成为最好的自己，既然成为最好的自己，他的知识是他自己建构起来的。一个孩子如何去建构知识，在未来世界，这是父母亲很重要的使命，现在是父母和孩子共同建构的。未来国家可能至少要留出至少50%的时间给父母、给家庭、给孩子自主发展，父母亲责任就更重大了。未来不会有像现在这样的择校方式，也不会让孩子只在一个学校学习，而是要根据孩子的个性寻找、设计、发现最适合孩子的学习中心帮助他一起共同成长。所以父母亲在未来一定会发挥更大作用，而且很可能父亲和母亲在孩子成长最关键的时期会陪伴孩子一起生活、一起成长。

一到过年，父母亲基本上是跟孩子在一起生活的，很多新型的未来教育的影子已经在很多家庭里出现。我们出现了很多烦恼，也出现了很多欢乐。在网上，有些父母说这一段时间是我人生最幸福的时间，有时间在家里做各种各样的事，有那么多时间跟孩子在一起生活，跟孩子一起读了很本书，分享了很多。还有一些父母则是抱怨被孩子烦死了。其实关键是我们用什么心态去对待这一段的生活，用什么心态对待孩子的成长。有一条是可以肯定的：在孩子成长的最关键时期，你和他在一起的时间越多，越能够度过最愉快的时光，你这一辈子永远不会后悔的。我们很多父母亲都忽略了在这段最关键的时期陪伴孩子成长。有很多父母亲忙，我一直有个观点，叫"重要的事情总是有时间的"，就是你认为这件事情很重要，你一定会把其他事情丢下的。

讲个有趣的故事，2012年我们在山东邹城开过一次新教育大会，大会上有一个企业家父亲给我们分享了他跟女儿成长的故事。企业家忙不忙？他是当地很著名的企业家，基本上每天晚上是喝醉酒回家的，因为不是人家请他喝酒就是他请人家喝酒，应酬多。每天喝醉酒回家，早上女儿上学的时候他睡觉，所以女儿基本上跟他不打照面，但是我们的老师就要求父母跟孩子一起读书，我们老师每天开书单，要求这本书是父亲和孩子读，这本书是母亲和孩子读，这位父亲没办法，就每周有一天时间陪女儿读书，强制性的，没有办法。老师要求，而且妈妈不能代替，不能让母亲代替父亲，父亲的角色不能缺位。这个父亲逼着自己跟着女儿一起读书，一开始是被逼着，读了两个月以后，他说原来读书比喝酒有意思多了，后来他就主动推掉了很多应酬。当阅读成为习惯以后，当他有了阅读的兴趣以后，他就主动找书和女儿读，5年时间，他跟女儿读了100多本书，他说这是他人生最快乐的一段时光，我们父母亲如果都能够如此，孩子们的童年就完全不一样了。

所以不在于你有没有时间，而在于你有没有把陪伴、把阅读养成好习惯作为孩子一生最重要的东西。重要的事情你就一定会为它找到时间，孩子既然是我们家庭重要的一个成员，既然他来到这个世界上，我们就有责任把他培养成一个幸福、完整的人，把他培养成一个健康向上的人，把他培养成一个正直善良、自己懂得不断成长、幸福的人，这个比什么都重要。

这是我跟大家分享的主要观点。

早期阅读：校准人生的坐标

◇ 高洪波

谢谢阎晓宏理事长和老朋友《文艺报》总编梁鸿鹰对我的介绍。《文艺报》的十年对我来讲是人生一次非常重要的巨大变化，因为严格来说，我的人生是由几个板块组成的。

第一个重要的十年是云南军旅生活，从17岁到27岁。在这十年里，我从一个北京中学生变成解放军军官，后来转业直接到了《文艺报》，《文艺报》的十年让我从解放军的一个炮兵排长，当时连一篇五百字的新闻报道都很难写成功的一个人，最后成为一个作家。从阅读方面来讲，《文艺报》的十年就更为重要了。《文艺报》的十年之后我的工作更多了，在中国作家协会办公厅当副主任，到《中国作家》当副主编，又到中国作家协会创联部当主任，一直到现在将近70岁已经退休了。将近70岁的人来回忆自己的早期阅读，这本身就是非常有意思的事。

非常感谢晓宏理事长给我这个机会谈一下我的早期阅读。我们俩说起选题的时候，我说自己写的是"早期阅读：人生坐标的精准校定"，因为我是炮兵出身，讲究坐标和校定，这完全都是军语，但都是一个意思。

我的老朋友、著名教育家、全民阅读推动者朱永新曾说过这样一段话：人生有三种风景，第一种是大自然的景观、山水，是行万里路看到的风景；第二种是人生百态，属于社会风景，是我们生活在社会中阅人无数看到的风景；第三种就是精神风景。他认为精神风景是什么呢？就是阅读，是用智慧的文字构造起来的风景，要享受精神风景就需要读万卷书，我非常认同他这个观点。

阅读改变人生，知识决定命运，这是我一直在说的一个话题。几年前我看过一个新闻，中国虽然是一个人口大国，但是在阅读方面谈不上大国。2021年，我国成年人均阅读纸质书是4.76本，还有一些差距。新中国成立以来，国家便有意识地提倡阅读，一直到现在把倡导全民阅读作为党和国家建设学习型社会的一项重要举措。现在我们的文化程度和阅读水平还相对不高，因此我们现在提倡早期阅读，从孩子抓起，逐渐提升整个国民的文化素质，这其实不是奢望，是未来民族振兴特别重要且必要的一个前提。

儿童时代和少年时期，即6岁到15岁左右，差不多十年的时间，从幼儿园、小学到初中，这是我界定的早期阅读的年龄阶段。因为上高中之后，孩子的阅读更自主，选择性也更强，这是根据我个人成长中的阅读经历做的界定，不一定很科学。这个阶段是人生特殊的十年，是生理和心理都发生巨大变化的一个时期，孩子在这个阶段的阅读和后来成为青年、中年，一直到像我们现在老年之后比较散漫的阅读，完全不是一个量级。在这个时期心理正在成长，生理也在变化，从一个幼儿园小孩子成为一个中学生，女孩变成少女，男孩变成少年，这一阶段的阅读特别重要，可以说对人一生的影响也都是巨大的。

刚才鸿鹰介绍了我的很多身份，但是我给自己的定位就是儿童文学作家，出国时我的名片上一直印着"儿童文学作家"，我为自己这个选择自豪了将近四五十年。从20世纪70年代末开始写作，女儿出生后，我又开始写儿童诗和儿童文学理论。虽然因为工作调动等原因，中间离开了儿童文学三五年，但是我很快又回归到儿童文学这支队伍，参加儿童文学委员会工作，主持多届全国优秀儿童文学奖的评奖。

我之所以认为儿童文学作家的身份很重要，一方面可能是天性决定的，就是对孩子有一种天性的喜欢和喜爱，或许有人觉得这样的人永远不成熟，老是嘻嘻哈哈的，但这也是人的天性。俄罗斯著名文学理论家别林斯基曾说：儿童文学作家是孩子们盛大的节日；儿童文学作家应当是生就的，而不应当是造就的。我在《文艺报》工作的那段时间里，进行了大量的理论阅读，学习积累了大量关于别林斯基、车尔尼雪夫斯基、杜勃罗留波夫、高尔基、卢那察尔斯基的书，因为我到《文艺报》之后需要补课，上鲁院、夜大、北大，进行了大量的学习和充实。当时我负责儿童文学、诗歌和少数民族文学三个门类，还有一个门类是民间文学，我要找出好的作品和选题，哪怕是好的批评对象。当时《文艺报》是编采合一，我们既当编辑又当记者，只要有任何相关的会议和活动我都会去，诗歌的各种会议我肯定要参加，从评奖开始报道一直到颁奖；少数民族文学的会议我也会全部参加，因此结交了很多文学界和少数民族的朋友。后来我决定把重点放在诗歌和儿童文学上，成人诗和儿童诗我都写，而且当我参加了很多会议之后，和这些领域的作家有了接触和交流，我发现他们非常单纯有趣，即便闹一些矛盾也是孩子气的矛盾，我很喜欢他们，这也说明我的内心对儿童文学有一种生就的可能性。

我的早期阅读有三个阶段。第一阶段是被迫与被动的阅读。1964年因为父亲工作调动，我们全家从内蒙古搬到非常遥远的贵州毕节，那是红军长征走过的地方。前年扶贫讲课的时候我还去过那里，已经离开50多年了，当年非常艰苦，如今的毕节已跟当年判若两样。记得初到毕节已是寒冬时节，北方的12月大雪纷飞，而贵州毕节是一片青山绿水，那时候我刚满13岁，见到这样的景色，自然无比开心。但是到毕节上学还没有几个月，我就得了脑膜炎，整天头疼，母亲带我到医院检查，大夫说我可能是脑膜炎，不能上学了，因此我不得不休学在家。那年我9月上初一，12月离开内蒙古，到了贵州就休学半年。在这半年里，我家又搬到黔西，它属于毕节的一个县，现在最有名的百里杜鹃就在黔西，织金的打鸡洞也在那一带，是非常著名的风景区。但是当时很穷、很艰苦，吃水都是一件困难的事，我和父亲要用水车到小河里去取水，或者花钱买水，两块钱一桶，因为买来的是河水，必须用白矾往里边搅，会沉淀下来很多泥沙，这就是我当时生活的县城。

　　就在这半年的休学时间里，我与阅读结下了不解之缘。黔西的生活条件虽然不尽如人意，但好在县里有图书馆，有书可读。于是，母亲给我办了借书证，我可以去黔西县图书馆借书看。书，就是这样实实在在且大量地"闯"进了我的生活。我的阅读量很大，阅读速度也很快。那个时候的阅读为什么说是被迫与被动呢？因为别人都去上学，自己却只能在家休学，休学期间能干什么？找书，把图书馆里自己喜欢的书一本一本地借回来看。我还记得自己最早看的成吉思汗题材的书就是从这里借来的，作者是一位苏联作家，后来很多中国作家都在写成吉思汗，包括很多蒙古族作家，但是我最早看到的是在黔西县图书馆借来的那本。

　　那时我平均每两三天去换一本书，就是大量地看，基本上都是小说，当时我对诗歌还没有太大的兴趣。记得县图书馆的管理员是一个"老头"，现在看来他可能就是一个40多岁的中年人，他很怀疑我这个小孩怎么老去借书、换书。有一次当我还书的时候，他突然抓住我问，这本书看了吗？我说看了，他就让我讲讲书里写的故事来证明没说谎。那本书我的印象特别深，是陈残云写的《香飘四季》，是一部描写广东东莞地区农村题材的长篇小说，然后我就很流畅地讲了那本书的内容，他听了以后说，这个小孩真看书了。从此以后，不管我再借什么书，他都不拦我了。

半年以后我又重新上学，却开始不断地转学，因为父亲的工作不断调动。我曾经辗转读过五所中学，都是初中一年级。第一所中学就是我老家的开鲁一中，上了三个月就走了，这是我的母校，记得我小学毕业拿到这所中学的录取通知书时很兴奋，那是当地的名校；然后是毕节一中，上了两个月后休学；接着又转到黔西一中，刚上了三个月，同学还没认清，父亲又调到都匀当市委领导，我就在都匀一中读了整整一年，还是初一。后来因为父亲调到北京，我又到了北京十五中，就在陶然亭旁边，那是个很有名的学校，我的弟弟、妹妹，甚至我的侄子都曾是十五中的学生，歌唱家耿莲凤、原来的文联副主席李牧、著名的经济学家樊纲也都是十五中的校友。

所以，正是在贵州休学半年的那次阅读给我奠定了特别重要的阅读基础。在此之前，我在小学当然也读过一些很优秀的儿童读物，但那只是内蒙古小学里数量很少的一些藏书，尽管我看得也非常好、非常快乐，比如《吹牛大王历险记》、比安基的《森林报》，我每次都是爱不释手。以前每到寒暑假，我们学习小组只要到学校，我肯定要读这几本书，百看不厌。而在贵州那半年的休学时光对我人生的阅读来讲是一个特殊时期，因为我得了脑膜炎不能上学，在那段时间拥有了一次被迫与被动的阅读，甚至是近似于一种很放肆的欢乐的阅读。当时我已经13岁了，可以到成人书架上找书，那个时候我的阅读速度非常快，记忆力也很好，大量的阅读好像是一次丰盛的大餐，感觉自己进入了一个全新的世界，为我以后的人生起到了重要的作用，但是不得不承认，因为生病，这又是一次有几分悲壮的精神大餐。

第二个阅读阶段非常有意思，是十年军旅时期的"地下阅读"。

1969年，我从北京十五中学应征入伍。我所在的部队是云南的十四军四十师炮兵团，从四十师走出来的比较有名的几个人物，第一个是电影导演陈凯歌；第二个是原证监会主席尚福林，现在是全国政协经济委员会主任；还有军委副主席张又侠；还出过一批著名的作家，比如范咏戈和李迪。十三、十四军两支驻云南昆明的部队出了很多著名的作家，源于一个人——冯牧，他当时是昆明军区文化部部长，在延安鲁艺参军，后来留在延安《解放日报》，跟着部队一路写报道。在我们军区做文化部长的时候，冯牧有一批二十多岁的学生，现在这些人有的八十多岁了，有的已经去世了，比如彭荆风、白桦、公刘、王梅定、张昆华，和写《五朵金花》的公浦和赵季康，还有不久前刚刚获得茅盾文学奖的徐怀中，他获奖的年龄是九十高龄，创造了中国文坛获奖年龄的最高纪录，他们都是当年冯牧带出来的一批作家。那时在昆明的文化人里说起冯牧，大家都非常尊重，叫他冯部长，直到他最后去世。

我们的部队有着优良的文化传统，我也像一颗文学的种子，一下子进入了部队的大熔炉，接受熏陶，参加历练。不论时代如何变迁，我们部队的文化基因一直都在，比如当年《解放军报》文艺组的编辑张勤，他是我们四十师的笔杆子，曾写过《民兵营长》，茅盾给他写过短评，这就给我们这些有写作欲望的年轻士兵树立了一个标杆。

我是以北京兵的身份进入部队的。当时，进入这支部队的有一批北京兵，一个团分两个，其他大部分北京兵留在军里，师里分了八个，我们八个人就坐火车从军部到了大荒田和宜良那个地方。如果你们去过石林，肯定要经过我们驻防的宜良，宜良后来开发了九乡溶洞，就在我们军营附近。当时我们这支部队从滇西调防到滇中，云南部队里的战士大多以云、贵、川等省份以及少数民族地区的年轻小伙为主。记得1978年我去接了一批贵州少数民族兵，他们连火车都没坐过，甚至认为应该骑在火车上面，特别朴实。他们的普通话也说得不好，而北京兵的普通话就相对好一些，所以一个团分了两个北京兵。那时，我在部队的第一项工作是广播员、放

早期阅读：校准人生的坐标

映员和图书管理员，图书管理员是我的兼职，这便成为我十年军旅生涯中的阅读时期。

因为我所在的部队有着优良的文化传统，出过许多著名的军旅作家，所以团里图书馆的名著特别多。我去的时候，图书馆有一个大房间，房间里一排排反着朝外的书柜上全是书，都是各种各样的名著，因此我没事便找来看。这和我初中休学半年从县图书馆一本一本借来看的感觉不一样，我开始了"想看什么就看什么"的时光，一得空我就待在图书馆，如饥似渴地读。这一时期的阅读增加了我的文学修养，还让我有了自主选择的意识和写作的欲望，也是在那时候，我开始阅读大量的诗集。我记得在2014年10月15日的文艺工作座谈会上，习近平总书记讲到一本诗集，给我留下了非常深刻的印象，他说在陕北农村插队时，他曾走了30里路去找一个知青借《浮士德》这本书，但是对方只借他三天，三天一过，书就得还回去了。我跟习近平总书记当时借书、看书的感受是一样的，《浮士德》是一本非常厚的名著，充满了哲理，但是没有什么情节，这样一本书对于一个十七八岁的人来说，阅读难度很大。我还看过《先秦文学史》，但是因为只有初中水平，好多古文都看不懂，就是囫囵吞枣地看。那时的阅读还是以各种小说为主，我在上中学的时候就特别喜欢儒勒·凡尔纳的小说，没想到团里图书馆竟然有，于是全部拿来看。然而这一时期虽然有看书的自由，但也只能静悄悄地看，不能相互传阅，当时我们这帮学生兵的精神极度饥渴，就算打着手电筒也要在被窝里把书看完，我将这种方式称为"地下阅读"和"秘密阅读"。

十年军旅生活是我人生中一次特殊的经历，那时候给我的精神营养极其难得，因为这一时期接触的书籍都极其珍贵。也是在这个时期，我对诗歌产生了浓厚的兴趣，于是便找诗集来阅读，比如贺敬之的很多诗我都能倒背如流，还有张志民的《西行剪影》，我拿到之后特别喜欢，还把整本书抄了下来。我对军旅诗人李瑛最有感情，那时他的书在新华书店可以买到，我酷爱他的诗，比如我们耳熟能详的《红花满山》《北疆红似火》等。他是我们这批有志当诗人的青年军人的学习榜样，后来上鲁迅文学院的时候要选择一个诗人当老师，我选择了李瑛和谢冕，他们是我诗歌界的两个导师。

因为有了这段阅读的日子，有了军队生活的体验，我开始学着写诗，这是另外一种对人生坐标的精准校定。18岁那年，我写了第一首诗叫《号兵之歌》。当时我在炮兵团的一项任务是给一个团的指战员们放起床号，然后是吃饭号、操练号，晚上还有熄灯号，相当于一个广播员，到时间点就要根据放号谱放对应的号。《号兵之歌》这首诗的创作背景就是我每天早晨6点起来放起床号，一般5点50分就要起床把机器烧热，6点准时播放，一直到晚上10点放熄灯号。记得我还曾闹过一次笑话，有一天夜里我突然醒了，一看时间，怎么6点10分了？我赶紧把机器打开放号，这时团长突然喊道："高洪波你搞什么呢？放什么号？"我再一看表，原来是1点30分，刚才是我把大小走针看颠倒了，以为是6点10分，就匆匆忙忙放号了，结果把整个团都叫了起来。这是我闹过的一次特别巨大的笑话，印象非常深。

当然，18岁的时候开始写诗，最初的感觉大多来自模仿。一位老诗人曾说过，18岁时每个人都是诗人，如果到了80岁还能写诗，那才是真正的诗人。这是诗歌和人生的一种关系，人在青春时代，怀揣美好与梦想、懵懂与朝气，青春的激情和躁动很容易化成诗，如果没有诗，会苍白和荒凉，而小说和散文就不一样了，需要的是生活的历练、哲理的思考，以及很多人生感悟甚至苦难，不同的文学门类是不一样的。

那时我对诗集《革命烈士诗抄》的印象特别深，由中国青年出版社出版，诗集中有一首帅开甲牺牲之前写下的诗："记取章江门外血，他年化作杜鹃红。"当年他写完这首诗之后就被国民党枪毙了。在战火纷飞的年代，那些年轻的革命烈士，临别之际没有嘱托、没有悲天悯人，只留下两句诗为自己一生的革命事业作结语，何其悲壮！又何其伟大！《革命烈士诗抄》还收录了殷夫翻译的裴多菲的名诗《自由与爱情》："生命诚可贵，爱情价更高。若为自由故，二者皆可抛。"殷夫是"左联五烈士"之一。还有烈士诗人陈辉的诗，他是贺敬之的战友，在战斗中被敌人抱住，最后他拉响手榴弹和敌人同归于尽。除此之外，还有陈然和叶挺的诗，后来叶挺的诗成了课文。这本诗集收录的很多诗歌都是革命先烈们用生命写下的，并付诸他们的信仰和行动，与一般写风花雪月的抒情诗集不一样，这些诗句影响了我的诗歌观和价值观，也影响了我的一生，让我对诗歌、对生命、对生命价值都有了新的看法。

还有一本诗集我看了也很佩服，是现代诗人闻捷的长篇叙事诗《复仇的火焰》，它被称为"诗体小说"，是像小说一样的长诗，韵脚非常整齐，故事性非常强。当年闻捷和张志民两个人走新疆、走南疆，闻捷创作了《复仇的火焰》，张志民写了《西行剪影》。张志民受苏联作家伊萨科夫斯基的影响，伊萨科夫斯基就是苏联著名歌曲《喀秋莎》的作者，写得很轻快明朗，闻捷则是另外一种风格。正是对这批书的阅读，让我开始走上创作诗歌的道路，开始成为一个诗人。

校准人生坐标，从早期阅读到开始写诗，再到从部队转业，一切都顺理成章。正因为我写诗，当我拿着在部队发表的一些诗歌剪报给冯牧看的时候，他们接受了我这个转业军人，从而开启了我的第三阶段阅读。当时我转业到隶属于文联的中国作家协会，我拿着户口本去办落户，街道派出所的民警把中国文联的"联"写成了"连"，我说这个"连"字不对，我们是联合的"联"，应该改过来，孰料民警一脸严肃地说道："户口本上一个字也不能改！"就这样，我的户口本上落户单位由"文联"变成"文连"，这是当时的一个小插曲。

因为有写诗的经历，我被分到《文艺报》后的第一项工作便是负责诗歌评论版块，于是，我开始参加中国作协系统关于诗歌的各类活动，尤其是各种诗歌的评奖、座谈会等，我负责写报道，找优秀的作者写诗歌评论，如刘再复、谢冕、吴思敬、张同吾、晓雪、公刘等，有的作者是普通的研究人员，还亲自把评论文章送到报社，耐心而忐忑地等待着文章发表。

记得1979年参加南宁诗会的时候，我作为《文艺报》的一名记者走进广西南宁，是一件很高兴的事情。然而，诗人公刘在诗会上朗诵时突发脑出血被送进了医院。因为大部队还要继续往前走，诗会领导决定让我这个年轻的记者留下来陪护，我答应了。于是，我赶紧给报社领导发电报，说明无法按时回去的原因。当时的医疗条件有限，没有CT，但幸好最后康复出院了。在公刘住院期间，我陪护了将近半个月，直到安徽文联派人来。在陪护的日子里，我每天听他讲故事、讲诗歌、讲创作，不仅收获了知识，增长了见识，还收获了忘年友情，后来我还写了《护理公刘日记》。那是一个《文艺报》记者与诗歌有关的日子，也是一次特殊的经历。

因为工作需要，在《文艺报》时期的阅读，我称之为主动阅读或功利性阅读。这种主动和功利性，在于主动增加自己的知识储备，以适应工作需求，做好本职工作。为了尽快提高，我加大了阅读量，报社的前辈和老师们给我开了书单，包括之前很少阅读的理论专著，以增加理论素养；还有中外诗论，以对诗歌评论有所鉴别，才能完成组稿工作。当时我们是双主编制，冯牧和孔罗荪是主编，谢永旺是主任，三个副主任是刘锡诚、陈丹晨和钟艺兵，单位领导对我们的规定是"一二·九制度"——在一年十二个月里，每个编辑记者一个月读书，两个月出差、外地走访、写报道，九个月正常工作。可能和现在每天打卡上班不太一样，为的是让每个编辑记者都有足够的时间补充自己，更好地完成工作。这就是主动阅读和功利性阅读，有了明确目标的阅读，和快乐的或者松散的、轻松的阅读就不一样了。

从我的读书经历来看，正是因为有了早期阅读的基础，才有可能在青年时期有兴趣地去读，哪怕是在军旅生活中的"地下阅读"，那时候人对知识、对精神风景欣赏的欲望要远远超越现在，然后才有可能拥有一个成为主动或功利性阅读的平台，这样才会拥有一个快乐的阅读人生。

我曾经有一次特殊的阅读经历。那是在1975年，我和一个战友到苦聪山上采访一个少数民族战士，经过文山州的时候，我的战友说他的好朋友老黄是当地林业局的转业军人，他有大量的藏书，我们可以逗留几天跟老黄借书看。于是，我们找到他的朋友老黄，我想看契诃夫的书，战友爱看莫泊桑的，老黄说不能一本一本地借给我们，只能拿一套完整的，所以我们要尽快看完。第二天，老黄拿来28本契诃夫的书和五六本莫泊桑的书，于是我和战友一人一套书在招待所各自读起来，我读完之后还做了笔记，喜欢莫泊桑的战友后来考了北大法律系，现在是大律师。还有《解放军报》原记者部主任郑蜀炎，他当时是保密员，相当于排级干部，负责管理一些文件，我们把郑蜀炎介绍给老黄，他们认识以后，郑蜀炎就把老黄作为一个书库，进行了大量的阅读，然后开始写作，在中越自卫反击战的时候，他的报道写得特别有文采，成了非常有名的记者。尽管当时郑蜀炎只有小学四年级的水平，但是因为那次特殊的阅读经历，他写的文章非常有文采，很具有思辨力，文笔特别好，后来从《国防战士报》调到《解放军报》，成了军队里有名的政论家。

由此可见，一次偶然的阅读可能像星星之火一样，火苗掉到喜欢阅读的草堆里，就会燃起熊熊大火。郑蜀炎如同一个爱阅读的草堆，如果没有点燃，这个草堆可能就被另作他用，然而我们把老黄引荐给他，他们成为好朋友，读书的火星就这样溅在了他的身上，点燃了他的阅读热情，点亮了他的写作之路。

　　我在20世纪80年代曾经写过一篇散文《书缘》，讲的就是与书的特殊缘分。那时候自己虽然连书柜都没有，但是与书结缘、与阅读相遇，就是一种缘分。作为一个作家，最大的缘就是书缘。作为国家版权系统，也离不开书缘。有了书才有阅读，有了作家才有书，有了阅读才有可能有作家。同样，有了早期阅读，有了对书籍的渴望，喜欢在精神的风景地采集、流连，甚至去记录，才有可能成为一个精神风景地的拥有者，甚至可以制造精神风景，每个作家都有一块属于自己的特殊土壤和土地。

　　读书，可以领略书中的智慧，可以感受作家的心路历程，还可以有机会与作家近距离接触。当年我在云南军旅时曾读过艾青的《诗论》，但是因为有大量的哲理，基本上是似懂非懂，后来到了《文艺报》当编辑，重读《诗论》的感觉就完全不一样了，带给我非常强的震撼力。因此我在《文艺报》负责诗歌评论的时候，请白族著名的文学评论家晓雪重写了一篇关于艾青的诗论，当年晓雪最有名的一篇诗论叫《生活的牧歌》，写的就是关于艾青的诗论，而阅读完他的作品后再接触作者的感觉是不一样的。

　　在我的印象中，生活中的作家和作品中的作家有很大的差别。钱钟书曾说过，假如你吃了一个鸡蛋觉得不错，何必认识那下蛋的母鸡呢？这是他一贯的幽默，但是真正接触到仰慕的作家本人，跟他近距离沟通交流后的感觉还是不一样。比如，很多孩子喜欢作家签名书，可能签名的几秒钟是属于孩子和作者的共同时间，孩子很享受这份永远保留的特殊快乐，这就是签名本的特殊意义。

　　《文艺报》原副主编陈丹晨曾写过一篇文章，我看了印象很深，文中写道："周扬曾经说过，读书很苦，有时比劳动还要苦。"周扬是著名的文艺理论家，是冯牧他们的老师。对此陈丹晨认为，只要是被动的、被迫的，甚至是惩罚性的，无论是劳动还是读书，都是苦事。他在文中引用苏东坡的诗句："自言其中有至乐，适意无异逍遥游。"读书是快乐的，因为人生有限，借助书可以看到更广阔的世界、更纷繁多彩的人间喜剧，就像人生的一次探险之旅，会让人变得有智慧。但是另一方面，读书比劳动还要苦的原因在于思考问题很艰苦，有时候自己会困在里面出不来，搞创作的人都有这样的体会，当一个构思完成不了的时候会非常痛苦。

记得著名作家徐光耀曾给我讲过他创作《小兵张嘎》的故事。徐光耀13岁参加八路军，参加过一百多次战役，曾被日本马队追到吐血。战争结束后，他开始以自己的亲身经历进行创作，还成了作家丁玲的学生，也是丁玲比较喜欢的一个学生。他曾经由于被错划成"右派"，在人生最苦闷的时候，把自己关在屋子里谁也不见，他的小女儿也只能趴在门缝往里看，但是他觉得被干扰了，很生气地把门一推，孩子一下就摔倒了，立刻大哭起来。那一刻他突然意识到，自己不能这样，即使心中有气，也不能朝孩子出气，而且他得写作，写自己的故事，写战友的故事，于是就有了《小兵张嘎》。因为我写了《小兵张嘎》的评论，他曾跟我说过："洪波，你是第一个写《小兵张嘎》评论的人。在那样的背景下，是《小兵张嘎》创造的主人公挽救了我的精神生命。"这句话听起来是惊心动魄的，但恰好可以说明周扬先生那句话：读书比劳动还苦。因为徐光耀在干活的时候就是拿铁锹种地，但是在他写不出来时的那种困惑和愤怒却难以缓解。其实，无论是作家、评论家还是出版家，都会或多或少面临过这种精神困境的状态，这是共同的精神现象，不仅仅限于阅读和创作。

今天讲的早期阅读主要是关于我自己的三个阅读阶段。记得刚去《文艺报》的时候，我可以写诗，但是写不了500到800字的文艺报道，我请教了新闻专业出身的著名评论家唐达成，他后来是中国作家协会的党组书记，是唐达成第一个告诉我新闻的五要素。当时我很苦恼，后来通过学习和大量阅读，一步一步成为一个作家，这是我自己的亲身经历。现在回望自己的来路，我觉得一切的成长都离不开自己所在的环境，我特别感谢《文艺报》，以及不同阶段的主动阅读和功利性阅读。

最后，我把自己写的一首诗送给远集坊："远集坊内骚人聚，雕龙琢虫通心曲。逝水如波笔底溅，山阴道行且徐徐。"祝大家都有一个快乐的阅读生活。谢谢！

音乐与人生

◇ 叶小文

　　大家好，端午刚过，我们远集坊里群贤毕至。感谢大家在这个时候一起来讨论一个轻松的题目，《音乐与人生》。

　　我的好朋友吴为山鼓励我，给我写了一幅字，为了混他这一幅字我就来了，这幅字可是不得了啊，他这里面说什么呢？"为令我们尊敬的叶小文先生而作，弦音自绕行云中，远集坊群贤毕至，今迎来叶小文先生。小文君胸罗层云，抱琴抚天，以丰富而精彩的人生融入旋律，其韵悠扬。"当然他这是鼓励我，说得太高了，我担当不起。

　　他写了这幅字以后，我另一个好朋友——中国艺术学院研究所的所长，才高八斗的牛克诚先生马上就和了一句："和为山先生题句，泥意狂书惊浪上，弦音自绕行云中，为山先生创写意雕塑，饮誉国际艺坛。其书得乃祖父高二适神髓，意趣天成、真气灿然。为小文先生题句，泥、弦合璧，亦当代艺林之佳话也。因补缀'泥意狂书惊浪上'，以平仄自为上联，为山先生当不以僭逾罪我也。"

　　为了混这两幅字我也得来讲，这两幅字太厉害了。

　　晓宏叫我讲我的音乐缘，天哪，我又不是音乐家，妄谈什么音乐缘，望诸位先生"当不以僭逾罪我也"。好在后面有真正的音乐家接着谈，我不怕，所以我抓了一个垫底的。

　　我的音乐缘谈什么呢？我当政协委员读书时有什么音乐缘呢？我当过十四年国家宗教事务局局长，我有什么音乐缘呢？我当过五年的中央社会主义学院的党组书记，我有什么音乐缘呢？我现在退出了领导岗位，一个70岁的老头了，有什么音乐缘呢？我就给大家讲这四段我的音乐缘。

　　第一段，是我当政协委员读书的时候，全国政协委员正在搞读书活动，几千名政协委员同时读书，上千名的委员都上网来讨论，读书第一人就是戚建国大将军，每天六点他就要发声，我就得在后面吹号。我们在全国政协委员有十个群，有个叫国学读书群，专门学国学的，学国学可以看到，诗书礼乐是中国传统文化实施教化的基础，是儒家思想的重要组成部分。我就在群上发声了："中国一直有从孔孟之道以来形成的道德体系和教化途径，强调潜移默化、以理服人，感人肺腑，动人心弦。"礼乐，就是教化的重要手段。你看《礼记·乐记》里面说："故礼以道其志，乐以和其声，政以一其行，刑以防其奸。礼乐刑政，其极一也，所以同民心而出治道也。""礼乐刑政，其极一也"，这四个东西怎么都一样重要呢？这个"乐"怎么也算在里面呢？其实我们的先人竟然如此重视"乐"，甚至"乐""礼"和"刑""政"的功能相辅相成，地位同等重要，因而"礼乐"就成了教化道德、促进和睦的重要手段。先人远去，道理还存。用今天的话来说，可以说"乐以和其声"，也可以是支撑人民精神充实、国家强盛的一种"软实力"。

　　你看《礼记·乐记》有大量阐述，比如：

　　"是故治世之音安以乐，其政和；乱世之音怨以怒，其政乖；亡国之音哀以思，其民困。声音之道，与政通矣。"

　　"乐者，天地之和也；礼者，天地之序也。和，故百物皆化；序，故群物皆别。"

"乐统同，礼辨异，礼乐之说，管乎人情矣。"

"是故审声以知音，审音以知乐，审乐以知政，而治道备矣。"

我们的一个老师杨朝明又给我翻了这么一段话："温柔敦厚，诗教也；疏通知远，书教也；广博易良，乐教也；洁静精微，易教也；恭俭庄敬，礼教也；属辞比事，春秋教也。广博易良，乐教也。"

这又使我想起孔夫子有九个字最为简洁："兴于诗，立于礼，成于乐。"

"兴于诗"，"诗"就是《诗经》，"兴"就是兴起、开始、振奋的意思。孔子《八佾》中说："起予者商也！始可与言《诗》已矣。"表明一个人在国家社会生活中，想要表达自己的思想，待人接物，言辞修身各个方面，都应当是要从学习《诗经》开始，只有这样的感性语言认识，才会有"美"的感受，才能"绘事后素"，立德修身。今天我们不断用中国梦来激励人心，一定意义上说就是全民族的"兴于诗"，就是我们的美梦啊。

"立于礼"，"礼"就是社会的规则、仪式、制度。《论语》说："不学礼，无以立。"礼使人在社会上能够立得住、站得住。学礼守礼，从具体的感性认识提升到理性认识，严格地遵守礼的规定，才能克己复礼，以正其身，是为立也。我想，今天我们加强制度建设、强调制度自信，一定意义上说也就是新时代的"立于礼"。

"成于乐"，孔子经常以礼、乐连言，认为音乐才能使所学得以完成。"人而不仁，如乐何"，孔子认为，如果一个人为人都不仁，那么他所演奏的音乐也不会是令人愉悦的。

"乐"本无经，而在于人的创造。是建立在"诗"的感性和"礼"的理性基础之上的升华，是二者相互融合于人的产物。

为什么"兴于诗"，"立于礼"如此重要，孔夫子偏偏要讲一个成于

"乐"？我琢磨了半天，在今天看来，"乐"不仅是音乐之"乐"，快乐之"乐"，还是道德的普遍高尚，活力的竞相迸发，精神的昂扬向上，人民对美好生活的追求不断实现的，"安得天下尽欢颜"之"乐"。

我写了这段话以后我们的老师杨朝明（他是领读《论语》的）就点评了，当然点评得很客气："小文先生所讲极是！诗：诗言志，发乎情，人之所兴也。礼：理也；循理而动，人之所立。乐：乐也，和也。礼之用，和为贵。'兴于诗，立于礼，成于乐'，人作为自然的人，有自己的基本情感，但率性之谓道，修道之谓教，人有教化修行而立于礼。孔子儒家重礼，不是为礼而礼，他们讲礼乃是为按了和，故成于乐。如小文先生所说，'乐'不仅是音乐之'乐'，快乐之'乐'，还是道德的普遍高尚，活力的竞相迸发，精神的昂扬向上，人民对美好生活的追求不断实现的，'安得天下尽欢颜'之'乐'。"

礼主分，乐主和。《乐记》说乐通伦理，乐与声、音不同。广义的礼也包括乐在内，礼与乐相互为用，中国的礼乐文明就是这样成就的。

戚建国将军也给我鼓励，他说："为小文的解读点赞。兴于诗，当与志相关，诗言志，志于兴；立于礼，当与道相关，礼之立，在于大道之行；成于乐，当与和相关，和声之美、和谐之美，则'安得天下尽欢颜'。"

当看到他们的回答时，我很激动。我回答朝明老师、建国将军："闻礼乐之道顿悟，闻晨鸡之鸣起舞。兴于诗，立于礼，成于乐，我们今天学国学，不妨深悟此九字。"

美是纯洁道德、丰富精神的重要源泉。没有美滋养的人生必然是单调的、干涸的人生。我给中央美院八位老教授回信时专门强调了这个问题。孔子认为教育就是"兴于诗""成于乐"，其中就包含着对美育的重视。

鲁迅先生说，要改造国人的精神世界，首推文艺。

举精神之旗、立精神支柱、建精神家园，都离不开文艺。文以载道，文以传情，文以植德。文化是民族的血脉，是人民的精神家园。社会主义文化大发展大繁荣，它一定是来自民间，来自大变革的时代，来自全民族精神的激动和荡漾。伟大的民族历史创造，必然创造出壮丽的史诗。

这是我当政协委员读书时，对音乐的一些粗浅的体会，在这里班门弄斧了，请各位多多指教。

第二段，是我当国家宗教事务局局长的时候，那时候很忙，没有时间读书了。但还是可以"以礼乐施乐教"，所以我做了两件事，一个是倡导佛教音乐，一个是推动佛乐赴台湾。

那时候经中央批准，我们举办了首届世界佛教论坛，37个国家的高僧都来了，会是在浙江开的。高僧们白天开会，辛苦一天了，我想在晚上安排演出请他们观看，问他们想看什么，他们说想听佛乐。我就突发奇想，能不能搞个佛教交响乐呢？大家就笑，没听说佛教有交响乐。没听说，可以创造嘛，我就在《人民日报》发表一篇文章：古典交响乐的大师亨德尔、巴赫等人的宗教音乐作品，传世百年，经久不衰。佛教的音乐世界中，本来就既有菩萨低眉，也有金刚怒目；既有宁静祥和，也有高亢激越；既有禅悦慧风，又有莲幢光明；既有"拈花一笑"，又有"大放光明"。佛乐需要以一种全方位、多层次的形式来表现，它应该是一种交响，生命的交响，艺术的交响，和谐的交响。

按照这个理念，我找到大作曲家唐建平先生，创作出了《神州和乐》，这是中国第一部佛教交响乐。我也找到了中央音乐学院院长俞峰来担任指挥，我本人也担任了总顾问，由深圳交响乐团首次演出了这部《神州和乐》——中国第一部佛教交响乐。

我当时是国家宗教事务局局长，我带着大陆的高僧们到台湾演唱佛乐，我们在台北的大体育馆演唱，大家很激动。台上说："海峡两岸尽管相隔遥远，但阻挡不了'法音宣流'；台湾与大陆之间虽然海洋辽阔，但中国人血浓于水的感情交流也是阻隔不了的。"台下说："两岸佛乐展演是'吹箫引凤'。引的和平之风，和平统一之风。"大家还说，有佛法就有办法，有佛乐就有欢喜，你看这个音乐神奇吧？

第三段是我当中央社会主义学院党组书记的时候。我当了14年的国家宗教事务局局长，后调到中央社会主义学院当党组书记。这个学院比国家宗教事务局就小得多了，我刚去也没有搞明白，这是什么单位呢？我的秘书就说，这个单位这么小是不是民办的呢？他真要把我气死，中央社会主义学院是各民主党派的联合党校，我们经常去那儿讲课，民主党派联合党校那么高级的地方怎么是民办的？可是社会上真的没有多少人知道，这怎么办呢？我得想个办法，我想起《礼记·乐记》的话："地气上齐，天气下降，阴阳相摩，天地相荡，鼓之以雷霆，奋之以风雨，动之以四时，暖之以日月，而百化兴焉。如此，则乐者，天地之和也。"这不就是我们的先人对交响乐的描述和想象吗？这也是中国文化对交响乐的认同和赞赏。交响乐不光属于西方，它一定也属于中国，而且早就属于中国。作为以"社会主义"命名的中央社会主义学院，应该有交响乐来为她"鼓之以雷霆，奋之以风雨，动之以四时，暖之以日月，而百化兴焉"！

来了！指挥家余隆率着著名的中国爱乐乐团的一百多位艺术家，就来到了我们这个小学院。听吧！脍炙人口的国内外交响乐名曲在中央社会主义学院的礼堂里缭绕、回荡。

因为要请交响乐，我就突发奇想，开始想学提琴。我到解放军总医院看病，好多医生都爱好音乐，他们的小提琴却拉得好。我说我也学个小提琴，他们一看我手指头那么粗，说我就学个大的吧。好吧，我就开始学大提琴。余隆先生知道了，这次他带着爱乐乐团来中央社会主义学院演出，他就非叫我上台。我的天哪，爱乐乐团让我独奏！上就上，但是我不能白上。爱乐乐团给你伴奏，这是什么待遇？我就到处发请帖说，本人独奏，爱乐乐团伴奏。可是谁也不来听，谁知道叶小文会拉什么琴？没想到竟然把李岚清同志给请来了，听了我的演奏，他下来就找我谈话了："小文，我交给你一个任务，现在我们这些大学生都很可爱，他们也热爱音乐，但是唱的很多都是流行音乐，也不是不好，但是有些歌我也没听懂，什么'老鼠爱大米'，什么'猪啊，一个眼睛看不到边'，唱这个不唱傻了吗？要让大学生热爱交响乐、经典音乐。"李岚清同志曾叫交响乐团到大学里去演出，可是有的学生不听、听不懂。李岚清同志说："昨天我听你拉琴，我突然有个奇想，我组织一个特别的乐团，这个乐团都是将军、部长、教授，这么一帮人组成的乐团，大学生肯定想要来听。音乐可以点亮人生！你来帮我组织这个乐团。"我一听头就大了，才华横溢的部长多的是，但是要找着个吹号打鼓的部长、将军、教授，这恐怕这个不大好找。我们就先组织了一个小乐团，六个人，弦乐好找，就这么从弦乐中开始。最后在李岚清同志的亲自组织下，竟然将近百人的部长、将军、教授，再加上合唱团，组成了一个特殊的乐团，可谓"三高"，不是高血压、高血糖、高血脂，"三高"是高级将领、高级知识分子教授、高级领导部级干部。"三高"爱乐之友业余交响乐团，我竟然被推荐为乐团团长，这是本人这一辈子当的最大的官。

我们这帮人竟然在国家大剧院举办过两场特殊的音乐会，引起了热烈的反响，带来了特别的震动。有的朋友该说了，你就吹牛吧，这个交响乐团，怎么找帮爱好音乐的老头来就可以搞交响乐呢？你就吹吧。可我有视频为证——"焦点访谈"，用事实说话。

我毕竟年事已高，便退出了领导岗位，那还能不能搞音乐呢？我们那一帮骨干又来找我说："我们聚是一团火，散也是满天星，我们不能

中华文化：特色与生命力 ◎

散。"所以以北京、天津等地的原"三高"爱乐之友业余交响乐团团员为骨干，新增数名教授，又组建了满天星业余交响乐团，到民政部正式注册登记了，我继续担任团长。我们这个乐团组织健全，加强党的领导，有党支部，我是党支部书记。我们这个乐团由国家艺术基金资助，已到一百多个大学演了上百场了。这个乐团水平怎么样呢？水平还挺高的，美国费城交响乐团来到中国，他们不找别人，竟然找我们和他们合演了一场。

李岚清同志专门给我们这个乐团题了一幅字："做普及优秀音乐的使者，为全面素质教育作贡献，题赠满天星业余交响乐团。"一个大学生看了我们的演出，当场赋诗："堪忆昔年往事，扶社稷，勋绩良多。韶华逝，青丝华发，未敢忘忧国。"大学生从音乐里听到了"未敢忘忧国"！

我们不就是蒲公英吗？我们现在满头白发了，我们成熟了，我们就变成蒲公英的种子飞到祖国的各地去，长出新的蒲公英嘛！

下面我请一个真正的音乐家，来讲她的音乐缘。她就是著名的青年指挥纪玉珏，我们欢迎她。

我的音乐缘

◇ 纪玉珏

大家好，叶部长讲得太精彩了，我在他后面讲话就"压力山大"。

我是一位年轻的指挥，就在去年，我参加了三次国际级指挥大赛，非常幸运得了两个冠军、一个亚军的成绩，当然也得到了一定额度的奖金，并且与欧洲非常著名的五个乐团进行签约，成了他们的客席指挥，当时被很多媒体报道称为"金牌收割机"。

我记得当时我在美国接受了采访，美国当地的记者就问我："你一定是在国外留学的，或者说你一定不是在中国学的指挥吧？"我的回答非常坚定："我是中国本土培养出来的青年指挥，我没有留学经历。"

诚然，交响乐是从西方开始发展的，很多优秀的交响乐团指挥家来自西方，但是我相信中国深厚的文化土壤能够培养出国际级的指挥，因为我就是受到了祖国深厚的文化熏陶，多元文化培养出来的年轻指挥，我为我是一位本土培养的指挥感到自豪和骄傲。接下来我就和大家聊一聊我的音乐故事。

今天我的演讲题目是《我的音乐缘》，每个人都和音乐会有缘分，但是我的缘分有一点说不清道不明，因为我真的不知道是音乐选择了我，还是我选择了音乐，为什么呢？其实我从小就是一个"琴童"，这个词可能是我们国家专有的，有可能我们在座的各位就有琴童的家长。我出生在音乐世家，对于"琴童"这个词非常有发言权。我生活在青岛，但是我对青岛一直不熟悉，我的童年似乎每天都是在家里弹琴度过的。我记得我从六岁就开始登台演出了，并且已经开始与乐队合作演奏《黄河》。大家都叫我神童，我说我不是神童，我就是琴童，琴童真的是以牺牲童年为代价换来的。当然这不是主要讲的内容，因为我自己本身是一个宝宝的妈妈，自从当了妈妈，我一直对如何给予孩子最好的音乐教育这个话题很感兴趣，我们可以接下来在私下深入探讨这个话题。

谈到我的音乐缘我就不得不说我的母校中央音乐学院，我在中央音乐学院读了附中、本科、研究生，我的导师是中央音乐学院院长俞峰教授，我非常感谢我的恩师俞峰老师、夏小汤老师、田晓宝老师等所有对我有过非常大帮助的老师们。我的母校非常值得称赞的是有着一整套全面、科学、高标准的育人模式。俞峰老师在中央歌剧院给我上过指挥课，俞峰老师有一套独创的科学、高效的指挥法，为学生营造了国际化的视野。所以我在学生时代有机会跟各种著名的指挥大师学习、合作。指挥家张弦是我的女神，非常有名气，还有郎朗，这两位是我们国家音乐领域泰斗级的人物，以及严良堃老师和郭淑珍老师，当年在中央音乐学院举办的"纪念中国人民抗日战争暨世界反法西斯战争胜利70周年"专场音乐会上的《黄河大合唱》演出，我非常有幸担任排练和指导，《黄河大合唱》最开始就是由这两位老师首演的，当他们再次合作的时候，他们两个人的年龄加起来已经将近两百岁了。

毕业后我进入了中国交响乐团合唱团担任指挥，从此我的职业指挥生涯就开始了。我在这里得到了非常多领导、同事们的帮助，中国交响乐团的各位指挥、艺术家都是世界级的，在这样的团队里工作让我收获颇多。

在工作期间，我开始真正思考，一个指挥家应该具有什么样的修养和品格，品格指的是艺术表现。我看到世界顶尖的大艺术家们，他们呈现这些音乐或者艺术品的时候是多么的用心，比如说帕瓦罗蒂、卡拉扬这些世界级的大师，这么多年过去他们依然是大师。难道全世界没有人超过他们吗？唱得好的、指挥得好的多的是，但就是超不过他们，为什么呢？关键就是一个人的修养和品格，我认为这是职业指挥最重要的两个内核。

在几次世界指挥大赛当中我发现，具备真正有修养、有极高内涵的指挥家和技术还不错的指挥之间的差别不是一星半点，有的东西是可以感受的，有的东西是感受不到的。技术是问题，但技术的问题绝对不是最重要的，真正决定优秀的是素养和品质。所以请看看指挥大师们的那些断句，他们表现音乐张力的那种感受，他们对作品的剖析和理解，他们对作品的各个方面表现出来的情感，起伏的情感、单一的情感、丰富的情感，情感的淡定与迸发都是在他们的手上。

我可以给大家用合唱来举一个例子，因为我本身也是合唱团的指挥。大家都听过李玟唱的《想你的365天》吧，第一句是春风，第二句是夏雨，第三句是秋叶，第四句是冬雪，在唱的时候我们需要把它们的场景表现出来的。在唱春风的时候，要真正似春风拂面，在唱夏雨、秋叶、冬雪时都是要如此。这个时候音乐的表现力、感染力就出来了，所以我经常说一个指挥他的音乐内涵在哪里，他的思考在哪里，这是值得我们思考的。再比如，2021年是中国共产党成立100周年，大家都在唱《我的祖国》。这个曲子分为两个部分，在第二部分，我相信99%的合唱团他们的处理方式都是铿锵有力、豪情万丈地唱，因为我们要表现出我们的强大，表现出用我们的力量捍卫祖国必胜的信心，是这样的。但是表达的方式只有一种吗？艺术表达只能是这样去做吗？有没有可能我们将这种决心与爱国之情内化，唱出内心的坚韧呢？因为这首曲子不是唱给别人听的，不是要告诉别人我们有多么强大，而是唱给我们自己听的，我们自己的文化自信。所以我经常说，这些是需要指挥去思考的。真正的力量是什么呢？是来自于我们内心深处的、直接深入灵魂深处的力量，这就是艺术。

现在的舞台上，包括顶尖的合唱团、乐团在内，有多少能够把观众真正唱哭，让观众感动呢？为什么有时候不能感动观众呢？这还是艺术品格所决定的。

马斯洛需求层次理论把人的需求分成五个层次：生理需求、安全需求、社交需求、尊重需求和自我实现需求。你处于哪个层次，你的需求和追求就在哪里。那么乐团或者合唱团的品质和修养在哪呢？就在指挥的身上，有什么样的指挥，乐团或者合唱团就会具有什么样的品质和修养。

在培养指挥的时候，需要跨专业的学习，感受不同的艺术方式。我自己是中央音乐学院长大的，我们围绕着指挥学习指挥法、作曲技术、音乐史等，同时并关注参与画展、雕塑展、园艺展或者进行一些研讨，关注小说、戏剧、电影等也是必要的。所以我认为我们今天的学校教育艺术教育、音乐教育应该更多地去关注这些内容。

通过我前面的一些讲述，大家可能对指挥有了一些新的认识。通过这些思考，我认为我与真正的指挥大家之间还有很远的距离，所以我鼓起勇气参加了几次重量级的世界指挥大赛，希望能够让自己快速成长。在法国贝桑松的世界的指挥比赛里，我进入了全球的前十强。我记忆犹新的一次比赛，是首届阿尔巴尼亚的国际指挥比赛，为什么记忆犹新呢？因为那个时候我的宝宝只有一岁，我特别不舍，真的是放不下她，因为这次比赛，我不得不给小宝宝断奶。我执意去参赛也因为很多指挥大赛对指挥的年龄是有要求的，如果年龄再大一些的话可能就参加不了了，我就狠狠心参加了这次比赛，好在最后得了第二名的好成绩，总算没有愧对小宝宝。回想这个比赛还真是惊心动魄，这个比赛由全球两百位选手展开比拼，一轮一轮地刷人，200进70，70进20，20进10，最后决赛进三个人，比赛紧张激烈。我参加美国的世界指挥大赛时，比赛是通过指挥现场排练，考验指挥对音乐的理解、排练的能力。这一场比赛是从全球的职业指挥中筛选出十名优秀的指挥进行最后的比赛，经过激烈角逐，我也非常幸运地拿到了皮埃尔梦多大奖及第一名的大奖成绩。

我还获得过波兰国际比赛的证书，是利平斯基2019年国际合唱指挥大赛，我又拿了第一名。

经过这些比赛之后，我开始思考，肥沃的土壤对于我们音乐工作者的重要程度。肥沃的土壤是什么？就是我们的国民音乐素养，这个我们职业音乐者的重要保障。国民音乐素养对于整个国家的文化提升真是太重要了。在和所有音乐强国之间进行文化交流中我们发现，这些伟大的指挥家他们无不生活在国民音乐素养极高的国土上，比如说匈牙利、德国。我们国家的国民音乐素养如何呢？这个词对我们来说是不是还有一些陌生呢？所以我特别希望多去关注这方面一些。

在前面叶团长的演讲中，我们也听到了李岚清副总理为我国普及音乐教育所做出的贡献，他进入百所高校为万名学生进行普及性的音乐讲座，他将音乐之美传递给每一位大学生，在他们的内心种下美的种子。中央音乐学院音乐教育学院的首任院长高建进教授，也在做着这样伟大的事情。他们真正地俯下身走进中小学，研发学校音乐教育新体系的教学法，为的是让音乐属于每一个中国人。

中国古代有以乐治国的思想，刚刚叶团长也说到了我国孔子的乐教思想，这些都是在强调音乐的教化作用。"唯乐不可以伪"，音乐是能真正起到对我们心灵的教化作用。音乐演奏的是什么？演奏的是我们的心路历程，演的是我们的人生。每次当我想要把一段音乐真正地表现好的时候，我认为音乐就是我的信仰。通过讲座，我特别想呼吁大家与音乐为友，终生能够享受音乐。好多伟大的人物在音乐上都有极高的艺术修养，比如说我问大家一个问题，我们国家第一首小提琴曲的作曲家是谁呢？注意是作曲家，可能大家都会认为是一个音乐家，错了，他是我们国家的地质学家李四光先生，

1920年他在巴黎写出了《行路难》，这是我们国家第一首小提琴曲，他在个人回忆录当中经常说音乐对他的重要作用。杂交水稻之父袁隆平院士为我们国家以及世界杂交水稻事业都做出了突出的贡献。但是大家知道吗？他还是一位小提琴手。我们国家的科学家、"两弹一星"之父钱学森先生经常说："我有今天的成绩是得益于我的爱人。"大家知道他的爱人是谁吗？是我们中央音乐学院声歌系的教授蒋英女士，他常说："我在遇到科学上的难题百思不得其解的时候，蒋英的歌声总能帮助到我。"爱因斯坦有句很有名的话："这个世界可以由音乐的音符组成，也可以由数学公式组成，音符加数字就是真正的完整的世界。"

其实我在职业乐团的工作真的非常忙碌，但是我特别喜欢与"一老一小"打交道，喜欢与孩子打交道，是因为从孩子的身上可以看到国家的未来，他们代表着中国的希望。我曾带领着北京市金帆交响乐团在美国肯尼迪音乐厅进行过演出，产生了良好的国际影响。在全国中小学生艺术展演上我们获得了全国第一名。我们还在G20峰会上展演，在国家大剧院演出，质量非常高，有机会大家可以听一下。还有就是我喜欢和老人们打交道，为什么呢？因为像叶团长这样，他们对音乐充满真正的热爱，这是我前进的目标和动力。他们让我真正感受到音乐的伟大，感受到作为一个音乐工作者的社会责任感。正是因为我遇到了满天星业余交响乐团，他们都是来自各行各业的精英，但是他们一聚就是七年，就是因为热爱而聚在一起。

满天星业余交响乐团，业余就是他们的特点，因为他们就是非专业的人士，但是他们的演奏水平可真不业余，观众们听完音乐会都说这也不业余啊。对的，因为我们对乐手的要求是极高的，而且我们的作品是非常难的。一个好的乐手需要一定的练习时间积累，像拉大提琴这种乐器的人，需要一辈子的时间去积累，才能到一个乐团当演奏家。而我们今天即将表演的这位演奏家，他不按常理出牌，他不是音乐科班出身，更难以置信的是他从六十岁才开始学大提琴，我们经常读到各种各样的励志故事，这不就是我们身边的励志故事吗？60岁正是颐养天年的好时光，叶团长却对大提琴产生了浓厚的兴趣，而且叶团长总是虚心求教，像小学生一样。他说："纪指挥，我这个地方总也拉不好怎么办？"我说："您回去拉50遍。"他就真的回去拉了50遍，然后过来给我交作业。当然叶团长的技术肯定赶不上专业的，但是上海有一位90多岁的指挥家曹鹏，他说的一句话我特别赞成，他说听完了叶团长拉琴，他就问："这是从60岁才开始学琴的吗？这要是从50岁就开始学琴，完全有希望赶上马友友啊。"叶团长每天都要保证几个小时的练琴时间，他为了不打扰大家，要分别到不同的地方去练琴，拉不好的时候邻居还要过来找他。我们一会儿即将演奏的一首《如歌的行板》，这个曲子就对音乐性的要求极高，如果没有内心的音乐性，没有对音乐的热爱，没有演奏经验，没有充分的理解，就拉不了这种曲子。叶团长对于音乐的执着与向往真的是感动了我。

听了他的事迹，我想这就是让我们真正肃然起敬的人，我们真正佩服的人，真正需要学习的人，这就是正能量。除了叶团长，乐团其他的成员也都是各行各业的精英，他们因为对于音乐的热爱，在本专业取得突出成就的同时还在坚持着练习乐器，我在和大家的接触中常常感动于他们对艺术事业的追求矢志不渝，致力于公益事业的奉献与付出。他们有的是军人，有的是老师，但是他们脱下了军装，走下了三尺讲台，拿起自己最喜爱的乐器，以另外一种文艺的方式滋养祖国的花朵。他们的大爱还体现在每一个环节并且作用到行动之中，这个乐团是没有经费的，很多时候都要他们自掏腰包。我相信全世界也很难找到这种以爱和社会责任感为使命的乐团，这个乐团真的是温暖了数不清的学校，数不清的学生，也包括我本人。满天星业余交响乐团以其生动的音乐示范和高尚的公益追求，推动高雅音乐走入大众，要向社会发出一个强烈的声音，那就是高雅音乐要在中国成为大众的艺术，成为推动文化繁荣发展，提高全民文化素养的发动机。很多人在听完我们的音乐会以后都重新燃起对音乐的热爱，让音乐点亮了他们的人生。

最后我特别想说的是，作为一名中国本土培养出来的指挥，我为生活在这个国家和这个时代感到荣幸和自豪。我们国家的专业音乐教育水平在世界上是有一席之地的，我对于我们建成文化强国是充满信心的，我也希望在座的各位专家在听完我们的分享以后能从此爱上音乐，终生以音乐为友。当然，如果大家想听音乐会，就一定要来听我们"满天星牌"的音乐会。谢谢大家！

大地上的行吟

◇ 刘红庆

　　今天来的都是名家，出版界的领导和前辈，我有点紧张。当然，还有在线上观看我们节目的很多知名的、不知名的、熟悉的、不熟悉的、关注过盲人的、没有关注过盲人的朋友。刚才阎晓宏理事长介绍了，我有一本书叫《左权将军》，是2015年由华文出版社再版的。初版叫《左权：一团奔突的火》，是2005年左权将军一百周年诞辰的时候由解放军出版社出版的。

　　我为什么今天要特别拿这本书和大家交流呢？因为我们来自山西省左权县。

　　我在很小的时候就知道左权这个名字，那么左权是谁？为什么我们要叫左权县？我在高中时候就开始搜集关于左权将军的材料，报纸上发现一点我就剪下来，陆陆续续地我攒了一些材料。特别荣幸的是，在2004年左权将军的女儿左太北女士向我提供了很多材料，2005年我出版了《左权：一团奔突的火》。

　　在八一建军节这个特殊的日子里，我向大家提起这本书，是因为左权将军是八路军在抗日战场上牺牲的最高级别将领。左权将军1905年出生在湖南省醴陵市新阳乡黄茅岭村，也就是今天的醴陵市左权镇将军村，1942

年牺牲在今天的山西省左权县，当时叫辽县。

中国人民解放军诞生于1927年，在红军时期和八路军时期，左权将军都是非常重要的作战将领。在八一建军节的时候，我也特别希望用我写的这本《左权将军》表达我对中国人民解放军的崇高敬意，表达对中国人民解放军中的优秀将领左权将军的缅怀之情。

我今天之所以能来到这里和大家分享，是由于很多朋友们推荐，其中特别要感谢的是我认识十七年的好朋友亚妮。2003年，我把左权盲人宣传队的故事介绍给亚妮，亚妮开始关注这个队伍，并很快拍了一个短纪录片叫《向天而歌》。亚妮说："《向天而歌》反响特别好，希望能再去左权县拍更多的故事给观众朋友。"当她再次去左权县的时候，我是陪同着去的，去的路上，在包租的一个小车里，我就给她讲我自己的故事。亚妮突然告诉摄像师："把摄像头对准刘红庆，让刘红庆讲他的故事。"这样亚妮又拍了《弟弟的歌》。这两部纪录片在浙江电视台播出之后效果非常好，特别有影响力。

《弟弟的歌》主要讲我和刘红权兄弟俩的感情经历和感情故事，亚妮的其他朋友看到这两部纪录片之后说："它应该成为一部电影。"这样亚妮就从2005年开始筹备她的电影，一开始叫《桃花红杏花白》，接着叫《花红花白》，后来贾樟柯导演给它起了个名字叫《黑暗的声》，现在电影名叫《没眼人》，中信出版社前两年出版了亚妮的书——《没眼人》，就是她写的盲人的故事，也是一本非常畅销的书。

这次的活动我本来特别希望亚妮来到现场，但是亚妮因为工作忙无法从杭州前来，我在这里向亚妮表示感谢。亚妮的《没眼人》真的对这个群体投入了很多关注。

说到没眼人，古代有一个字专门指没眼人，是"瞽"字，这个"瞽"字是敲鼓的"鼓"下面一个眼睛的"目"，"瞽"字上半部分是一种乐器，"瞽"字在古代就是指的从事音乐工作的没眼人。

在《诗经》里有一篇《有瞽》，讲述的就是三千年前宫廷里用盲艺人做的一个盛大的礼乐活动。我们中华民族原来叫礼乐之邦，后来礼崩乐坏，礼乐之邦改成礼仪之邦，为什么要把这个"乐"字去掉？就是因为后人对礼乐知道得很少了。编钟曾经是宫廷演奏中主要使用的乐器，在中国古代礼乐中占有极其重要的地位。我们说这是中华民族的骄傲，但实际上在漫长的历史岁月中，编钟仿佛失去了声音。为什么呢？因为经过春秋战国时期的动乱以后，再到后来的朝代更迭，渐渐地，很多人已经不太了解甚至不知道编钟是什么了。我们在故宫见到的编钟是圆桶式的，它已经无法演奏，失去了乐器的使用价值，只是作为礼器摆在宫中。就这样，编钟在历史中失去了声音，但实际上它是一种大型的乐器。一直到20世纪70年代，曾侯乙墓被发现，我们才知道，原来一个编钟可以发两个音。经过了上千年漫长的等待之后，我们才重新认识编钟。这也从一方面反映了为什么礼乐之邦成为礼仪之邦，这是我从音乐学家的专著中读到的知识。

在那个时代，因为盲人的记忆力好，所以在文字产生之前或者文字不那么繁荣的时候，主要靠着盲人记忆，一些东西才能记录、流传下来。我国少数民族中一些神话故事、史诗歌谣就是由盲人记录的，我看过阿来的书里面写藏族的神话故事、史诗，就是盲人口头传唱出来的。《荷马史诗》也是由盲人记录的。盲人们主要靠脑子记下来，然后一代一代在盲人中传承。

今天大家相聚在中国版权协会，这里是读书人的地方，实际上我一直说，为什么今天的主题叫"大地上的行吟"，我们说读万卷书、行万里路，读万卷书是一件很好的事，我们在做的事就是产生这些精神产品给大家；同时要行万里路，在大地上还有很多很多书中没有的，或者说书中无法表达的，类似左权盲人宣传队这样的故事，它是一部有声的历史，它承载的这种历史文化不仅仅是用文字能传承得那么准确的。

《诗经》很古老，"关关雎鸠，在河之洲"，这种比兴的手法，今天我们每一个读书人都知道。我是学中文的，大学中文系一开始学的就是我们中国文学的源头——《诗经》，《诗经》就是当时的民歌。

我们大家都知道的《伐檀》，实际上就是一首山西民歌。《诗经》里的魏风、唐风，都是山西民歌。在左权民歌中依然保留着"关关雎鸠，在河之洲"这种比兴的手法。例如歌词"桃花红杏花白，爬山过岭找你来"，实际上说的是翻山越岭来找自己的情人，但它有一个铺垫，它铺垫的是季节，铺垫的是心情，是红红的桃花、白白的杏花漫山遍野，"我"翻过山顶来看"你"。还有一首"樱桃好吃树难栽，有了心事咱慢慢来"，樱桃树难栽不难栽，我不知道，我自己没有栽过这种树，我也没有研究过植物学。歌中对恋人的那份思念，那份想嫁给恋人或者想娶恋人的心情，无法用口头语言表现出来，只能"有了心事咱慢慢来"，这在传统、含蓄的社会中非常美。还有一首《山小雀飞在圪针上》，山小雀就是麻雀，圪针最高也就长一人高，上面带刺，山小雀飞在圪针上，得病得在妹妹"你"的身上，"我"生病了，"我"为什么生病呢，是因为想"你"生病的。这些民歌都和"关关雎鸠，在河之洲。窈窕淑女，君子好逑"有异曲同工之妙。

刚才提到的是几首非常经典的开花调。接下来我想分享的是，盲人在宫廷传承历史的传统。随着文字的发展，随着当时出版业的发达，盲人在历史、文化、艺术传播中的地位逐渐地没落了。到了宋代，我们从古画中就可以看到盲艺人流落在街头，《清明上河图》就画有盲艺人，到了明朝这样的情况更加普遍。在宋代的画里面还有莲花落，莲花落这种艺术样式一直到今天依然活着。到了清朝，盲艺人各地都有。我专门在国家图书馆翻阅了各种故宫画册，里面有大量宫廷收藏的有关盲艺人题材的画作。这些画是干什么用的？是宫廷画家到民间采风画下来，让皇上或者让贵族子弟知道民间是什么样形态的，有的非常经典。其中有一幅画特别有名，上面还有乾隆皇帝的题诗，画的就是这些盲艺人辛辛苦苦地传承着故事，欢乐了民间。盲艺人表演在清朝已经很普遍了，莲花落大概也是在明朝传到了山西，当然我们今天不敢说山西人唱的莲花落是明朝的调子，但是山西在明朝就已经有了莲花落。

盲人说书，包括莲花落，文人也参与了其中。新中国成立初期，老舍就对北京的流浪艺人非常熟悉、非常了解，老舍组织盲艺人改造，给盲艺人写作品。我们山西也有一位非常接地气的作家，可能在座的各位都知道赵树理。赵树理大师在早期写过一个快板书叫《谷子好》，《谷子好》这个作品不一定是专门写给盲人的，但它一定是传统文化或者群众文化的重要组成部分。

赵树理的快板书很流行，因为赵树理也是太行山区出来的作家。我们当地的盲艺人听到这个快板书之后，由高平市已故盲艺人申富改编成高平鼓书。这也是现代文学史上顶级的大师的作品，它和民间这么关系密切。有时候我想起田青老师说过的一句话，怎样判断一个人是否高贵呢？就看他对底层生活，他对穷人有多关心，看他对他人的幸福的关注度。我也想起来我们远集坊的宗旨，尤其是《离骚》这首长诗里面写的："哀民生之多艰。"如果我们远集坊的嘉宾们、朋友们、客人们以及我们线上的朋友能够关注底层，关注草根，有这样的情怀，我们的社会将更加和谐。

抗战对太行山上的影响巨大，我们之所以从辽县变成了左权县，就是因为左权将军在抗战期间牺牲在了我们太行山上，牺牲在了当时的辽县。那在这个过程中，盲艺人和普通百姓都遭受了空前的劫难。有幅版画《盲艺人》是版画家彦涵的作品，后来彦涵先生成为中央美术学院版画系的教授，当时他在太行山区创造的这幅版画。

中华文化：特色与生命力 ◎

太行山盲艺人保存的一张照片，是我们当地的盲艺人在为八路军将士演唱。在太行盲艺人参与抗战的过程中，流传着很多抗战的歌曲，其中就包括一首抗战结束后，歌颂土地改革的歌曲《土地还家》。

在中国文化的历史长河中，我们盲人和明眼人都能感受到我们中国的变化。中国的变化来自我们英明的中国共产党，辉煌的成就都离不开党的领导。中国取得了举世瞩目的成就，这些成就来之不易，盲艺人有两首歌曲表达这种情绪一首是《拥护八路军》，一首是《感谢共产党·新中国》。

我出生在一个盲人家庭，我母亲是个盲人，这段历史我年轻的时候很少讲起。那时看到别的同学爸爸是干部，在政府上班，我不愿提及自己的家庭。

我爸是个煤矿工人，比我妈大20岁，煤矿工人找不上媳妇，年纪又很大了，就找了一个没眼睛的。我妈当时17岁，1965年我出生了。小时候，来我们家的都是游走在太行山区的盲艺人。那时，他们进了城来表演，我妈很爱听这些人唱曲儿，经常带着我去找这些盲人听歌。渐渐地，我妈和这些盲人熟了，这些盲人就到我们家来吃饭、住宿。盲艺人们有时候集中学习，到了城里没地方住了，大家就住在一起，好几个盲人就住在我家。

我小时候非常烦这些盲人来家里，来了让我丢人。如果我们家来的都是高端人群多好，如果来的是教师、干部或者当兵的，脸上多有光彩，可是来的竟然都是盲人，真让人沮丧。但是我从来没有贬斥过，只是我心里不舒服。这个情绪让我在成长过程中很压抑，我立志要离开这个家，离开这个县，离开我熟悉的这个环境，这是我一直读书的主要动力。我记得史铁生说过，他好好写作、好好努力是要让妈妈高兴，我好好读书，我好好学习，我是要离开这个家庭，当然我也觉得我应该让妈妈骄傲。

我在这样的环境中成长，耳濡目染的都是他们的音乐。我到了北京第

◇ 上篇

大地上的行吟

一份工作是《音乐生活报》的记者，我的工作台上有交响乐、歌剧的票，我就看了大量的音乐会。

突然有一天，我发现真正能够打动我内心的还是回荡在我心里的盲人的音乐，于是我辞掉了工作，回到太行山区寻找他们。找到他们后，我出版了我的第一本书《向天而歌：太行盲艺人的故事》，在北京出版社出版，中国盲文出版社同时推出盲文版，当时的汉文版只发了四万册，盲文版的因为是在盲人群体中使用，所以印刷、发行的数量非常有限，但是对我的人生非常重要。我开始反省自己的人生，思考我们的根在哪里，我们的生命在哪里开始，我曾经以为对我们不重要，甚至怀疑给我蒙羞的那些东西是不是生命中最最宝贵的东西。我的反省大概是从30岁以后开始的，我反省这件事的时候，我希望我做这些事不是人道主义、不是因为高尚而来帮助他们，而是觉得命中注定我是他们中的一个，我命中注定和他们在一起。我不仅仅组织了左权盲人宣传队，我也组织了太行山区所有盲艺人，我甚至组织了河南省、山东省、陕西省、安徽省的盲人一起演出，规模大的时候将近两百人。我希望我的这份努力得到的不是物质上的回报，是我生命中应该有的那份对草根的尊重，这份对草根的尊重也可能使我变得高贵，虽然我依旧贫穷。

我弟弟说过一句唱词，我听了以后就很感动，那是有一次去一个地方吃饭，我们文化局局长给我弟弟端饭，没有人给他端在手他吃不上饭，我弟弟说了："经常有人给我端饭，我这辈子报答不了，我下辈子再报答。"

亚妮拍摄纪录片《弟弟的歌》，促使我完成了第一首歌——《谁说桃花红，谁说杏花白》（又名《瞎瞎活了这辈辈》），什么是桃花的红，什么是杏花的白，对于我们盲人朋友来说他们是没有感觉的，但是他们唱了这么多年，所以我发出了生命的诘问："谁说是桃花红来，谁说是杏花白。瞎瞎地活了这辈辈，我可没看出来。"

这首歌是给《弟弟的歌》写的主题歌，写完之后，我当时陪着亚妮在左权县采访拍摄，拍摄完了以后亚妮问有没有一首歌唱兄弟情的。大家说你写吧，我就想到写了这首歌。

后来太原电视台拍一个纪录片，也希望我完成一个作品，我也是在这种特别的情绪里写的。虽然今天我和大家说的时候有伤感，但是我没有那种沉痛的自卑感，我觉得和他们在一起我是快乐的，为他们写歌我是快乐的，和他们一起做活动，和他们一起演出，我觉得我有成就感、有价值，我能帮助到他人，我觉得这是一种幸福。

下面这首歌叫《问天问地问爹娘》，我很小的时候我妈看不见，我妈就问太阳是什么样子的。她老是仰起头来看，她能感知到太阳的温度。所以我也写过一篇文章，叫《如何告诉母亲太阳的颜色》，如果我弟弟唱得很好，让更多人知道了，我想母亲在天堂能够感觉到太阳的颜色，所以我只能不断地努力。

最近三年，我很认真地写了一本《郭兰英传》。写作期间，我带着我弟弟拜访了郭兰英老师，给郭兰英老师唱了《光棍苦》，《光棍苦》这首歌和郭兰英唱的《绣金匾》是一个旋律，郭兰英听完我弟弟唱的歌后，说这就是民间。当然这不是艺术学校教出来的，郭兰英老师肯定能判断这就是民间，我心中也充满着自豪，说："这就是民间，挺好的，保持自己的风格。"

郭兰英老师不仅对耀眼的明星细心指导，对我弟弟这样的草根艺人也不嫌弃。我说："弟弟正好来了北京，我带弟弟来拜访您。"郭老师说："来吧来吧。"我就带着弟弟去郭兰英老师住的地方，我们聊了将近两个小时，弟弟给郭兰英老师唱，郭兰英老师也跟着一起唱，真是非常美好的记忆。

《绣金匾》一般说是陕北民歌，实际上黄河两岸的民歌有很多相似性，郭兰英老师和我聊起来的时候也不认为这个旋律只有陕北有，我弟弟学这个歌也不是从陕北学来的，在我们山西民间就有相同的旋律。这首歌在太行山区非常受欢迎，表述了一个没有女性照顾的男人的孤独与苦处，叫作《光棍苦》。

2002年，我带着著名音乐学家田青老师到太行山采风，他发现了羊倌歌王石占明，石占明是放羊的，唱得很好，田老师把他带到南北民歌擂台赛的舞台，成了全国的歌王。2003年田老师说他再到太行山看一看，到了太行山我们当地还组织了一些文艺演出给田青老师看，田青老师看完以后比较失望，觉得这些歌手都是文化馆培养出来的，个性不那么明显，也不是说唱得不好，但是味道不足。我说我们左权县还有一支盲人宣传队，这之前田老师不熟悉这个宣传队。田老师的老师叫杨荫浏，人民音乐出版社和江苏文艺出版社都出过杨荫浏的书，他的《中国古代音乐史稿》是由人民音乐出版社出的，《杨荫浏全集》是由江苏文艺出版社出的，都是对音乐界非常重要的书。有的老师和我说，去了台湾书店也有杨荫浏的《中国古代音乐史稿》。不仅如此，在海外如果想了解中国古代音乐，都看杨荫浏的书。田青是杨荫浏的最后一个研究生，田青读研之后，大概很短时间，上了三次课，杨荫浏先生就病故了。

杨荫浏先生是无锡人，他从小知道他们街上有个卖艺的叫瞎子阿炳，1950年咱们中国国内的录音机比较少，有限的录音机给了中央音乐学院一台，杨荫浏就趁暑假期间借上学校的一台设备，到无锡录制了六首音乐，三首二胡曲，三首琵琶曲。

瞎子阿炳留下的作品有限，在1950年暑假录完这六首之后，瞎子阿炳说："我再练一练，你再有机会你再来录。"杨荫浏就回到当时在天津的中央音乐学院，不久阿炳去世了。不然，瞎子阿炳可能还有更多、更好的音乐存世。杨荫浏的这次录音成就了二胡这件乐器，如果没有《二泉映月》这个作品，二胡能称之为民间乐器中最重要的一件乐器吗？就是因为这首作品的支撑。所以盲艺人对中国民间音乐的贡献是巨大的，只是我们没有发现或者我们尚待发现。如果1950年的夏天，杨荫浏先生没有专门回乡录音，也许今天中国人就不会知道瞎子阿炳。

田青和我说，他的老师发现瞎子阿炳，他发现左权盲人宣传队和刘红权，都是命中注定的。当他在左权县一个破旧的戏台上第一次看到这支队伍的时候，刘红权演唱了《光棍苦》，还演唱了一首《冯奎卖妻》。这两首作品打动了田青，田青稀里哗啦地流泪，在他自己的文章中称之为"热泪滂沱"，"滂沱"这两个字都是三点水的，说明他流了很多泪，被感动了。

在田青认识左权盲艺人之前，我就一直在想，有没有机会带着这些盲艺人到北京演出。我们没有钱，那我们就一个村一个村表演，像卖唱一样，从山西走过河北，再到北京。我把这个想法说给田青时，田青说他直接带大家到北京。在田青老师的帮助下，我们在首都师范大学、中国人民大学、人民日报社做了演出，非常轰动，成为当年音乐界十大新闻之一。左权盲人宣传队也从此受到了大家的广泛关注。

当年在首都师范大学演出时，我是《华夏时报》的文化记者，我利用工作的方便通知了周边的同行从业者，他们不辞辛苦，二话没说就赶来了，我由衷地感谢。《南方周末》的南香红记者亲自来的，还有很多同行朋友们都报道了这件事情，引起了轰动。

南香红看完这个演出，认为写一篇新闻报道不足以表达《南方周末》对这种底层生存状态的敬重，南香红又约上他们著名的摄影记者王景春，王景春现在是华赛的评委。他们两个人在北京集合，我们一起租了一辆车去左权。当时火车没有那么方便，还没有高铁，我们直接租了一辆车到了左权县，因为盲艺人在乡下演出，我们一个村一个村地去寻找，当时手机还不那么普及，总之我们找盲人的时候很不方便。找到盲艺人后，他们采访了一周时间，南香红和王景春在《南方周末》发了四个整版的报道。浙江电视台也播出了亚妮拍摄的纪录片。在田青老师的思想、亚妮的执着和《南方周末》的影响力鼓动之下，左权盲人宣传队成了中国盲人音乐的一个代表，著名的盲人音乐家甘柏林说："这是中国盲人音乐的活化石。"

中国的盲人音乐还很多，只是不被世人所广泛知道，即使知道了也觉得是草根生存、底层生存的艺术，不登大雅之堂。所以我希望更多人重视草根，草根艺人也要更加倔强地成长。

接下来这一首歌也是我和弟弟一起完成的，叫《一铺滩滩过眼云》。实际上我们生活中除了苦难，更多的时候是平和，我们不可能每天看见刘红权唱着《光棍苦》，每天在哭。表演的时候我们沉浸在这种情境中，而一般情况下他们和正常人没有什么两样，该吃饭吃饭，该睡觉睡觉，该找女朋友找女朋友，当然有的也不找女朋友，他们也过着他们快乐的生活。

在这个篇章开始之前，我说我母亲是个盲人，在亚妮的电影《没眼人》中，我和弟弟的故事主要起源于我给亚妮的讲述。

母亲去世的时候，刘红权正在北京为电影录旁白。当时母亲病重，刘红权本来不想来北京，亚妮让他在北京电影学院录音棚里录电影旁白。结果他刚来北京，母亲就走了。我告诉他说，不要和亚妮说，就去录，因为妈妈的生命没法挽救了。我当天晚上赶火车回家，弟弟第二天去录音，录完音以后他跟亚妮说他要回家，因为母亲昨天晚上没了。

亚妮知道这个事后很震惊，很不好意思。亚妮带着摄制组去了左权县，那是冬天腊月，所以我和弟弟一起完成了一首歌，叫《一把黄土把娘埋》，是弟弟在母亲坟前演唱的，电影中也使用了这首歌。这首歌还是传统的旋律，还是这个调子，但是表达这种特殊环境的特殊情绪，我不论听多少次都觉得酸楚，是来自生命的酸楚。写这首歌的时候我心情很沉重，因为妈妈躺在地下，我心情很沉重，桃花也不再红了，杏花也不再白了，但是最后我想清楚了，桃花还会红，杏花还会白，"红花白花漫山开呀，开满了咱的怀"，我们还得面对人生，不管这个人生是幸福的还是苦难的，还是幸福中有苦难，还是苦难中有幸福，我们都得去面对。

接下来我介绍一位我特别好的朋友，也是左权盲人宣传队的主唱，王树伟，他人特别好，不识字，从来没有念过书，但是记忆力超强。最近五年中他们家办了三次婚事，首先是他和带着一个男孩子、一个女孩子的女子结婚，接着出嫁女儿，又接着给儿子结婚。我觉得王树伟是个了不起的男人，虽然他眼睛看不见，收入也不多，但是用他辛苦挣来的钱扶持了另外一个有苦难的家庭，他把那俩孩子当自己的孩子一样养。树伟演唱的《百岁观花》具有人生豁达、奉献的态度。

2020年8月24日左权县要举办国际民歌比赛，晋中市委宣传部推荐左权盲人宣传队参加民歌汇的正式的开幕式，希望盲人宣传队做好节目，向全世界人民，向全中国喜欢民歌的朋友们汇报。

中华文化的特色与生命力

◇ 王蒙

中华传统文化博大精深，正因为博大精深，更难以短时间内讲清楚，今天我"老虎吃天"，就硬把它讲一下。我认为，中华文化有三性、中华文化有三尚、中华文化有三道，这三个"三"阐述了中华文化的特色与生命力。

一、中华文化三性：积极性、此岸性、经世致用性

第一，积极性。自强不息，厚德载物。它不要求解释清楚生命的意义到底是什么，人生的意义到底是什么，但是你就得积极地干，"知其不可而为之"，这是一种积极性。

第二，此岸性。此岸性不完全按佛学的观点来讲，我们说的是此生此世，按照孔子的说法是"未知生，焉知死""子不语怪力乱神"；荀子的说法是"唯圣人为不求知天"，不要求知天，但是在《天论》这一段里，荀子紧接着又说，想了解天机、天意是不可能的，想了解天为什么让人降生下来，也是不可能的，但是要尊重天的规律、天道、天理，这是可能的。人要敬畏天、服从天、遵循天理做事。就是在不知道到底怎么回事的情况下，还得做好自己的事情。

第三，经世致用性。这一点跟前面说的两点都有关系。这样就产生一个很有趣的现象：德国黑格尔有点"瞧不起"孔子。黑格尔曾说他读了《论语》——当然他这读的是译本，就觉得还不如不读，要不读的话他可能会非常尊重这位东方的大圣人。他说读了以后，觉得都是一些常识性的问题，他甚至于指出孔子缺少抽象思维的能力。相反，黑格尔非常佩服和喜欢老子，尤其喜欢他"知白守黑"。可是法国伏尔泰就高度评价孔子。我想，原因很简单。黑格尔是专家，是大学者，而孔子不是专家，不是学者，孔子还嘲笑自己说："种地我不如老农，种菜我不如老圃。"孔子要做的不是专家，不是学者，而是圣人。圣人是什么？挽狂澜于既倒。在春秋那样一个礼崩乐坏的时代，要把社会再整理到"克己复礼""天下归仁"，他的人品、他的一切行为、语言、举止要成为社会的榜样，要优化、改变社会的风气，使正在堕落的社会风气恢复到西周那样"郁郁乎文哉"的时代。所以，孔子从来没有想过要当专家，而且他说过"君子不器"的话，他是看不起那种专门会一两样绝门领域的人，他要面对的是修齐治平，是平天下之道，是建立大同社会。但是伏尔泰与黑格尔不同，伏尔泰是启蒙主义者，他认为孔子了不起，他佩服孔子的"己所不欲，勿施于人"——居然能把世间这么复杂的问题，用这么简单的道理讲清楚！因为他所碰到的那些论述者都是要用《圣经》去解释，用另外一个世界的神去解释。所以中华文化的追求跟黑格尔说的不是一路。

二、中华文化三尚：尚德、尚一、尚化

第一，尚德。中华文化有三尚，其一是尚德。尚德的道理大家都明白，中华文化对道德有独特的认识，认为"德"是权力的合法性的依据。

第二，尚一。我现在很有兴趣的是尚一。因为"一"代表天道，代表太平，还代表幸福。孔子说"吾道一以贯之"，孟子说"天下定于一"，

上篇
中华文化的特色与生命力

063

老子说"天得一以清，地得一以宁，神得一以灵，谷得一以盈，万物得一以生，侯王得一以为天下正"。中华文化好像非常崇尚"一"，但同时我们对"一"的解释也非常复杂。"一"是什么？"一"就是多的总和，用郭沫若诗中的说法就是"一切的一""一的一切"。"一切"这个词是很有意思的，"一切"的"一"是统一的，"切"是有许多的部分，既是"一"，又是"多"。好比君王的权力、天子的权力是"一"，但是得民心者得天下，民心又是"多"，所以它又是"一"又是"多"。这个"一"在中华文化中有非常特殊的说法，首先是天人合一，世界上其他地方都没有这种说法。中华文化是一种循环论证，天人合一，人性是美好的，人性就是天性，天性集中起来再升华一下就是天道。那么天又是一个大的存在，是一个自然的道法自然，这里边的自然跟我们讲的大自然意思并不一样，这里边的自然不是一个主语，也不是一个宾语，而是一个状语。什么叫自然呢？就是自己存在，自己运作，自己发展的，它又是自然的。但同时，天又是高大上的综合概念。某种意义上我们说"天"，不管老百姓也好，圣人也好，实际上是把天看成上帝。"苍穹"在汉英辞典上就被解释为god，就是天国。比如说《论语》中颜子死了，孔子就说"天丧予"，这里的"天"就是指上帝，不是指自然界的天。

我对《道德经》做过一个统计，就是"天"字比"道"字用得多得多，是"道"字的两倍以上。所以这里的"天"是一个终极概念，神性的概念，但是它和人是"合一"的，因为人性基本上是善良的，虽然有不同的说法。老子也认为人性是善良的，所以他才问：你能回到婴儿时代的单纯、美好、善良吗？我还看到过一位学者分析为什么中国人容易接受马克思主义，他认为，这是因为马克思主张性善。虽然马克思没有明确地这么来谈，但马克思、恩格斯在谈到私有制的时候指出，人的自私是由私有财产所造成的，如果没有私有财产，人就不会那么自私，说明他们是主张性善的。甚至包括马克思、恩格斯的有些社会理想和哲学理想也都是能靠到一块的。这里有一个循环论证：人性是善良的，因为人性是天生的。孔子的解释是：没有不爱自己双亲的人，这就是"孝"；没有不爱自己兄弟姊妹的人，这就是"悌"。在家里孝悌，出门爱你的长辈、君王，这样的人就不会犯上作乱，所以就是有了"忠"，有了"信"，然后各种美德就随之发展起来了。这是用人性来证明天道，用天道再来指导政治。用天道来规范德行，就是道德。当然，古时候"德"的意思跟现在所说的道德不完全一样，很多时候，功能性的东西是"德"，规律性的东西是"道"。古人又用这个来证明世界的美好。"天何言哉？四时行焉，百物生焉，天何言哉？"这是孔子的话。庄子的话是："天地有大美而不言。"这样，就肯定了物质的存在、自然的存在，之后再用道德来证明权力的合法性，权力的吸引力。后来儒家在谈到理想的政治的时候，总要以周文王为例。因为周国一开始面积很小，方圆才一百多里，但由于文王道德高尚，所做的一切都符合天道，符合人道，符合神道，也符合自然之道，当时叫作天下，所以他就把全天下老百姓的心都凝聚起来了。

所以中华文化对于"一"的观念，既是"一"，又是混杂。"一"中有"多"，"多"中有"一"，天人合一，天、神、人、道、政合一。还有"知行合一"。既然以人心、人的道德为圭臬，心好了就什么事都好了，所以孔子说"道之以政，齐之以刑，民免而无耻"。"耻"就是没有人格的尊严，人没有了尊严心，就变成只用一些行政手段、刑罚手段才能管着他。"道之以德，齐之以礼，有耻且格。"如果这样，不但有了尊严，而且有了格调，有了规格，人就能够提高。

中国人观念中有很多说法，外国人不太好理解。比如我们说"不为良相，便为良医"，外国人不懂，学医和学相有什么关系呢？但是中国的这个说法非常可爱，因为两者的共同特点都是要治病救人，都是要同情别人的甘苦，都是要对弱者施以援手，所以"不为良相，便为良医"。在中华文化中，智和愚也是可以统一的，《论语》里面多次提到，就是人该傻的时候要傻，该聪明的时候要聪明，"邦有道，则知；邦无道，则愚。其知可及也，其愚不可及也"，都是可以统一的。

第三，尚化。中华文化的尚化，早在庄子的时候就提出来了，叫作"与时俱化"。"穷则变，变则通，通则久""见贤思齐焉，见不贤而内自省也"等均体现了"与时俱化"，这就是学习与包容的"尚化"思想。

三、中华文化三道：君子之道、中庸之道、韬晦坚韧之道

第一，君子之道。君子之道与天道不一样，君子之道包括君子的一切，包括他的主张、行为，以及他社会活动的记录，也包括他的言谈话语，他的容色和面部表情。孔子要求到这一步，光尽赡养父母的责任还不叫孝，因为养一个动物也是养着，问题是容易"色难"，做到态度好并不容易。你觉着双亲老了，糊里糊涂，你的工作又多，于是开始烦他们，把钱往桌子上一扔，这个不叫孝。所以君子之道包括方方面面，能够分析得非常清晰很难。比如说"君子坦荡荡，小人长戚戚"。荀子谈到社会生活的时候比孔子还接地气，他形容君子既可以成功，也可以失败，小人成功不起，也失败不起，说得非常有趣。孟子讲过孔子的一个故事，我看了以后拍案叫绝。故事是讲，旁人问孟子整天说孔子多么伟大，孔子在鲁国做了几年大官，官并不小，但最后他是在一次主持祭祀中，因为祭祀活动送来的熟肉不合乎标准而大怒，说这样的东西让他拿着祭祀天地，这他还怎么工作？然后他连主持祭祀的礼帽也没有摘，就辞职而去了。这个故事绝在孟子的解释。孟子说："你们懂什么？孔子为官，他是到处游历，寻找能实践政治理想的地方，其中，他受到最高礼遇之地是鲁国。鲁君对他很好，他应该好好工作，但是孔子在鲁国快三年了，虽然国君对他态度

很好，但是他的仁政思想实现不了，所以他想辞职。但是，孔子又不希望酿成事件，不想有不良的影响，他还要在各地巡游寻找更好实现理想的机会，他希望和君王继续保持美好的关系，何况鲁君本来对他那么好，所以他需要找个借口，这次肉不好就成了一个很好的借口。"孔子宁愿让天下人说他这个人是急性子，这个没有什么影响，只是脾气急一些，但他对鲁国并没有什么不满。这个处理的方式是符合君子之道的，所以我说孟子这样的分析绝了。

第二，中庸之道。这一点孔子讲得很重，"君子中庸，小人反中庸"。中庸是什么意思呢？有一种说法，"中"不是指正中间的意思，是指准确；"庸"也不是后来所讲的平庸，是指正常。中庸就是既准确又正常，也不要不足，也不要过犹不及，这一点在中华文化中是非常重要的。西方政治学的基本观点是多元制衡，但中国作为一个大国有自己的国情，如果实行权力分割、互相制约，非发生内战不可。我们更需要注意的是要靠"中庸"。靠中庸是什么意思？就是必须掌握到一个最好的分寸。三十年河东，三十年河西。在时间的纵轴上经常会发生一种平衡和再平衡，在这种情况下讲中庸之道是有道理的。

第三，韬晦坚韧之道。中国神话里面有很多这样的故事，比如《山海经》里的"精卫填海"，炎帝的小女儿在海里淹死了，她变成一只小鸟，叼着一棵小草、一个小沙粒想把大海填起来。还有《列子》中愚公移山的故事、《史记》中刺客豫让的故事。豫让为了给自己的恩主报仇，去刺杀赵襄子，为了改变自己，他浑身涂漆改变形象，吞炭改变嗓音，这些都是不可想象的。还有，越王勾践的故事以及赵氏孤儿的故事。赵氏孤儿在欧洲有两个版本，一个是歌德的版本，一个是伏尔泰的版本。歌德和伏尔泰都不是汉学家，但他们听了赵氏孤儿的故事后都惊呆了，认为这是不可思议的事情。但是在中国，自古就有这么一种看法，就是一个人要想干成点事就得受那个不可思议之苦，就要在别人认为都不可能成功的时候还能坚持下来。这种坚韧性，这种在逆境中的韬晦、忍耐，不可比拟。中国有很多这样的词汇，比如"忍辱负重"，想想这四个字有时候我的眼泪都能掉下来。

虽然刚才谈到中华文化这么多特色，但是，第一，它并不是奇葩，它仍然可以和全世界的很多定义相通。比如说"一就是一切，一切就是一"。我原来认为这是非常中国式的说法，但是2016年有一次我在旧金山渔人码头吃饭，回来的路上看见一个很大的商店，名字就叫One is All，一就是一切。我心想：美国人也懂这个？上网一查，有两个解释，一个说这是一家餐馆，这里什么饭菜都有；还有一个解释是这是家一元店，卖各种处理品，交一美元拿一样东西就走，所以也叫"一就是一切"。

第二，中华文化有其特别吸引人的地方。这一点我也说不清楚到底为什么，但起码有一条，就是中国的语言和文字是非常独特的，其信息的综合性和"尚一"有关系，一个字里面把什么意思都包括了，既有声音，又有逻辑，又有形象。所以中华文化是一种有效的文化，又是一种能够自我调适的文化，还是一种随时能够改进的文化。为什么呢？比如孔子这句话我们一听就觉得了不起："见贤思齐焉，见不贤而内自省也。"见不贤而自省，反省一下自己有没有这样的问题，这是中华文化很了不起的地方。所以在中国，早就有对自身文化进行挑剔、期望它有所变化的思想。这和现在提出的"创造性转化、创新性发展"是一致的。这里我顺便再谈一个观点，就是五四运动激活、挽救了中华文化，使中华文化开始寻找走向现代化的道路，绝不是颂扬我们优秀的传统文化就要否认五四运动。

党的十九大报告指出："中国特色社会主义文化，源自于中华民族五千多年文明历史所孕育的中华优秀传统文化，熔铸于党领导人民在革命、建设、改革中创造的革命文化和社会主义先进文化，植根于中国特色社会主义伟大实践。""源自于中华民族五千多年文明历史所孕育的中华优秀传统文化",就是我们现在强调的中华文化,是要丰富我们的精神资源。"熔铸于党领导人民在革命、建设、改革中创造的革命文化和社会主义先进文化","熔铸于"就是已经进行了创造性转化和创新性发展,已经在革命、建设、改革当中得到熔铸,形成了中国的一套向前发展的、走向现代化的而且是有中国特色的社会主义文化。"植根于中国特色社会主义伟大实践",我们不管用多么大的热情去宣传传统文化,都不是要回到汉代,不是要回到清代,也不是要回到民国,而是要建设自己的中国特色社会主义文化。

闻香识酒

◇ 宋书玉

　　大家下午好，非常高兴今天再次来到远集坊给大家话一话酒，正好新春佳节即将来临，新年伊始，在此请允许我代表为美好生活酿造美酒的所有人，向所有热爱生活、喜欢美酒的消费者致以新春最美好的祝福。美好生活要有美酒相伴，有美酒相伴的美好生活一定是快乐的。

　　说到新春佳节即将来临，也许有人会问：为什么春节这个节日要喝酒呢？在我国的《诗经》当中有记载：为此春酒，以介眉寿。这是关于新春饮酒最早的文字记载，到了西周时期，春节习俗逐渐形成，在辞旧迎新之际，大家都会共饮美酒，曾有羊羔酒等记载，由此掀开了过年饮酒的先河。到了汉代，"年"作为法定节日固定下来，春节饮酒已经形成了风气。饮春酒，除了欢庆佳节之外，还有驱除恶秽、保佑长寿的寓意在里面。

　　还有春节饮"分岁酒"，"分岁酒阑扶醉起，阖门一夜齐欢喜""岁夜高堂列明烛，美酒一杯声一曲"，在我国古代除夕有饮用"分岁酒"的习俗。盛唐时期皇宫中开始流行守岁，常常大摆宴席，歌舞升平。到了宋代时，不仅有"守岁"，还有"馈岁""别岁"等花样，但是这些样样都离不开美酒。

还有春节饮"劳酒"的习俗，"劳酒"什么意思呢？就是古代春节时十分流行祭祀的仪式，在《礼记月令》当中有这样的一段记载：新的一年开始时，天子要亲自行迎春之礼，向上天祈祷五谷丰登，然后举行宴会，时称"劳酒"。所以春节饮酒，大家往往欢聚一堂，亲朋好友，合家欢聚，其实关于春节饮酒有很多的传说和习俗。今天我重点给大家分享一下关于美酒文化在全球当中核心的表达内容。

说到美酒文化的核心，当属中华民族，我们饮酒文化的核心为四个字：分享和表达，欢聚一堂就是为了分享，分享喜悦，分享快乐，分享感悟，分享人生。举杯就是为了表达，表达感恩感谢，表达亲情、友情和爱情，表达美好的愿望，表达美好的祝福。这就是中国酒文化的核心。

当今世界有许多纷争，有政见的不同，有价值观的不同，有经济纠纷，有文化不同或生活方式不同，造成了很多纠纷和意见，我想这也许差了一场美酒之约。如果能够坐下来，共同举杯，相互凝望，酣畅之后，无论有什么不同都能成为大同。所以中华民族是一个懂得分享、懂得感恩的民族。最美的美酒，中国人一定要与亲朋好友一起分享、中国人有了好酒是会炫耀的，招呼几个亲朋好友一起来分享、品味美酒，这是中国和世界其他民族酒文化的大不同，国外可能更欣赏生活品质、生活艺术，享受的是个人的生活情趣，中国人有一瓶最好的美酒，一定不是自己在家偷偷喝的，一定是与亲朋好友进行分享的，这就是中国酒文化非常独特的地方。所以中国倡导的"一带一路"、全球经济一体化一定能够实现，因为中国人懂得分享、善于分享。

2020年2月6日，我跟湖北的朋友第一次相约网上云喝酒，云喝酒也渐渐成为一种新的饮酒时尚。万里不再遥远，只要你用心、有心，只要你愿意，随时随地相约知己，相约亲朋好友，相约亲情，云端相聚，开怀畅饮，互诉衷情。

世界美酒有很多种，但是酒的精神表达和文化层面的含义是什么？我们总结了八个字：天人合一，美美与共。

今天就想和大家聊一下美酒之美。世界之大，美酒之多，不说世界，就说中国的美酒也是非常多的，有白酒、黄酒、露酒等，每个民族、每个国家都有自己的美酒。中国美酒在世界美酒之林中最为古老，有万年以上的历史。比较权威的考证有两个，一个是距今10300年前的磁山文化，磁山文化是人类农业的源头，最早的人类农业中的种粟源于磁山文化，磁山文化当中又发现了一些酒；另外一个是河南的贾湖文化，距今9000年，具有非常独特的地位，在贾湖文化的遗址当中发现了一个陶罐，陶罐当中有残留的酒，是由谷物、蜂蜜、山楂和葡萄四种原料酿造的美酒，这是人类社会最早的酒。所以说，中国酿酒的历史文化非常悠久。

我们酿酒是自然发酵，最为复杂，所以中国美酒是世界上唯一自然酿造的美酒，我们称之为天酿美酒。因为我们倡导的美酒文化就是：天人合一，美美与共。何谓天人合一呢？美酒始于天酿，其实最早的酒不是人类的发明，是人类的发现，通过与大自然的接触，逐渐发现了自然界当中含糖和淀粉的物质在一定条件下可以发酵成为酒，无论《蓬栊夜话》记载的猿猴酿酒，还是传说中的酒星酿造、酒神酿酒等，其实酒早于人类来到这个世界。美酒源于自然发酵，可谓天酿美酒。先人偶得美酒，后尊天而酿，酿出美酒。中国的黄酒、白酒是世界发酵酒和蒸馏酒的鼻祖，在世界酒林也是唯一传承至今的自然酿造的美酒，所以说我们的美酒是尊本守道、人与天地共酿的美酒。

世界美酒的本源源于自然，有守本自然的中国酒，也有取自然酒菌纯化而酿的，像国际上的威士忌、白兰地、伏特加、龙舌兰等。人承天意，人尊天酿，人感天意，天成人酿，天人合一，方得美酒。酒之本源，美酒之美理当呈现天人合一之美。"天人之际，合而为一"，此乃酒之本源。

天之大，以浩瀚之喻，天酿美酒之众。在中国和世界各地，美酒丰富多彩，人之善，以专注之称，匠心酿造之精。在不同的国家，不同的地域，都有自己的名酒，故而美酒各美其美，所以我们将理当各表其美，还应该美人之美。所以说天有天之道，天之道在于"始万物"；人有人之道，人之道在于"成万物"。所以与美酒共处就是天道，美美与共乃人之道。天人合一，美美与共，就是世界美酒的哲学。世界美酒，理当共享荣耀。天人合一，理当美美与共。

世界美酒之美，我们简单梳理一下有五个方面：有和而不同之美，有异曲同工之美，有天生与外修之美，有陈酿与新酿之美，有精神与情怀之美。

一、和而不同之美

和而不同，为君子之德。美酒以德酿造，以孝酿造，以敬酿造，以诚酿造，是美酒的酿造初心，美酒所展现的君子美德即和而不同之美。很多美酒是为了敬天敬地，为礼为敬而酿的，有的是为了敬奉皇帝而酿的，有的是为了敬奉孝心而酿的，无论是哪种酿造的初心都展现的是君子的美德，是和而不同之美。

我们有天地造化不同的美。美酒原料丰富多彩，含糖及淀粉等物质，像水果、谷物、薯类等皆可用来酿造美酒。葡萄、大麦、小麦、高粱、大米、土豆、番薯、甘蔗、龙舌兰等，这些原料产自不同的自然环境，赋予了其独特韵味，酿出来风格迥异的美酒。所以说不同原料、不同产地酿出的美酒有不一样的美。同采天地灵气，有葡萄酿出来的美酒，有七年之养的龙舌兰美酒，龙舌兰是墨西哥的一种特殊植物，这个植物要长七年以上才能用来酿酒，可以说是世界酿酒原料当中生产期最长的一种特殊原料。有麦芽烘焙的威士忌之韵，有甘蔗的地方就有朗姆酒的美誉，像北美、南美这些地方是用甘蔗来酿的朗姆酒，更有集五谷精华之美的中国香韵。原料不同，美酒各有不同，所以我们讲天地造化出美酒的不同美。

人神共酿不同美。天人合一的美酒，酿酒大师与酿酒微生物共酿美酒，我们称之为人神共酿。尤其是中国的黄酒和白酒在全世界所有酒中仍然保持着自然酿造。什么叫自然酿造呢？就是我们的生产方式完全开放，所有参与酿造的微生物来自原料表面附着的，来自酿酒场所，来源于酿酒设备，来源于酒曲，酒曲也是在自然环境当中培育出来的。所以中国传统的黄酒和白酒是全世界唯一开放的自然酿造的美酒，是多种微生物共同参与的。这些微生物的参与对所在地有着严格的要求，有一句话是：离了某一个地方再也酿不出那一样的美酒，什么原因呢？是因为在一个地方不间断酿造，形成了特殊的微生态，这个微生态在酿酒师傅的共酿当中不断驯化和提升自己的酿酒本领，有的在一个地方酿造上百年甚至上千年，酿造本领不可限量。所以说中国的酒叫人神共酿，一个是我们的酿酒师傅、我们的酿酒大师，一个是肉眼看不到的这些酒菌，我们称之为酒神，非常复杂，万言难道其玄妙。

相比起来，洋酒就普遍是由单一纯种微生物或几种微生物共酿的，所以国外洋酒的酿造和中国酒的酿造完全不一样，它是一个完全闭环的，所有酿造过程中都是封闭的环境，是纯种微生物来参与酿造。

在酒文化的传播上，我们跟国外的酒翻过来了，国外酒是千字彰显精华，在讲美酒故事时他们用了千言万语，我们在讲美酒故事时只用了两个字：干杯。在文化上我们需要认真反思，好让更多消费者了解我们酒文化的魅力所在。

酿器、酿艺不同美。在世界美酒之林，每一种美酒的酿造设备不一样，发酵设备不一样，有地缸、泥窖、石窖、木桶、钢桶，我们也称之为酿器，还有其他各异的酿造容器。酿艺有固态发酵和液态发酵，像中国白酒完全是固态发酵方式，有的会将酿酒原料堆成几何形状，含水量一般都在70%以下；液态酿造是可以流动的，含水量一般达到90%以上。另外，我们用的蒸馏方式，有固态蒸馏方式，也有液态蒸馏方式，中国传统白酒是用甑桶的固态蒸馏方式，国外是用铜壶的壶式蒸馏方式。铜壶的液态蒸馏方式有传统工艺，也有现代智能工艺和装备，所以酿器和酿艺有非常大的区别。

一方蓝天，一方沃土；一方甘泉，一方粮谷；一方酒神（酒菌），一方酿艺，酿出了中国白酒不一样的美。同样，世界的各种美酒亦如此。

茅台酱香幽雅，甘润醇厚，呈现了丰满的回味意境。

五粮液的五行平衡，五谷协调，酝酿出了恰到好处的艺术。

洋河汇百味成绵，纳千香为柔，创造了绵柔经典。

汾酒，如青竹甘爽，似荷之雅净，净爽余香完美演绎。

泸州老窖，老窖、老糟，酿出了四百年的味道。

古井贡酒色如水晶，香如幽兰。美酒之美，美轮美奂。

我们中国白酒的六种典型代表，每种都有自己的不同，大家熟悉的茅台是酱香的，因为它有焙烤的香气，另外有酱的香气和味道，我们称为酱香。采用12987酿酒工艺，一年一个生产周期，两次投料、九次蒸煮、八次发酵、七次取酒，有独特的工艺特征。五粮液是五种原料的绝妙配方，采用了特殊的工艺，用的是长江源头地下的小分子水，所以它酿出来的酒非常独特，它的香、甜等味道配合得恰到好处，被誉为恰到好处的艺术。绵柔是洋河的经典之作，它采用低温发酵的方式，酿出来绵柔和恬静。汾酒的香是很直接、很干净的，非常净爽并余味悠长。老窖就是讲究千年老窖万年糟，四百多年连续酿造的一个活态文物酿造出来的美酒。每个美酒都有自己非常独特的不同之处。

二、异曲同工之美

世界各种美酒也展现出异曲同工之美，虽时代不同，却有一样的精彩发明；虽是一样的酿器，却展现出不一样的美妙。2016年的重大考古发现，是在江西南昌出土了一个全世界范围内最早的蒸馏装置，2016年的发掘将中国蒸馏白酒的历史推到了西汉之前。

白兰地的蒸馏方式叫壶式蒸馏，其实美酒的发明是源于人类文明进程当中的一个故事，把吃剩的饭放到树木当中，过了几日忘了，然后发现饭变成了美酒，是一种偶得。像法国的白兰地也是一种偶然，打仗的时候，因为怕葡萄在运输过程当中酸败，加一些葡萄的蒸馏酒，提高酒度，延长发酵期。后来由于法国和西班牙打仗，酒放到木桶当中忘掉了，只顾打仗了，打了几年仗回来以后突然发现这个酒的颜色变了，变成了红色，就有了今天的干邑或者白兰地。美酒的发现有很多相似的地方。

汾酒的酿造工艺是非常典型的地缸发酵，把大缸埋到地里，然后把原料放到缸里面进行发酵，称之为地缸发酵。原来以为地缸发酵是中国白酒非常独特的发酵方式，也是世界唯一的。后来我2019年到格鲁吉亚和日本，突然发现，在格鲁吉亚和日本也有地缸发酵，日本的鹿儿岛地区有一个唐瓜酒，跟我们汾酒的地缸一样。其中格鲁吉亚在整个世界的美酒之林中被誉为葡萄酒的发祥地，有8000多年的历史。我在格鲁吉亚跟一个酒庄庄主开玩笑，我说我请教一个问题：先有葡萄酒还是先有的陶罐？庄主告诉我先有陶罐，后有发酵，陶罐有8000年历史。我说你们是葡萄酒的祖宗，世界葡萄酒的源头，中国是祖宗的祖宗，因为陶罐是从我们那来的，而且在9000年的贾湖文化当中就发现了陶罐当中残留的葡萄酒。我们原来以为葡萄酒是舶来的，唐朝张骞出使西域才有了葡萄酒的引入，事实上来讲不是如此。一个证据是9000年前的贾湖文化遗址当中最早的酒是以葡萄为原料酿的。

另外，迄今在广西地区有毛葡萄酒，就是在一个小的罐里面进行榨汁和发酵，这个源于什么时候没有明确考证，但是其中的葡萄完全就是中国的，当地称为毛葡萄，很小的毛葡萄。这是很有意思的发现。我们用地缸发酵酿白酒，格鲁吉亚用地缸酿葡萄酒，日本用地缸酿唐瓜酒。唐瓜就是我们吃的红薯，为什么叫唐瓜呢？因为唐朝的时候日本从中国引进了地瓜种植，所以他们就称之为唐瓜，然后用这个来做烧酒。据了解，在日本的烧酒当中，品质最高、卖得最贵的酒是用红薯做的，这个跟我们的普遍认知有很大的差异。可无论是葡萄酒，还是日本烧酒，还是中国白酒，居然在世界不同的地方发现了一样的发酵容器，真的有异曲同工之美。

三、天生与外修之美

要说与生俱来的优雅香气，醇和甘美的风格，对感官最丰富，最强烈的冲击，当属中国的白酒、黄酒、露酒。中国白酒的生产周期之长，成本之高堪称烈酒之最。除了中国之外，世界上其他烈酒一般来讲72个小时就结束了发酵，就可以蒸馏出酒了，我们的发酵期最长可超过180天，最短的也有一个月。

而且中国白酒中的香味物质都是天生的，据现在最新的研究，在中国白酒当中，除了水和乙醇还发现了超过2400种化合物，除了水和乙醇以外有2400种化合物，所以它的物理特性完全不一样。我们又进行了更深入的研究，发现各种酒喝下以后吸收和代谢的情况也是不一样的。实际上不同的含酒精的饮料，在人体内的吸收速度、代谢速度都是有区别的，我们刚刚开始启动这些相关的研究，还有如何在饮酒态度和饮酒行为上去发现中国酒的美妙等。

国外的威士忌、白兰地、龙舌兰等酒，其中除了水和乙醇以外，其他化合物很少，一般来说超不过400种，跟我们的白酒不是一个数量级。而且它的颜色和味道多数是外修之美，是后天的，是通过跟木桶的接触，木桶经过烧烤，与木桶当中的糖分和化合物产生了不同的颜色和味道。所以国外的蒸馏酒是外修的，我们的酒是天生的，有不同的美妙。

四、陈酿与新酿之美

大家说酒是陈的香，但是这句话说啤酒的时候就讲不通了，啤酒要喝最新鲜的，大家才会觉得美妙，所以美酒有陈的香醇，也有鲜的芬芳。陈酿是美酒的重要品质表达，尤其是蒸馏酒，没有陈酿就没有品质。陈酿需要代价，我们的白酒，包括世界上其他的酒，既是酿酒产业，又是时间产业。没有岁月陈酿，岂能有美酒的芬芳。美酒的味道也是一种时间的味道，像威士忌、白兰地、朗姆酒同样如此，他们都在木桶中静静陈酿，我们的酒是在陶坛当中静静陈酿。陈酿之后形成晶莹的琥珀色泽，香气馥郁，醇和柔顺。中国白酒在陶坛之中，慢慢地、静静地透过陶坛与天地对话，由陈生雅，由烈生厚，由醇生柔。陈酿成了中国白酒独特的魅力。

所以美酒除了有陈酿之美，也有新酿之美。新酿之美是与陈酿之美不一样的特殊美妙，在发酵酒中彰显了其特殊的品质。真正葡萄收获以后，前酵结束时的葡萄酒，我个人以为是最美妙的，因为需要后酿稳定他的品质，因为稳定前酵的品质比较困难。啤酒更是，先酿生啤，让它有了非常好的美妙的感觉，所以引多少饮者癫狂。这是陈酿和新酿的不同美。

五、情怀与精神之美

美酒各有其美，端起一杯啤酒时就能够联想到青春的活力，啤酒的激情让人联想到绿茵场上的驰骋，百米冲刺的速度，放声高歌的活力，摇滚喧嚣的放纵。在世界杯、运动会上，啤酒大卖特卖，多少人在欣赏激情和速度的时候往往会端起一杯啤酒，把赛场上的激情传递到赛场下。

白酒的底蕴是内敛和深厚的，白酒体现了中华酒文化的核心，就是分享和表达，相聚就是为了分享，分享快乐、分享感悟、分享生活；举杯就是为了表达，表达感恩感谢，表达亲情、友情和爱情。白酒汇聚着深邃浓郁的情，至深厚重的礼。

前几天有一个很大的新闻，通过我们协会的努力，我们把中国白酒的国际表达改了。原来很多前辈和一些专家给中国白酒的英文表达叫Chinese spirits，就是中国的蒸馏酒，到了国际上很尴尬，到了俄罗斯就是中国的伏特加，到了欧洲就认为是来自于中国的白兰地或者来自中国的威士忌，因为这个表达是很不贴切的。中国白酒是世界烈酒的鼻祖，是祖宗，结果祖宗走到国外没有名字了，这是很荒谬的一件事情，中国白酒就是BaiJiu。曾经在世界联合国教科文组织，包括世界贸易的整个相关机构当中，我们白酒的英文定义是错误的，但最近被我们改了。

与此同时还有两个更改，一个是我们的黄酒，原来英文表达是yello-rice，黄色的稻米，这是很滑稽的。实际上黄酒是世界所有酒的鼻祖，最古老的谷物酿造酒，黄酒和白酒的名词非常古老，但这是新中国成立以后的产物，原来国家为了便于管理这个行业，把中国白酒统称为白酒，将原来很多的别称，像高粱酒、老白干、烧刀子等这些称谓统一了，才有了白酒这个词。黄酒亦如此，有绍兴酒、兰陵美酒，即墨老酒等，这些都是黄酒非常有代表性的产品，也是为了便于统一管理叫作黄酒，所以今天就把白酒17204，国家饮料分类标准当中这个顶层设计做了非常好的梳理和规范，白酒就是BaiJiu，黄酒就是HuangJiu，露酒就是LuJiu。露酒曾经在一个时期跟国际上的威士忌搞混淆了，露酒是中国非常传统的一个酒，就是以黄酒和白酒为基酒，在黄酒和白酒里面添加一些药食同源的物质，通过浸泡、浸提、复蒸等技术，追求以酒健身、以酒养生产生的一种酒。我们民间有很多，也有药酒，这次我们把药酒、保健酒和露酒之间做了区隔，露酒很明确地定义为以中国白酒和黄酒为基酒，通过添加药食同源的物质，通过传统工艺或者新的技术，比如说将一些植物的萃取物，像酮类物质、核苷类物质，添加到黄酒和白酒当中，所以露酒追求以酒健身和以酒养生，希望中国传统的露酒未来有更好的发展空间。

我们现在把露酒分为草本类、动本类，品味露酒彰显修为养生，适量中以求欢愉，畅饮中彰显情操。关爱中有放纵，放纵中有关爱；好酒不贪杯，追求以酒健身，以酒养生，这是地地道道的中国传统酒种。

黄酒是非常古老的酒，大家比较熟悉的是绍兴的几个品牌，大江南北不同的区域都有黄酒，北方用树木酿黄酒，南方用糯米酿黄酒。黄酒和白酒是同宗同源的酒种，营养价值极高，黄酒的酿造是世界上所有发酵酒当中营养价值最高的，人体18种必需的氨基酸在黄酒中都有。很多地方还保持着以黄酒来养生的习俗。在很长一段时间，因为黄酒整个产业自身存在着问题，文化传播力度低，和消费者的互动也不够，所以很多消费者把黄酒给遗忘了。但这么古老的产业，这么古老的酒种应该焕发青春，要老有所为，要振兴黄酒，让更多消费者去了解、熟悉黄酒。黄酒是人类最古老，且不断传承至今的美酒，陈酿而成的琥珀之光，拥有丰富的营养，拥有醇和甘美的风味，黄酒的美妙值得细细品味，享受美好的田园时光，回归自然的惬意。绍兴有句话叫：坐乌篷游鉴湖，品味黄酒，慢慢地，静静地赏湖景、听弦乐、品味黄酒，彰显美酒慢生活，养身、养心。以绍兴黄酒为例，分为元红、加饭、善酿、香雪等，按含糖量又分为了干型、半干型、半甜型和甜型。味道都很美妙。

葡萄酒是最国际化的酒种，葡萄酒是全世界最普及的，是除了啤酒以外，产量第二大的酒种，遍布全球，很多地方都有。每个地方有不同的风土、气候环境和葡萄品种，酿出来的葡萄酒丰富多彩，葡萄酒是非常讲究个性化的酒种，体现的是浪漫与艺术，烛光晚宴，浪漫色调，沙滩黄昏，

远集坊

中华文化：特色与生命力
◎

佳人陪伴，细细品味美酒丰富的层次与韵味。美酒、美食、美景、美人相得益彰，呈现生活的艺术。

威士忌是欧洲大陆非常著名的一种酒，也是用大麦为原料酿造的纯种发酵的蒸馏酒，用橡木桶贮存。它体现的是绅士与品格，金色的岁月，酒器的华贵。加冰细品，姿态的优雅，别样的场景，彰显绅士风度，彰显绅士品格，彰显生活品格和生活态度。

朗姆酒主要是在北美还有牙买加、古巴、美国、巴西这一带非常著名的蒸馏酒，它以甘蔗为原料，或者以甘蔗提糖以后的糖粒为原料酿造的，所以这个酒精度很高，80%的酒精含量，通过加水以后，我们看到的商品大概在40度左右。它体现了兴奋和骚动，甘蔗甜得直接，浓烈直白，饮下朗姆酒后会迅速兴奋，伴有音乐、歌舞和鸡尾酒的创意，快乐之源蠢蠢涌动。它的主要消费场景在酒吧。

白兰地源于法国的干邑地区，也是非常著名的白兰地产区。它体现的是富有与情调，原料是葡萄，葡萄美酒的再蒸馏源于运输和战争的无意创造。干邑这个产品成就了干邑的非凡与优雅，特制的酒器，感触无限；外修的风味，品味出财富和地位。它的颜色和味道体现着它的价值，而且特别讲究时间，必须在6年以后才能叫XO。

伏特加历史很短，只有300多年，源于俄罗斯。它体现的是生命与燃烧，原料是谷物与薯，还有土豆、马铃薯，连续酿造，超高纯度，完全工业化的酿造，基本上跟纯酒精的酿造完全一样，非常浓烈。东欧一些地区最高的伏特加有96度，在市场上都有售卖，酒精度非常高，是浓烈的代表，是对男人勇气和耐力的考验，选择伏特加没有理由，只有快乐，它还是鸡尾酒的最佳创意搭档。伏特加比较纯，里面没有什么其他物质，也不在木桶里面存放，它基本是纯的乙醇，越纯越好。所以伏特加很有意思，尤其在东欧非常受欢迎，也是吸收得最快，感觉来得最快的酒，喝完了马上有感觉，是俄罗斯人的最爱。

龙舌兰是墨西哥这个国家独有的蒸馏酒，全世界只有墨西哥有。龙舌兰这个植物连续生长7年，它的根茎挖出来像一个大的菠萝，最大的有100公斤以上，然后去糖化、发酵、蒸馏。这个酒酿出来很独特，有的部分就像伏特加一样，可以直接饮用；有的学习威士忌，放到木桶当中陈酿，然后产生了颜色。龙舌兰酒要配柠檬和盐一起饮用，先把盐放到虎口上舔一口，喝一口龙舌兰酒，再咬一口柠檬。在一些特殊的消费场景和仪式中，这种方式很独特。

刚才给大家分享了中国白酒、黄酒、露酒，同时也分享了世界上其他美酒的不同美，所以我们讲美酒之美，再美的语言也难言其美，细细品味、细细感觉才能领略到美酒的美，才可以感悟到美酒之妙。纵然人间有风情万种，纵然美酒有百味、千香，一切都会尽收瓶中。美酒的美在瓶里面放着的时候安安静静，放到肚子里才能惊涛骇浪，通过口腔，通过我们的嗅觉才能感觉到它美妙的香气和美妙的感官冲击。

每一瓶美酒，每一种美酒都在静静地等待喜欢美酒的你开启它的魅力之旅。杯里有乾坤，壶中有日月，美酒就是与人们的生活如此契合，如此美妙。

可见，美酒之源就是今天的主题：天人合一，美酒之本，美美与共。

谈谈读书

◇ 阎崇年

又到了一年一度的世界读书日。我觉得读书的过程分三个步骤：读书、消化、出新。我以牛吃草给读书做个比喻：第一步是大量读书，就如牛一清早进山吃草，一直太阳落山回圈前，都在不断地吃草；第二步是消化，读过一本书，要反复思考，就像牛回到圈后用自己的四个胃不停地反刍食物；第三步是出新，牛吃下的是草，消化之后取其精华变化成了牛奶，这跟人读书消化后，变成自身的知识和智慧的过程相似。

我最近看到了《北京晚报》的"读书"栏目编辑陈梦溪的著文，文章里介绍了《我的贝多芬——与大师相伴的生活》这本书，它由奥地利的钢琴大师布赫宾德著，马莉娜译，三联书店出版。这是一本名人写名人的书——当代钢琴大师鲁道夫·布赫宾德撰写作曲大师、钢琴大师贝多芬的传记。作者演奏贝多芬钢琴曲六十多年并耗时十年之久完成了这本传记。我对音乐知之甚少，抱着对"大师写大师"的好奇心和求知欲，下单购买了一册。书收到后，打开一看，封面清爽雅气，纸张印装都美，便如饮清泉般地读了起来。

贝多芬出生于德国波恩的一个音乐世家，祖父是宫廷乐长，父亲是宫廷合唱团歌唱者。波恩是一座音乐之城，全城无论贫富贵贱，家家都离不开音乐。在浓厚的音乐氛围中长大的贝多芬是一个音乐天才，三岁学钢琴，八岁就在一场卖票音乐会上登台演唱并弹奏钢琴协奏曲，十三岁创作并出版钢琴奏鸣曲，被誉为音乐神童。少年贝多芬进入了当地音乐学院学习，十九岁进入大学深造，兼修文学、哲学，后到维也纳拜师、修学，打下了广博的文化基础。一颗天才的种子，在音乐沃土上生长、开花、结果。

本书作者鲁道夫·布赫宾德生于捷克，三岁随父母移居维也纳，五岁即被维也纳音乐学院录取，成为该院最年轻的钢琴专业学生。他7岁登台演奏了贝多芬的《G大调变奏曲》，13岁在维也纳金色大厅演奏贝多芬的谱曲，15岁演奏贝多芬32部钢琴奏鸣曲全集，并灌录唱片和CD，被誉为钢琴录音的典范。他后来成了当时维也纳最著名音乐家约瑟夫·海顿的学生。他为演奏贝多芬的全部钢琴奏鸣曲而倾尽心血、技艺和智慧，他在国际重要的音乐舞台演奏贝多芬钢琴奏鸣曲全集达60多遍，并多次来华演出，获得赞誉。作者以演奏、诠释贝多芬作品为生命，以其70年演奏、体验、诠释和研究的心得，花费十多年时间提炼、撰写、凝聚成了这部别具特色的《我的贝多芬——与大师相伴的生活》。

布赫宾德在书中濡墨了贝多芬的生平和他32部钢琴奏鸣曲的故事，这是本传记的一大亮点。我也从书中得到了三点启发：

第一，寻找适宜天才种子生长的土壤。古人有"孟母三迁""良鸟择树"的典故，说的是成才要巧借地利因素。维也纳是一座"音乐之都"，当时大多数人家都拥有乐器，许多人都有钢琴。贝多芬20岁从德国科隆到维也纳，布赫宾德三岁从捷克随父母定居维也纳，学习、拜师、演奏、创作、切磋、竞争，他们都坐上了音乐殿堂最高荣誉的宝座，成为一代国际音乐大师。

贝多芬向往音乐大师莫扎特，20岁时，他得到资助，乘坐马车，颠簸辛劳，来到了"音乐之都"维也纳。他在维也纳演奏了自己创作的钢琴协奏曲。有史料说莫扎特在场听了他的演奏，并表示："注意这个年轻人吧，有朝一日他将会引起世界的关注。"他仅在维也纳待了两周，后因母亲病重，有人资助路费，便赶回家去。不久母亲病逝了，接着，妹妹病逝；随之，父亲失业——家庭陷入贫困。同年，他又得到资助，重返维也纳，拜海顿为师。

燧石在碰撞中迸射火花。贝多芬在维也纳，通过海顿的手，接过莫扎特的灵魂，成为作曲家、钢琴家，成了音乐界的一代俊彦。戴上音乐大师、钢琴大师的桂冠，和海顿、莫扎特并列誉为"维也纳音乐三杰"。贝多芬比海顿小38岁，比莫扎特小14岁，而贝多芬同他们一齐受到了整个欧洲及时代的颂扬。布赫宾德评价贝多芬拥有着极具创造力的深度、持续的原创性，以及他作品中奔涌不息的灵感所蕴含的伟大情怀……他只愿为灵魂自由创作，而非获取名声或金钱的手段。

第二，天才在炼狱中苦难成长，大师在竞争中脱颖而出。贝多芬在维也纳要经受同辈英才的碰撞，笑迎当代各地才俊高手的挑战，他接受了一位又一位音乐名家下达的"战书"，他不虚骄地目空一切，不轻狂地傲视群雄，不埋怨既生瑜何生亮，不临阵而怯，一场又一场地奋争，赢得了一场又一场的掌声，终于艺高群芳，才华卓越，书中写了贝多芬多次迎接挑战的残酷情景，其中有两个动人的故事：

贝多芬初到维也纳，当地的著名钢琴演奏家不服这位外来的年轻人，纷纷要跟他同台演出，一试高低。自诩维也纳最成功的钢琴家约瑟夫·格林尼克，带着奥托·扬斯同贝多芬切磋技艺，而贝多芬自信可以击败一切人的挑战。切磋演出结束后，挑战者在日记里评论贝多芬时写道："天，那绝非人类，那是魔鬼；他的演奏会夺去我以及所有人的生命。他居然可以这样即兴表演！"

钢琴作曲家、演奏家丹尼·施泰贝尔特当时已享誉欧洲，他从伦敦来到维也纳，要与贝多芬同台演奏。贝多芬首先登场，弹奏了用流行小调作为主题的三重奏，获得热烈的掌声。随之，施泰贝尔特走向钢琴奏了一曲，也得到了听众的赞扬，贝多芬没有回应。施泰贝尔特并非善意地给予了贝多芬很高的肯定，贝多芬又没有回应。施泰贝尔特以为自己赢得了这场演奏的胜局，但贝多芬突然再次上场，他随意接过一本施泰贝尔特作品的琴谱，并把它倒置在谱架上，开始与此相关的即兴演奏。他激情喷薄，乐评家对接下来发生的事众口如一：当贝多芬还伴随着众人热烈的掌声演奏时，施泰贝尔特离开了大厅。从此，他们再未谋面。虽然此后施泰贝尔特多次受邀前往维也纳，但邀请者必须向他郑重保证贝多芬不会出现在同一场合。维也纳成了施泰贝尔特的滑铁卢，他再也没有去维也纳。

贝多芬专注于音乐创作和钢琴演奏，全身心投入音乐世界，不曾建立自己的家庭。那么，贝多芬的日常生活是怎样过的？曾做过贝多芬秘书的安东·辛德勒有记载：

他在破晓时分起床，这也意味着在夏天时会非常早，然后立即开始与音乐相关的各种工作。当天气好时，他会在散步时随身携带纸笔，继续他的工作。有时，他甚至会忘却身处的环境，全然沉浸在自己美妙的世界中，高歌、指挥、轻声哼唱。直至下午两三点，他才坐在餐桌边用午餐。下午，他会再次出门散步——这一次时间非常长，步伐也很快——据另一位同时代的人说，贝多芬经常会在这时绕着维也纳城走上数圈。无论天气如何都是如此，哪怕狂风大雪。

傍晚时分，人们能在酒馆发现这位正在读国际报纸的大师，日落之后，他便不再写谱了。他的眼睛在早年间受到了严重的伤害，除非紧要时刻必须赶完总谱，他不会破例。

晚上10点，贝多芬的一天结束了。

音乐就是贝多芬的生活，也就是贝多芬的生命。正如布赫宾德所说，音乐就是贝多芬的神明！

第三，追求展现天才"苟日新，日日新，又日新"的境界。贝多芬处于世界大变动的时代，法国大革命的风暴刮遍欧洲，传播世界。贝多芬亲历两次拿破仑攻陷维也纳的惶恐时刻。贝多芬受其激奋，以澎湃的钢琴奏鸣曲，激荡在维也纳、伦敦、巴黎、波恩的上空。

贝多芬创作生命中有两大困扰：穷困和病痛。贝多芬的经济来源既有捐助，也有稿酬。前者有普鲁士、奥地利的亲王、公爵、伯爵以及贵夫人的捐助，如德国宫廷参议官遗孀冯·勃朗宁夫人，在贝多芬母亲死后就将他寄养在家里，但贝多芬要在他们府邸的沙龙宴会或舞会上弹奏钢琴，还要教他们及其子女弹钢琴。关于稿酬，贝多芬乐谱出版后销售是个难题。有的捐助者在自己家里举行演出，借机推销他出版的乐谱。有的伯爵动用关系，在《维也纳日报》上刊登预购者名单，进行销售宣传。如贝多芬的三首三重奏组曲，预售者123份，后来共售出241份。这点可怜的菲薄收入，使他自称是"穷困的贝多芬"。

贝多芬作为一位正直的艺术大师，在疾病与拮据中创新，拒绝那些肤浅的、媚俗的作品，并对其嗤之以鼻。他对向上的、优雅的、明朗的创作更加珍惜。贝多芬打破了所有形式和时间的镣铐，使作品一个台阶一个台阶地提升。

贝多芬与痛苦共生，他长期耳鸣、腹痛，患有支气管炎、风湿、肾病，特别是双耳长期的失聪和日益恶化的肝病让他日夜烦恼、无尽痛苦。最后因长期过量饮酒引起肝硬化积水而逝世，享年57岁。

贝多芬一生创作钢琴奏鸣曲32部，每一部都有独立的灵魂，他不断地捕捉新灵感，创作新曲，每一首都是生命的一个新的节点。布赫宾德说："翻开贝多芬的每一部奏鸣曲，都仿佛行走于他人生旅途的每一站。""他拥有如赞美诗般的奋进感，如战斗般的音乐表达力。"

贝多芬和布赫宾德都以钢琴为生活，为生命，为神明。贝多芬寿龄57岁，布赫宾德今年74岁，他们一生只做一件事，并将这一件事做到事业的极致，做到世界的高峰。贝多芬的壮丽的作品一如那神圣的自然。

习近平主席在清华大学考察时指出，广大青年要立大志、明大德、成大才、担大任。布赫宾德大师用一生撰写了贝多芬大师一生的传记——《我的贝多芬——与大师相伴的日子》，我希望能有更多的人把这本书放置案边抽空阅读，我认为这会让青年获得读书的教益，对如何争做"四大"有更深刻的理解。

中华文化：特色与生命力 ◎

让中国成为书香中国

◇ 朱永新

　　刚才阎崇年先生讲了《我的贝多芬——与大师相伴的生活》这本书，阎先生这么大的学者还在读传记，我就想到了我最近正在研究传记作为独特的题材，它对人的影响究竟有多大，为什么传记很重要？我认为人的成长就是不断向优秀生命学习的过程，那些优秀的人物在他们成长过程中总是有自己的人生榜样，总是有他们生命的原型。所以我们一直在研究新教育的生命叙事理论，每个人的生命都是一个故事，一个从摇篮到坟墓的故事，每个人都是自己故事的主人公，也是自己故事的作者。那么把自己的生命写成一个什么样的故事，是写成一部传奇，还是写成一本普普通通的书，取决于自己有没有用心在"书写"。

　　在书写生命故事的过程中，生命原型是第一步，所以我们特别强调，教师要为自己寻找一个生命原型。比如，你想像谁那样做老师？我想像孔子那样做老师，这样人生就有了动力，向身边最优秀的老教师学习。所以有没有人生榜样很重要。当然有些人在成长的过程中，最初把他们的父母亲作为榜样，后来把生活中的老师和同学作为榜样，但是像阎先生这样的人还在读贝多芬的传记，说明传记在人们的成长过程中起到非常重要的作用。从幼儿园、小学、初中到高中，每个阶段的人群都有属于自己的传记类图书。最近我们在考虑做一个传记课程，因为每个孩子不一样，有些人想成为科学家，他可能将爱因斯坦作为榜样；有些人想成为运动员，可能将姚明、乔丹作为榜样；还有些人想成为艺术家，可能将凡·高、达·芬奇作为榜样。所以我们想给孩子们提供不同样式的、不同类型的人生榜样，从图画书开始，一直到比较丰富的传记类课程，都要涉及。其实传记在人生成长中是非常重要的，我到现在也经常看各种各样与此有关的讲演，我也很受感动。这是我刚刚听了阎先生的演讲产生的很重要的体会。

邬书林先生一直致力于推进全民阅读，为阅读鼓与呼，在推进过程中一直在不断地呼吁，这些热心阅读的人，认识到阅读本身的意义和价值的人，在不断地唤醒我们全社会阅读的意识。

全民阅读尤其是孩子们的阅读，也就是邬书林先生讲的"读书的种子"，对一个民族和国家的意义和价值是非常巨大的。我曾经说过，阅读是提高国民素质，凝聚民族力量，推进社会公平最有效、最直接、最基础、也最廉价的路径。一个国家的力量体现在哪里？体现在这个国家的凝聚力、精神力量。而这个力量从哪里来呢？阅读是最有效的路径。古人讲半部论语治天下，为什么半部论语可以治天下？因为论语里面传递的理念、思想和价值把大家凝聚起来了，大家共同有了一个价值认同。任何一个社会，任何一个强大的社会，都是由一群热爱阅读的人，由一群不放弃追寻理想的人支撑起来的，所以我觉得阅读的确是非常重要。

其实每本书都是一个种子，它播到人的心里，它会生根、发芽、生长，会让人成为一个卓越和优秀的人。每个人也是一个种子，他去传播他读的书，不断地让更多人了解这本书，所以人和书的结合会产生很多奇迹。我也很期待每个人都能被播种下读书的种子，我期待有一天我们全中国所有的人都能够真正地热爱阅读，都能够捧起书来，都能够和那些伟大的灵魂对话。国家举办阅读节，这么多年也一直在呼吁全民阅读，其实根本的目的就在于此。为什么要有节日？节日是唤醒，节日是仪式，节日是庆典，只有通过这些才能让更多人知道阅读很重要，是需要我们不断强化的。这些是听了邬书林先生演讲的感受。

郝振省先生的讲演里谈到了编辑的阅读。书是怎么出来的？现代图书都是经过编辑的手到达读者的，其实一本好的书是编者和作家之间共同合作的产物。最近我读了一本书叫《我信仰阅读》，这本书就是由一个非常著名的编辑，罗伯特·戈特利布所著的。我建议编辑们都看一看这本书，看他是怎么用心地做书的。在他手里出过无数的名著，很多书名不是作者定的，而是他定的，比如《第22条军规》，一开始不是这个书名，是他后来定的书名。比如《克林顿传记》，这是他跟克林顿反复讨论出来的，这本传记后来发行了500多万册。有诺贝尔文学奖获得者匿名投给出版社，没有名字，但是他一看就能判断这是谁的书，他是读了多少书才能判断文字风格的呢？他跟克林顿交往时说："不是我为你工作，是你为我工作。我是编辑，是出版家，我要把你的书，把你的思想和人生奉献给读者，所以是你为我工作。"罗伯特·戈特利布信仰阅读，他在书里面讲了大量他读过的书，还讲了他怎么跟作者生活在一起，怎么和作者交往。

我听了他们三位的讲演，都感触颇深，现在我谈一点自己个人的感受。

我要说一说家庭藏书。为什么我要讲这个话题？因为最近的一个新教育研究院的学生做了一个很有意思的课题。什么课题呢？就是研究家庭藏书对孩子的学习成绩的影响。这个题目做得很有意思，他调查了五个实验区，几十所学校，以及1700多名孩子的家庭的藏书。当然这个研究美国人也做过，美国人曾经研究家庭藏书500本的孩子和家庭没有书的孩子，他们的人生发展可能性。结果显示，平均家庭藏书超过500本的孩子比家庭没有书的孩子受教育的年限要多6.6年，简单来说，就是家里书多的孩子会有更好的发展。

我在最近做新教育实验，杨帆博士他们将新教育实验学校和非新教育实验学校做了一个对比研究。从家庭藏书量、阅读的空间（家庭氛围）、阅读时间、阅读素养（阅读能力）这四个数据分析统计下来，结果发现新教育实验学校的家庭藏书明显高于非新教育实验学校，新教育实验学校孩子的家里面都会有个小书房或小书架，大部分都是有阅读空间的，而很多非新教育实验学校的孩子家里很多都没有读书空间，甚至没有书柜，图书的数量就更不用说了。新教育实验学校孩子的阅读能力和阅读素养明显好于非新教育实验学校。我觉得应该把这个成果交给中国出版去发表，这是很有意思的实证研究。

家庭阅读对孩子的成长很重要。苏州大学有个教授叫唐晓玲，去年她在作家出版社出了一本书，叫《父母的书架决定孩子的未来》，这个书名有点抓人，跟我说的另外一句话很相近：最好的学区房就是你家里的书房。现在大家为了一个学区房投资上千万，还不如花点钱把家里的书房建好，让孩子们热爱阅读，有了阅读的习惯和兴趣、能力，自我成长的力量远远比投资学区房要有效。

去年我们翻译了一本美国学者的书叫《知识匮乏》，研究了美国社会里学生之间的不平等。美国社会不平等根源在哪里？在阅读。贫困的家庭、穷人的孩子家里没书，父母忙于生计，也不和孩子一起读书。中产阶级家庭家里有书，父母亲和孩子一起分享读书，所以当他们到学校里去时，差距早就形成了。书里提出了一个"新民权运动"，在美国，应该由政府推动帮助那些贫困的孩子有书读、读好书。社会的公益机构应该做这样的事。所以我呼吁通过乡村阅读促进阅读的公平，从而推进社会的公平。过去我们都讲不要输在起跑线上，我觉得这个起跑线不是学区房，而是阅读和图书，如果每个父母、每个家庭都能意识到这一点，都能多花点时间跟孩子一起读书，多花点钱去给孩子买书，那孩子自然就不会输在起跑线上了。我的一个好朋友，台湾的阅读推广人高齐军先生，他曾经讲过一句话很有名：收入再少、家里再穷也要买书。书虽然比较贵，但是再穷的人也买得起书的，如果买不起书，政府应该送书。就像英国的"起跑线计划"一样，我们要一直努力推进我们的政府服务、公共服务为穷人去买书。中国的家庭能不能都有一本《新华字典》，能不能都有一本《论语》，能不能开个十本、二十本的书单，保证每个家庭、每个孩子都有一些最基本的、最伟大的书？

家里再小也要藏书，哪怕只有一个小书架、一个小书柜，也要藏书。韩国人在五六十年代时曾经发起一个用书柜代替酒柜的运动，韩国在经济发达以后，有一阵每个家庭都要建一个酒柜，后来韩国人发现这样不行，便把酒柜换成书柜来推进阅读。

时间再紧也要读书，现在很多人总说没时间读书，我认为重要的事情一定是有时间的。我现在每天再忙都要读一本童书，每天推荐一本书，并且还在读其他的书，因为我觉得阅读很重要。

朋友之间交情再浅也要送书。去别人家里做客，或是朋友见面时送书其实是很高尚的情谊，我们要倡导这样一个习惯，所以建立了读书节，就是希望我们中国人也养成这种习惯，送给好朋友一本书，送给他的孩子一本书，这是最好的礼物。

我期待在第26个阅读节到来之际，我们也做到这样去买书、去读书、去藏书、去送书，让中国成为一个书香中国！

深入推进全民阅读

◇ 邬书林

我本来想推荐几本书的，刚才阎崇年先生讲过之后，我就不敢推荐了，在大家后面再来谈读书是谈不好的。所以我换了一个角度，结合我的工作、涉及的资料、一些最初的想法，以及当下怎么把阅读向前推进，谈一点粗浅的看法。

明天就是世界读书日了，这是第26个世界读书日，由远集坊阎晓宏先生主持的这次世界读书日活动意义重大。明天世界读书日有两个主题，第一是世界读书日，第二是世界版权日，是联合国教科文组织同时提出来的两个关乎文化发展、文化创新教育的重大的节日。

如今中国的全民阅读正在蓬勃开展。但一开始，世界读书日没有引起国人的重视。到了2005年，新闻出版总署提出了全民阅读这个概念，2006年才认真向全社会推广。现在，全民阅读的格局已经形成。党中央的几次代表大会上，十七大报告、总理的政府工作报告里都已经把全民阅读作为了重要的工作去部署。

按照中宣部统计，现在我们每年有2.8万多场成规模的读书活动。更重要的是，我们国家对全民阅读的认识在不断地深化，已经有15个省完成了全民阅读的立法工作。可见中国的事情要办好，没有党和政府的重视是做不到的。

　　回想当初新闻出版总署提出全民阅读的时候，我们是很慎重、很认真的。中国有14亿人口，要讲全民阅读，广大农民也要参与进来，如果农民没有条件读书，就谈不上全民阅读。新闻出版总署向中央、财政部、发改委报告的重要事情就是要想解决全民阅读的问题，首先要解决农村问题。在国家的高度重视下，在中国将近70万个行政村中，每个村我们都建立了一个阅览室、一个小的图书馆，叫作农家书屋。过去，中国是靠乡绅们办私塾来学习，尽管有资质好的孩子，可让进你的才能进，不让进的则不能进。现在国家已经普及了九年制义务教育，连最边远的农村也有了全民阅读的条件。这样，中国全民阅读才可以说是严格意义上的全民。现在，我认为全民阅读到了可以深入的阶段，但我们的企业家、教育家、文学家、史学家和各种文化大家们，还要继续要播撒读书的种子，需要社会各方面来形成合力。使全民阅读得以深入，我认为还有以下几个基本问题需要解决。

　　我们首先要统一社会的共同认识——为什么要读书，中国人为什么要读书？我们中华文明之所以五千年绵延不断，中国文脉源远流长，很重要的原因就是中华民族是世界上最早读书的民族，是最早提出了读书的概念，并且把读书的道理从哲学层面讲清楚的第一个国家。

　　2010年，我到国外做访问学者，到了著名的哈佛大学，我向那里的学者请教阅读的重要性。结果他们怎么说呢？他们说，讲到阅读，首先要讲到中国，中国在宋代完成了世界上第一部把为什么要读书的道理从哲学层面讲清楚的专著，那就是朱熹写的《读书法》。说到朱熹的《读书法》，我们比较关注的是他的读书六法：循序渐进、熟读精思、虚心涵泳、切己体察、着紧用力、居敬持志。但朱熹先生最重要的贡献还是讲清楚了为什么要读书。他在《读书法》上开宗明义讲了一句话，翻译成今天的话是：知识来源于实践，人生苦短，都要去实践怎么可能呢？而前人经过实践，已经把自己积累的知识写了在书上，读书就是把前人经验、知识变成自己的知识。这样一代一代地传承、学习下去，社会才会进步。大家有空可以看一看朱熹先生的《读书法》，现在中国至少有八个版本，有像凤凰集团的通俗版本，也有像中华书局里面的原汁原味、不加注释的版本。

所以为什么要读书？是因为要从前人那里获取知识。其实不仅中国人这么认为，世界上许多谈读书的，比如俄国的文豪赫尔岑，他说：书是和人类一起成长的，一切震撼智慧的学说，一切打动心灵的热情，都在书中结晶形成。图书是人类伟大历史的自白，我们读书就是将人类的发展史变成自己能掌握的知识和经验。

下面一个问题，为什么中国人更需要读书？我们中国有14亿人口，960万平方公里。我们虽然地大物博，但我们14亿人的平均资源是低于世界平均水准的。所以在这种情况下，中国人更需要读书，用知识武装起来的中国人是中国最大的财富。中华民族只有用知识武装起来，这个民族才能屹立于世界民族之林。我们中国人如果不读书，靠现有资源在世界上屹立于世界民族之林、实现中华民族伟大复兴是很难的。所以中国人比世界上任何国家的人都应当善于读书。

从远古传说中可以看到，中国人一直在和自然奋斗，像耳熟能详的愚公移山，如果不把山移了路都过不去。轩辕黄帝是要驾车的，神农是要尝百草的，女娲是要补天的，充满了与自然抗争的刻苦精神。但是现在，在面对竞争综合国力的世界，中国人要想走到世界前列，只有用知识武装起来、认真读书，我们民族才能继续立于不败之地。

最后的问题是我们要播撒读书的种子。我们要按照读书的规律，把我们的书读好、读透。这让读书在中华民族成为一种习惯，让中华民族一代代的人通过读书，使我们这个国家更加富强和美好。我们要在孩子的成长阶段播撒读书的种子，这是全世界都提倡的事。科学研究证明，如果孩子在11岁之前不养成良好的读书习惯，不培养很好的读书兴趣，不掌握很好的科学方法，读书的大门很可能就关上了。如今我们实现了义务教育，成了具备全民读书条件的国家，但作为家长如果不读书的话，孩子也很难养成阅读习惯。所以我们还要大声疾呼，呼吁开展更多的亲子阅读，让更多的社会组织关注并培养孩子养成读书习惯、学会阅读方法、培养阅读兴趣。我们要进一步更好地开展全民阅读，例如中宣部部署的全民阅读要进学校、进工厂、进社区、进军营，等等。中华民族的文脉也要有人传承，要使中华民族的精华能一代一代地传下去。像阎崇年先生刚才讲的，吃进去的是草，挤出来的是牛奶，不光有文脉传承的本领，还要在原本基础上有新的创造，最典型的例子就是张载的"为天地立心，为生民立命，为往圣继绝学，为万世开太平"，这是读书人的境界，他为什么有这个境界？早年他是准备去从军打仗、建功立业的，但是他遇到了欧阳修，说你这么好的知识，要读书。考取进士之后他又遇到了范仲淹。欧阳修、范仲淹两个读书大家为他很好地埋下了读书的种子，并且教会了他怎么好好读书，才成就了张载这个大家。

我们今天要更好地把读书的种子培养起来，中华民族要实现伟大复兴，既要很好地继承自己的文脉，又要很好地吸收世界的成果。既不忘本来，把自己祖宗的东西继承好，又要吸收未来、面向未来。面向未来，就要为世界创造新的知识，这样国家才会有地位。一个国家、一个民族要在世界立足，如果没有一批伟大的思想家、科学家、文学家、艺术家为国家、为民族在世界上赢得荣誉，不管这个民族多富有，地位都不会太高。我们只有在弘扬中华民族伟大的优秀文化传统基础之上，把我们的文脉传承好，同时睁开眼睛看世界，以史为鉴，吸收历史留下的重要教训，在世界综合国力竞争中用知识武装起来，好好读书，这个民族才会在世界上赢得尊重，赢得地位，才能不可战胜！

全民阅读与编辑阅读

◇ 郝振省

作为编辑学会的会长，我想讲这么一个主题：全民阅读与编辑阅读。以下我要分五个问题来讲。

第一，全民阅读向编辑阅读提出了高端的要求。就全民阅读而言，无论书报刊还是声光电，抑或是互联网内的编辑朋友们，也应和所有人一样，要多读书，读好书。然而，这对编辑来说还是远远不够的。所以全民阅读又向编辑朋友们提出了一个必然的、十分重要的任务，就是无论是什么领域的编辑，都应该为全民阅读提供内容精湛、思想精深、制作精美的高质量出版物。有人问过这么一句话：全民阅读能不能深入下去？从某种意义上讲，这要看我们编辑提供的出版物的质量如何，内涵怎么样。这是一个非常重要的因素，也是一个很简单的道理。

出版物的质量与内涵是一个非常现实的问题。我认为，如果大众群体还没有把阅读作为基本生活方式和生产方式的话，那么我们编辑就应该把阅读作为自己的基本生活方式和生产方式；如果大众群体已经把阅读作为自己的基本生活方式和生产方式的话，那么我们编辑就应该成为这种方式的引领者和示范者。

大家就要问了，什么叫作基本的生活方式？就是从大的方面讲，阅读就像不能离开的空气、阳光、水分一样；从小的方面讲，阅读就像生活中必须依靠衣食住行、语言交流、信息交流才能生存一样，是一种基本的生存方式。那什么又叫作基本的生产方式呢？从大的方面来讲，就是有一种供求关系，通过供给侧和需求侧联系起来的良性的再生产体系；从小的方面来讲，你只有依靠生产资料的供给、生产手段的完备、生产能力的配给，才能够成为物质财富和精神财富的生产者，也才能成为物质财富和精神财富的消费者，为社会所接受。

那该怎么理解把阅读作为基本的生产方式和生活方式呢？举个例子，我还在院长任上时，有一年年终订报刊，院里图书管理员找我说：院长，咱们院里资料室的俄文刊和德文刊是不是就不订了？只有一两个研究人员看。我说不可以，这是他们的生产资料。这个同志也很负责，又问：那咱们就没必要订《时装之苑》《大众电影》了吧？我说也不可以，那是科研人员的生活资料。

所以我们来看今天的社会，由农耕时代进入到工业时代，再由工业时代进入到多信息与融媒体时代时，阅读就由零散的必要性和一般的必要性进入到充分的必要性和普遍的必要性阶段。

编辑作为这两种方式的引领者和示范者，其先决条件则必须是这种生活资料和生产资料中的核心人物。如果是生活资料的话，编辑应该是生活资料充分的消费者；如果是生产资料，编辑也必须是优质生产资料的生产者和供给者。

第二，作为编辑，必须站在全民阅读工作的阅读制高点上。什么叫阅读制高点呢？这已经老生常谈了，就是编辑的阅读应该集中在经典的书刊上。我们都说读经典，但对全民阅读来讲，我认为它还是不大科学的，因为不必要求所有人读书都必须读经典。但对编辑来说，我认为编辑还是必须读经典，不管读了多少书，除了养成比较好的阅读习惯，事半功倍的选择还是要阅读经典。当然读经典并不是件轻松的事情，有时候还会感到非常艰苦和生涩。所以，同样是用文字符号组成的书刊，经典书刊集内容丰富、底蕴深厚、穿越历史、辐射现实于一体。可能一开始会怀疑自己能不能读下来，但当你坚持下去以后，就会发现其中蕴含的魅力，就像我们对《论语》态度的转变是一样的。

刚才邬署长讲张载那一代知识分子的抱负和情怀，这是传统文化；中国共产党领导中国人民、中华民族在浴血奋斗中形成的则是革命文化的经典；在社会主义革命和建设时期，在改革开放的新时期、新时代形成的是先进文化中的经典。

传统文化中有三玄、四书、五经、六典，还有宋明理学，以及我们说的四大名著等；革命时期的经典文学，有由斯诺先生撰写的《西行漫记》，还包括新中国成立以后的"三红一创""青山保林"；改革开放时期的《平凡的世界》《乔厂长上任》等。这些经典很多，一时说不过来。

这里还要特别点一下，我们讲哲学经典著作，讲《共产党宣言》，讲《德意志意识形态》《自然辩证法》、列宁的《唯物主义和经验批判主义》、毛主席的《论持久战》《矛盾论》《实践论》、习近平总书记的《习近平谈治国理政》，特别是其中的《在哲学社会科学工作座谈会上的讲话》《在文艺工作座谈会上的讲话》《在纪念马克思诞辰200周年大会上的讲话》等皆影响深刻。在科技方面，古代有《九章算术》《梦溪笔谈》，当代有钱学森的《工程控制论》《科学的历程》等。最早还有一本书，叫《科学、艺术、哲学》，虽然是小册子，但把科学、艺术、哲学给它打通了，是很有看头的一本书。

第三，编辑怎么读经典呢？应注意"三个结合"与分析性阅读。"三个结合"即计划性和随机性的结合，就是要有计划。五年规划是中国经济发展的一个特别重要的模式，读书和它是一个道理，没有计划性便很难非常扎实地取得量变达到质变的效果，其中包括一些随机性的阅读，以及精读和抽读的结合。还有就是必要性和可能性结合，如果你想读很多书，但时间来不及的话，可以一块一块地解决，就像火箭发射卫星时候可以一节一节甩掉。比方说刚才讲的三玄、四书、五经、六典，哪怕最后就剩三玄了，也是可以的。这就是要考虑它的可能性。

还有一点，阅读不只是汲取，阅读中要特别注意读书的思想性、批判性。批判不是一个贬义词，而是一个中性词，是说要分析着进行阅读，清楚哪些是可以为我所用的，哪些和我的需求是不太吻合的。特别是看完一本书以后，绝不能是"掰棒子"。当我发现一本不太理想的书时，只要对它做一些认真的综合分析与归纳，往往就会发现书里也有一些特别重要的启示。如果这样去做的话，可能你读一本书，要比一下子浏览好多书还要收获大。

第四，编辑在被动状态下，该怎么做好主动阅读？首先，作为编辑，能不能破掉这样一个习惯？有的编辑朋友对我说：忙得不行，先把稿子编完以后我再看书去，这就永远看不了书。所以我主张，如果你今天遇到了问题，并涉及一本书，就不要放过它。编辑在加工书稿的过程中，遇到任何一个重要的问题，就马上去查阅，可能就会有收获。

其次，编辑加工稿件的过程，本身就是在做阅读，或者说我们编辑加工稿件的业务，在一定意义上就是一种更仔细的阅读。这种阅读恰恰是编辑得天独厚的条件，不要把这个作为负担，而是要觉得，别人很难获得这种机会，我却能获得，一定要珍惜。我自己在看书稿时便特别过瘾，在审定一些重要刊物文稿的时候，觉得获得的知识比阅读正式刊物的收获还要大。而对于不在编辑岗位的朋友，即便读到这些文稿也没有评论、评价的责任与渠道。而作为编辑，要回答稿件中存在的相关问题，给出恰如其分的结论，给出文稿的取舍判断或为作者提供修改的指南，所以必须把书稿读进去，再读出来，再读上去。

我还要强调一个意思，现在编辑加工的书稿、文稿内容，从总体上来讲，恰恰是一种思考式的阅读和分析式的阅读，而这种思考和分析恰恰是阅读的本质。没有思考的阅读，只是形式上的阅读，只有实际上的阅读才能产生思想，思想才是编辑出版的真正目的，永恒的目的。

唐浩明先生"板凳一坐十年冷"，他阅读编纂加工曾国藩的文稿时，在阅读的正史、野史、资料史中深受影响，由此他对曾国藩有了一个比较全面的了解，他认为曾国藩不是完人也不是罪人，他是中国近代史上悲剧色彩浓重的重要历史人物。由此，他不仅完成了三十一卷的《曾国藩文集》，而且成就了三卷本的长篇历史人物传记小说《曾国藩》。我有一句口头禅：近水楼台先得月，看你识月不识月。编辑做到极致就是大家。

第五，编辑的写作和阅读问题。继续追溯的话，编辑的写作对编辑的阅读有极大的拉动作用。作为一名编辑，至少要写好三种文体：一个是选题申报书，一个是编辑加工基础上的审读报告，一个就是有一定深度的理论文章。现在评职称、申报高级职称规定得有两三篇像样的理论文章，这是国家逼着你去读书、去修炼。写不出像样的文章，如何还要评副编审、正编审呢？

总之，我觉得这些东西对我们编辑朋友来讲非常重要，一定要通过全民阅读的拉动，把自己的阅读提升到一个更高的层次。促使我们做高素质的、高学养的编辑家，推动高质量的出版物繁荣和出版业的高质量发展！

加强知识产权保护，促进创新发展

◇ 甘藏春

各位朋友大家好，非常感谢阎理事长邀请我来参加这个活动，恰巧我最近刚刚接触了一些关于知识产权法的理论问题，这对我来说是一个难得的学习机会。借这个机会，我想把最近对知识产权法的初步学习、理解跟大家报告一下。基本观点是以下几条：

第一，中国已经具备建设更高水平的知识产权法治体系的社会基础。中国的知识产权是鸦片战争之后从外国过来的，经历了100多年，经历了从输入型到内需型的转变，特别是改革开放之后，中国高度重视知识产权的立法，在所有的法律体系当中，知识产权的立法是比较完备的，并且我们已经具备了世界知识产权保护最低标准的要求。另外最重要的是，"十四五"后，中国开始进入新的阶段，就是全面建设现代化阶段。14亿人口的大国，在现代化国家已经林立世界秩序主导的情况下，我们唯一出路就是创新发展，解决资源问题、环境问题。"十四五"要求我们建设更高水平的市场经济，更高水平的对外开放，加强和国际合作，所以这些因素决定了中国的知识产权已经开始向内需型发展。内需型的转变之后是催生中国知识产权更高水平的建设的根本动力、社会基础。

第二，应当把激励创新和保护创新作为知识产权的核心价值。传统的知识产权法理论认为，只要严格保护就能保护创新。从现在来看，我们仅仅局限在保护创新只能是在知识产权形成之后，对于中国这样一个发展中国家来说，更重要的是要激励创新，包括示范，知识产权法激励创新也符合现在公共政策的要求。在知识产权成果形成之前开展一系列活动，这是中国政府的一个特点，地方政府也创造了很多东西。知识产权激励创新应该融入我们的法律制度，比如说专利法的修改，有几个问题是我参加的，比如职务发明，究竟应不应该给职务发明人更多的刺激和奖励。这很难形成共识，但已经有了很大的突破。比如说著作权人的署名权的保护，都涉及激励创新的问题。所以才把激励创新和保护创新并列起来作为知识产权法的核心价值。

要实现这个转变，就得对传统理论进行深化，保护知识产权与运用知识产权相互协调，并且把这一条作为知识产权法的核心价值，当然世界各国都有私权运用并与社会利益结合，这是19世纪之后一个总的起始，任何法律都要考虑这种平衡。从知识产权法的角度来看，我认为这种平衡关系是应该建立在激励创新的基础上，这不是一个等量齐观的问题，要弄清楚谁是矛盾的主要方面，谁是矛盾的次要方面，这个理论成立的话，就要对我们的制度关注的问题进行讨论。

比如说，假定我们不限制知识产权的话，知识产权的价格会报得很高，成本也很高，但是我的看法是：一个创新背后蕴藏着巨大的投入风险，这个成本很难计算，并且还有机会成本。另外，过高的价格是市场机制可以消弭的，是可以谈判的，形成了垄断之后有反垄断法，有反不正当竞争法的规制，所以不存在这个问题。对于公共利益和社会利益，法律也做了安排，比如说强制转让、许可等。当前在中国最重要的问题是对公共利益的界定要更细致、更严格，不能泛化，这是影响我国知识产权法发展的大的问题，也是立法司法当中很难解决的一个问题。

第三，以民事权利属性为基础，完善知识产权保护体系。对中国来说，中国的法治体系已经很完善了，从执行效果来看，每年都有进步。党中央、国务院采取了一系列的措施，从中国现状来看，我国构建的是一个特殊的体系，是行政保护和司法保护并行的机制，这是依照中国历史特点形成的。因为在西方国家，知识产权是作为私权的属性，这是不容置疑的，中国则经历了漫长的路程才形成共识，知识产权作为私权，以前的专利、商标都是属于由主管部门授意的，所以有一些公权，但现在来看就是一个私权。现在我们正在经历这么一个过程，而西方国家的法律道路走的是私法公法化的进程。私法公法化刚开始是民事权利受到影响，后来德国《魏玛宪法》开始了社会化，公法开始进入。中国是相反的路程，我们曾经是高度集中的计划经济体制，那个时候不太承认私人权利，现在慢慢承认了私人权利，是从公法私法化的进程，我们正在经历着这种转变。从这个意义上来讲，方向上还是以司法保护为主，现阶段还要强调行政保护和司法保护相配合。

最后，还有几个大的问题需要解决：一、怎么区分行政部门的行政执法行为和行政的准司法行为？专利权、商标权、著作权不存在这个问题，他的授予是什么问题？是行政许可吗？为了写这篇文章，我找了一些同志反复研究，实际是一种行政确认行为，在国外就是准司法行为。第二个看法，要区别行政行为、执法行为和准司法行为，所谓准司法行为是行政机关运用司法程序来处理纠纷的行为，比如复审制度。

按照这个路线图来研究，将来就是要注意行政部门的执法监督是否侵犯了公共利益为准则，剩下的凡是因私人之间的纠纷，行政机关不是不能处理，现行的法律赋予了行政机关的处理权，将来调解和裁决的制度不可能完全推到法院，但是这必须按照司法程序来处理。现在不可能把法院全部推到第一线。我们法律赋予行政机关的准司法权和司法衔接，慢慢构成了一套新的知识产权保护体系。以上是我的基本观点，不对的地方请大家批评指正。

知识产权的四大转变

◇ 刘春田

　　我非常愿意跟大家分享一点自己的想法，我的观点对于别人来说或许是老生常谈，但于我而言，则是新的收获。

　　聚焦我们近40年的文明与现代之路，我们选择了社会主义市场经济，建立了相对完备的法治体系，融入了国际社会，内修法度，外结善缘，对内有了坚实的基础，对外我们结交良友，构建了可持续发展的外部环境。改革开放让我们取得了今天的成绩，让中国成为世界第二大经济体。中国的历史很坎坷，改革开放后，我们相对告别了贫穷，让千千万万的个体与家庭在经济上翻身，获得了不同以往的自由和权利。这些经验告诉我们，未来仍然需要沿着这个路子，继续做对的事情，我们就会有更好的前程。下面，我想结合40多年来我国的知识产权建设问题，谈谈我们已经实现的几个转变，这几个转变，既有观念、理论上的，也有制度上的，正是这几个转变，推动了中国知识产权事业的变革与进步。

　　第一个转变，是知识产权观念的转变，它是经由三个阶段完成。首先是知识产权意识的萌芽阶段，如果说我们身居其中看不清，但是如果用远镜头放到过往的40年里看，就会发现不同时段的转变，肯定了规则是国际间的行为准则的法治意识。这和中国人内心的千百年来陈陈相因的传统文化，和"君子不饮盗泉之水，廉者不食嗟来之食"异曲同工，一脉相承。其次，是知识产权与创新关系的认识阶段，这阶段提出了保护知识产权对创新的作用，强调遵守和改造国际秩序，希望有一个更适合发展、更平等的知识产权国际秩序，既利于发达国家，也利于发展中国家，这是一个宏大的事情。保护知识产权就是保护创新，有利于建设创新型国家。再次，是完整描述知识产权性质和地位阶段，提出了知识产权就是保护创新，揭示了知识产权作为财产制度的本质，这是符合国际社会的共识的，保护知识产权是完善产权制度的最重要的内容。这两点跟前面的表述区别在于：从宏大的意义转变为脚踏实地的价值判断。大家知道，意义是没法衡量的，意义值多少钱？重大意义值多少钱？说不清楚。但是变成产权制度，就成为一个价值判断。这与2020年中央要求必须推出《民法典》，也就是把对创新的保护落实到产权制度上，实行制度保障，可谓相互呼应。

第二个转变，是从观念转变到制度建设。从前几届领导人的政策宣示，转变成制度保障是一个质变，是一个具有划时代意义的转变。其标志就是《民法典》。《民法典》的出现，不单引领了相关的单行知识产权法律的修改和完善，对知识产权的保护已经不再是分散的单行法律，而是有了精神指导和制度母体的统领。更重要的是中国的财产制度有了明确的体系化的构架，所以这是一个非常大的变化，《民法典》将深刻而持久地改造中国的经济社会生活面貌。

中央对《民法典》性质、地位和作用的认识也反映出我们国家、社会、个体理念的变化。我们从1956年就着手《民法典》的建设，历经60余年，终成正果。《民法典》的伟大意义无论怎么评价都不过分。我们从政策上宣示的以人民为中心，转变为具体化的以人为本，再到通过民法典把对个体、家庭的尊重、关怀，转变分解为对个体、家庭具体的主张、可救济的权益的制度保障，这也是一个质的飞跃。此外，还明确了个体权利法律在法律系统中的基础、核心的地位。2020年的《民法典》政治局学习会明确了凡是和《民法典》相抵触的，该修改的修改，该废止的废止，把民事权利、把私权这个体系放在一个法律的核心位置。所有其他的法律和民事法律相违背的、相抵触的，都要以《民法典》为核心、为标准修改废止，体现了以人民为中心，以人为本的制度保障。因此，《民法典》是中国法治建设的里程碑。

第三个转变，用政治为"创造"正名，把尊重创造和尊重劳动提升到同等地位。从单一的尊重劳动发展为四个尊重，我查了下十六大的报告，描述为"尊重劳动、尊重知识、尊重人才、尊重创造"的四个并列。所以创造和劳动并列这件事情，使知识产权正当性的创造理论得到了政治上的支持。一直以来，在我们的理论中是劳动至上，一切财富都是由劳动创造的，并贴上唯一正确的标签，排斥财富其他来源的理论，进而关闭了思想的大门。但是，有研究认为，创造有可能成为知识产权的合理性、正当性的理论依据。事实上，作为一种假说，创造理论有益于打开思想的牢笼。事实上，创造和劳动虽然地位平等，但二者并非性质同一的事物。在逻辑上看，我们产业链最高端的一定是科学发现、理论发明、技术创新，然后是劳动、生产制造，继而才是流通。经济的产业链说明，创造和技术决定了劳动，易言之，劳动是技术的产物。技术决定了劳动的方式和面貌，没有技术就没有劳动。技术的进步必然造成劳动手段的变化，一个时代的技术水平就决定了一个时代的劳动水平。

从近些年来的人工智能的发展中我们可以看到这样一个远景，劳动终将走进历史性，人类在劳动上所花费的体力和脑力会越来越少。而创造则与人类生命相伴得以永存。与传统的劳动理论相比，创造理论更具有解释力，这对知识产权制度建设和实践的发展具有决定性的作用。

第四个，是对市场经济观念的转变。过去我们总把市场经济和资本主义捆绑在一起，我们学习经济学的历史发展，亚当·斯密提出交换是财产产生的源泉，没有交换就没有财产，凡是交易发达、市场繁荣的地方财产就丰富。就生产力而言，市场经济与社会制度无关，它既不姓社，也不姓资。比如，中国是世界最大的贸易国，是最大的交易国，交易是财富的源泉，从一定意义上，加入世界贸易组织（WTO），中国经济的发展则更有动力。谁的交易丰富，谁的经济就繁荣，繁荣一定是商业繁荣，不是生产决定交易，而是交易决定生产。曾经北京酒仙桥一带有一大片厂区，大厂林立，每天有大量的工人、技术人员聚散于此，上班干活，下班回家，但这不是繁荣。什么是繁荣，有交易、商业发达才是繁荣。我们对市场经济的理解也在发展，我们通过市场经济获得了更多财富的同时，中国在一步一步更深入理解市场经济。

最后，我再谈一个理念，近些年来各行各业都说我们是大而不强，所以我们还要变成强国，于是提出了强国战略。我最近萌生一个想法，我认为大就是强，丛林当中，雄狮是王者，还是大象是王者？雄狮的确很强，但在《动物世界》中可以看到，气候干涸时，雄狮在水塘边饮水，旁若无物，但一旦有大象过来，狮群都匆忙躲闪。在河里，鳄鱼是很凶猛的，但当河马来了鳄鱼便赶紧离开。在大海中，都说鲨鱼凶猛，但鲸鱼一来，鲨鱼就会让路，所以大与强是一个辩证关系，无论动物，人，还是国家，一旦大到一定程度就是强。中国人均GDP刚刚过了一万美元，只有瑞士的八分之一，但中国的国际话语权远大于瑞士。显然，体量决定，大就是强。所以我们大可不必事事争强，这也不客观，只要我们扬自己的长，把该强的做得强起来，规模经济强大了，就一定会整体强起来，知识产权也是这样。

这些年我们在知识产权事业上的成就巨大，但还存在一些问题。无论是专利领域、著作权领域，还是商标领域，都是如此。比如，金山这个商标，用金山做字号的在全国有十万多家；华润是驰名商标，可全国用作字号的，不下二十万家，一个山东省就有六百多个华润，这些会造成市场混淆。总之，许多问题仍与巨大成就并存，但只要我们走对了路，做对了事，就会不断地克服困难，消除这些问题，慢慢使我们走向一个更加健康美好的未来。

以知识产权保护推动
高质量发展

◇ 张志成

我今天非常高兴能来到远集坊的论坛，借此机会，我介绍一下关于知识产权保护工作的相关进展。

2021年是中国共产党成立100周年，也是"十四五"规划的开局之年，站在两个100年的历史交汇点，面向2035年的发展目标，与大家在此共同探讨知识产权保护工作具有特殊、重要的意义。五中全会明确了我国进入新发展阶段的历史定位，明确了贯彻新发展理念是现代化建设的指导原则，立足新发展阶段，构建新发展格局是我国经济现代化的路径选择。围绕新发展格局的构建和经济高质量发展，知识产权保护工作也迎来了新的历史发展机遇，党的十九届五中全会之后，中央政治局第一次集体学习的主题就是全面加强知识产权保护。

知识产权保护工作关系国家治理体系和治理能力现代化，关系高质量发展，关系人民生活幸福，关系国家对外开放大局和国家安全，深刻阐明了新时期知识产权保护工作的重大意义。

我结合学习体会，谈一谈最近知识产权保护工作的进展，也谈一谈相关的认识和体会。

第一，近年来我国知识产权保护的体系更加完善。我国知识产权保护工作在新中国成立之后不久就开始了，三中全会以后，我们的知识产权工作逐渐走向正版化的轨道，中国现在已经成为名副其实的知识产权大国。刘春田教授讲到大即是强，我认为大是强的一种表现，但是我们在大的基础上追求强是具有特定含义的。

在这个过程中，知识产权工作的重要性日益突出，特别十八大以后党中央把知识产权工作摆在了更加突出的位置，习近平总书记先后在多个重要的国际国内的场合和国内的一些重要会议上指出知识产权保护工作的重要性，反复强调要加强知识产权保护。

2019年，深化改革委员会第九次会议上，审议通过了关于强化知识产权保护的意见。这是中央第一次围绕知识产权保护作出全面部署的一个纲领性的文件，在最新一轮的党和国家机构改革过程中又组建了市场监督管理总局，实现了知识产权行政执法的统一，重新组建了国家知识产权局，实现了专利、商标、原产地、地理标志、集成电路不同设计的集成统一管理。行政管理的效能大幅度提升，同时在司法领域也进行了深化改革，国家先后成立了多家知识产权法院，最高人民法院挂牌成立了知识产权法庭，建立了飞跃上诉的制度，知识产权司法保护的体系显著加强，保护体系的构建更加完善。

第二，我国知识产权的法治保障更加有力。2013年、2019年，我国两次对《中华人民共和国商标法》进行了修改，2017年和2019年两次对反不正当竞争法进行了修改，2020年对专利法和著作权法进行了修改，在《民法典》制订过程和《中华人民共和国刑法》的修改过程当中，都根据实践需要，对于涉及知识产权的内容进行充实和完善。

我这里有个数据，2020年一年内，我国修改出台知识产权相关法律法规四部，发布知识产权保护相关司法解释六部，出台了一系列的相关政策文件，特别是《民法典》明确了知识产权侵权惩罚性赔偿的总原则，而且也明确了知识产权的类型。

商标、专利、著作权这些主要的知识产权类型单行法均建立了高标准的侵权惩罚性制度，这个是比较特殊的，和一般的民事权利填平原则不一样，为什么它有公权的属性？为什么它有公共利益的纠葛？为什么它建立了侵权赔偿性制度？这也体现了知识产权既作为一种民事权利，又是一种特殊性的民事权利的特点。刑法修正案对侵犯知识产权犯罪的罪名进行了修订，刑事惩戒的力度进一步加大。

第三，我国知识产权保护的政策协同更加有效。立足全面加强知识产权保护，强化知识产权保护的意见，2020年到2021年的推进计划，由中办、国办印发出台，在意见及推进计划出台后，各有关部门围绕专利、商标、著作权、地理标志、集成电路不同设计、商业秘密等各个方面从审查授权、行政执法、司法保护、仲裁调解、行业自律、公平诚信等多个环节加强保护工作。

我们过去讲司法和行政，后来讲司法、行政两个途径，再后来讲社会组织、仲裁调解，这几年来我们对知识产权的保护理念有了一个比较重大的发展，就是我们提出了构建快速协同保护的大保护的工作格局。把审查授权、行政执法、司法保护、仲裁调解、行业自律、公平诚信多个环节都提升到同样的位置，通过不同的角度和方式来加强知识产权保护工作，这个是我们未来的发展方向，也可能是中国特色的知识产权法治的重要特征。

2020年，我国制定出台了知识产权保护相关政策文件20多个，包括明确商标侵权判断标准、规范地理标志保护中通用名称的制订、加强侵权假冒商品的销毁工作、完善药品专利侵权纠纷的早期解决制度、出台加强知识产权司法保护等文件，突出从严保护、从重处罚。

在地方层面上，形成了央地协调的有效格局。中央的两办文件印发之后，全国30多个省区市单位纷纷开始制订落实意见的配套文件，知识产权保护政策的协同效果进一步显现。

第四，知识产权执法监管力度正在逐渐加大。国家知识产权局出台了关于专利、商标等侵权判断和纠纷行政裁决等标准指南，各个部门都组织评选了指导案例和十大案例，加强对全国执法业务的指导和领导，探索建立知识产权侵权纠纷检验鉴定的技术支撑工作体系，形势远比我们想象的要复杂得多。

在知识产权侵权上，有时候一些违法犯罪分子在技术条件的研发和投入上可能远远超过执法部门，很多事情没有办法依靠传统的方式来予以解决。所以技术条件对于我国知识产权保护的重要性越来越突出。版权、市场监管、海关、知识产权等各有关部门也在经常开展行政执法的专项行动，严厉查处侵权假冒行为。

在2020年一年内，无论是专利假冒和商标侵权案件，还是专利行政裁决案件，办案量都还在增加。我们的经济是活跃的，交易过程当中往往会出现以上这些问题，涉及的数字也是比较惊人的。例如我们的版权执法部门在2020年删除侵权盗版的链接达到300余万条，关闭侵权盗版网站和手机应用软件2000多个，处理违法犯罪的案件2万余起，新收的知识产权民事一审案件达到了44万余件。刚才甘老师讲司法是最后一条防线，我非常认同，如果说大量案件以这种方式涌进法院，可能也会出现其他的一些问题。

第五，我国知识产权保护机制在不断优化。为了完善审查机制，进一步压减了审查周期，高价值专利周期压减至14个月，发明专利平均审查周期压减至20个月，商标注册的申请平均审查周期缩短到4个月。到2021年，我们已经在全国布局建设了41家知识产权保护中心，22个快速维权中心，面向企业提供便捷高效的授权、确权、维权一站式服务，保护中心既可以做快速授权和确权，同时加强行政执法部门的衔接，也可以做快速的维权，企业对此应该说是非常欢迎的。我们也做过一些统计，例如通过快速授权的渠道，发明专利大概在3个月左右就可以得到结果，支援行政执法最快在一两天之内就可以结案，有效破解了维权难、周期长的问题。

知识产权仲裁调解工作机制持续完善，国家知识产权局和最高人民法院建立了知识产权纠纷在线诉调对接机制，健全知识产权维权援助机制，截止到2020年底，全国维权援助机构超过1000家，去年我们也办理了相关维权援助的申请3万余件，指导服务4.3万余次。我们加强了海外纠纷应对机制建设，目前中国企业在海外面临着一些新的情况和问题，除了被诉侵权外，也有一些商标抢注、专利被侵权等现象频繁出现，这个也是新形势下的新情况。

第六，我国在知识产权领域上的国际合作在向纵深发展。《视听表演北京条约》在2020年生效，中欧地理标志保护与合作协定、区域全面经济伙伴关系协定正式签署。中欧地理标志协定是中国对外商签的第一个高水平的知识产权保护协议，它的意义不仅在于双方签订了相互保护对方地理标志的协议，还在保护水平和规则上留下了一个模板，是我们参与国际知识产权治理的一个重要的载体。我们还与世界知识产权组织推动建立了102家创新支持中心，世界知识产权组织也在上海设立了仲裁和调解中心。

立足新阶段谋划知识产权保护工作，走好中国特色的知识产权发展之路，我认为应该坚持人民立场，准确把握四个方面：一、把握我国知识产权保护的历史方位，是正在从引进大国向创造大国转变，从追求数量向提高质量转变。二、准确把握知识产权就是保护创新的工作定位。三、把握好新发展阶段对知识产权保护的总体要求，是全面加强知识产权保护，当然知识产权不限于保护工作，有狭义和广义之别，但是我们总体要求还是全面加强知识产权保护。四、准确把握知识产权保护工作的目标和目的，是为了贯彻新发展理念，构建新发展格局，为推动高质量发展提供保障。

我们也将继续牵头高标准推动落实意见和推进计划，重点做好以下几个方面工作：

第一，加强顶层设计，加强对国内外形势和趋势的准确研判，谋划好知识产权保护工作，加快制订建设知识产权强国的战略。下一步把握总的方向，应该将高质量的创造、高水平的运用和更严格的保护，作为强国纲要的总基调。同时要谋划好"十四五"的知识产权保护应用规划，研究起草2022年到2023年贯彻落实意见的政策文件，在"十四五"期间进一步提高知识产权保护水平。

第二，提高知识产权保护工作法治化水平方面目前已经告一段落，但是从我们目前发展需要来看，结合刚才几位老师讲的，我也认为有一些领域的法律还要进一步的修改。包括《中华人民共和国商标法》的全面修改和《中华人民共和国专利法》实施细则的修改，包括如何建立中国特色的地理标志保护制度，这次《民法典》明确地理标志作为一个专门的类型，目前还缺乏专门的法律予以保护。关于新增的药品专利的保护期补偿制度和专利侵权纠纷的早期解决机制，如何更好地实施、引导我们的公共健康领域的产业更有效地创新发展，也是非常重要的。

第三，强化知识产权全链条保护。全链条保护不再是简单的司法、行政保护，而是从整个审查授权，一直到公平诚信整个领域全链条地加强知识产权保护，我们要加快推动知识产权保护中心的建设。

第四，深化知识产权保护工作体制机制改革，特别是更好地响应市场主体的要求，进一步压缩商标专利的审查注册周期。这个我想业界有一些不同的观点，专利商标是不是一定要那么快？从目前来看，快还是一个主要矛盾，但是确实需要探索，进一步按需审查注册，可能有一些不需要马上通过，但是一旦需要的时候还是要尽快。

第五，针对市场出现的一些新的现象，要加大对不以创新为目的的专利申请行为的打击力度和对商标恶意注册的执法打击力度。这个我想是业界比较关心关注的一件事，我们现在有效的注册商标超过了3000万件，我们常用的汉字3000多个，加上图形和可识别的符号，确实存在着一些资源有些问题，有一些不宜使用，用于囤积、转卖，这些还要加大打击力度。

第六，要统筹推进国际合作和竞争。近期要落实好区域全面经济合作伙伴关系与知识产权章节相关的内容，还有中欧地理标志保护与合作协定的相关内容，整体提高区域知识产权的保护水平。

第七，坚定地维护好知识产权领域的国家安全。

以上是我的发言，我们应该把知识产权的保护工作当作"十四五"这个阶段的一个比较重要的工作领域，进一步沿着总基调，推动我国实现高质量的发展。

加强版权保护，
促进创新发展

◇ 王自强

　　20年前，经中国和阿尔及利亚的倡议，世界知识产权组织将每年的4月26日设定为"世界知识产权日"，以彰显知识产权保护在推进人类文明发展进程中的积极作用。在第21个世界知识产权日即将来临之际，在京知识产权界的朋友们欢聚一堂，共叙"加强知识产权保护，促进创新发展"这一事关国家发展的重要议题，具有很强的现实性。

　　众所周知，2021年是中国共产党建党100周年，也是党中央提出的实现中华民族伟大复兴"两个一百年"奋斗目标的第一个百年奋斗目标的实现年。自1997年，党的十五大提出实现"两个一百年"奋斗目标20多年以来，经过全党、全国和全体中国人民的共同奋斗，我国基本消除了绝对贫困的现象，实现了"全面建成小康社会"的第一个百年奋斗目标，同时开启了建设"富强、民主、文明、和谐、美丽的社会主义现代化国家"第二个百年奋斗目标的伟大历史征程。

　　我认为建设"富强、民主、文明、和谐、美丽的社会主义现代化国家"的第二个百年奋斗目标的路径，不是"全面建成小康社会"第一个百年奋斗目标路径的简单重复，而是中国发展进程在高质量、高起点上的重新出发。如果说我们把实现第一个战略目标比作中国发展的上台阶，那么实现中国发展第二个战略目标则是登顶泰山，其广度、深度和难度都是第一个百年奋斗目标难以比拟的。因此，要实现第二个百年奋斗目标，不仅仅需要坚定的信心和坚韧的勇气，更需要先进的理念、科学的路径。我认为这个路径就是"创新驱动，科学发展"，因为创新是人类社会永续发展的根本动力和不断升华的重要手段；科学则能把握事物发展的基本规律，化解发展进程遇到的困难和问题的有效工具。坚持"创新发展"，中国必将迎来美好的明天。

今天的中国，弘扬创新精神，保护创新成果，已经成为全体中国人的基本共识和时代发展的必然要求。然而创新精神的弘扬和创新成果的保护离不开知识产权法律制度。加强知识产权保护，完善知识产权法律制度，推进知识产权的社会实践，将为中国的创新发展不断输送最新的科技成果和智力保障，并为创新发展营造良好的社会氛围，提供有序的市场环境。

著作权作为知识产权的重要组成部分，在促进创新发展的历史进程中发挥着独特的作用。著作权制度的不断健全和有效实施，将有利于文学、艺术、科学领域创新成果的不断涌动，为国家的创新发展提供文化和智力支持。

著作权作为人类文明发展的重要成果，是市场经济与科学技术相结合的产物。市场需求是文学、艺术和科学作品不断涌流的根本动力，广泛的市场需求，不仅是对作者创作行为的肯定，而且给作者带来了相应的经济回报，为作者的再创作提供了经济保障，没有需求，一切创作成果都将失去存在的价值；科技则是文学、艺术和科学作品不断拓展创新的物质保障，科学技术的发展和运用，不断丰富着作品种类，而且极大地拓展了作品的传播方式和渠道，没有科技进步，作品的表现形式和传播方式将停滞不前。因此，今天我们讨论完善著作权法律制度、加强著作权保护、推动著作权社会实践，应该紧紧地、始终如一地抓住市场经济和科技发展这两个重要因素。

在完善著作权法律制度、加强著作权保护、推动著作权社会实践进程中，就市场经济因素而言，我认为：

第一，要反映市场经济的利益关系，构建公平的著作权权利归属体系。我理解的市场经济利益关系，是指市场参与者（主体）创造（提供）的社会财富与获得的利益应当匹配，权利与义务应当相一致，贡献大收益就高，反之亦然。就作品创作而言，涉及作者、创作投资者和创作组织者（委托人）等多种利益关系者，他们对作品的创作发挥着独特的作用，其利益应该得到尊重，在确定作品权利归属时，应该在所有作品创作参与人意思自治的前提下协商明确，保障所有参与作品创作的人都能分享著作权产生的财富红利。

第二，要尊重市场经济的交易规则，构建科学的著作权许可使用机制。我理解的市场经济交易规则，是指物质资源和社会财富流转效益最大化与交易成本最小化，即以最小的成本将物质资源推向市场转化为社会财富，使物质资源投放者获得相应的经济回报，同时满足社会的消费需求。作品作为一种特殊的社会财富，其权利与一般有形财产的权利相比较，有两个显著的不同特点，一是载体与权利可以分离，而有形财产的载体与权利是不能分离的；二是作品在同一时间可以在不同空间，并且以不同的方式使用，而有形财产在同一时间只能在同一空间以同一的方式使用。著作权的这一特点，决定了要实现作品资源社会流通最大化与交易成本最小化，相较于一般有形财产更为复杂、难度更大。要建立符合市场经济交易规则的著作权许可使用机制，必须结合自身的特点，形成专有授权、版权代理、集体管理、开放许可等立体许可使用体系，既保障著作权人利益的实现，又满足社会公众的精神文化需求，同时加快智力成果向社会生产力的转换，做大做强我国的版权产业。

第三，要体现市场经济公平竞争的规则，构建有效的著作权法律救助体系。我理解的市场经济公平竞争规则，就是依法经营，诚实守信，不无偿占有他人的物质资源和社会财富。在著作权领域，要体现公平竞争的市场规则，除要求著作权主体诚实守信、依法经营外，关键要建立有效的司法审判、行政执法，并辅之以仲裁、调解相结合的著作权法律救助体系，坚决打击各种侵权盗版行为，有效保障作者和作品传播者的合法权益，切实维护健康的著作权市场运用体系。

我们有理由相信，随着我国著作权制度的不断完善和我们社会实践的有效推进，在文学艺术科学领域的创新能力能够得到极大提高，从而助推我国的创新发展事业。

当今中国，创新驱动已经成为国家发展的基本战略，创新发展也成了时代发展的主旋律，而知识产权保护已经成为全党全国和全体中国人民的共同认识。今天的中国，为实现中华民族伟大复兴的第二个百年奋斗目标已经扬帆启航，知识产权制度将以崭新的姿态参与其中，积极有为，为创新发展保驾护航，并提供源源不断的科技和智力创新成果，在实现富强、民主、文明、和谐、美丽的社会主义现代化国家进程中书写新的历史篇章。

创新永无止境，
保护继续强化

◇ 易继明

我非常高兴远集坊能给我这个发言的机会。刚才各位专家和各位领导对于版权保护的现状都说了很多。有意思的是，我前几天参加了一个启动仪式，我穿的是便装，可去了以后发现所有人都是西装革履的。这次来远集坊，我说我得穿个正装，但我发现，在座所有人又都是便装了，也有穿西服的，但是都没打领带。当然，无论我穿的是正装还是便装，我都要说一些"正经话"。

首先我要祝贺晓宏局长的书出版。我刚才翻了一下，书中不仅有宏观的知识产权发展的实践现状，也有一些具体的问题；既有关于传统知识、遗传资源、民间文艺的知识产权保护，也有在网络时代、大数据时代下的一些关于知识产权的保护，内容比较全面。应该说，他的书凝聚了他的思考，这些思考也对著作权法这些年来的发展，起到了非常大的推动作用。

这40年来，中国的版权保护取得了非常大的成就。大家有目共睹，特别是这次修改使关于版权客体的规定更加科学化。过去的电影作品、类电作品我们将它统一到视听作品，对于一些摄制技术不再强调，因为在新的时代里，技术的发展可能会变得不一样。这次关于知识和产权的修改也细化了相关规定，例如在复制权里面增加了"数字化"这一复制方式，此外也包括各种权利的细化。

我们通常认为，创新仅仅关乎私权，是自己的事，自己的爱好兴趣，其实不是。美国国防部的很多研发就是一个公共池，诸如谷歌等企业在开发时会大量运用。我们过去是把军民分开了，军队是封闭的，我们公共池的东西不是很多，运用开发于民口的也不是很多，无论是在创新还是在保护上，大保护的格局应该说还是需要的，并不矛盾。以前经常说我们司法保护强了，是不是行政就会弱化？行政保护强了，司法就会弱化？并不是，还有仲裁、调解的参与，这个大保护格局是始终存在的。我觉得这一次修法对版权行政执法的强化，对便捷高效地治理版权的市场环境，还是有好处的。

提倡创新的同时，我们也在注重一些权利的平衡，强调合理使用制度的设计，不要妨碍原作品的行使，并开始考虑到对于弱势群体的保护。总体上，我们强化保护，跟国际接轨，并特别突出技术发展的特点。还有一个很重要的，我们在作品问题上采取了开放态度，其实是修改了《民法典》123条里面第八项关于知识产权客体应由法律规定的原则。我们本来是规定客体可以由法律、法规来规定，但是后来把"法规"都删掉了，国务院的行政法规、地方行政法规不都能创设一个知识产权客体。但是，透过知识产权客体的改变又给了司法空间，以适应版权领域的不断创新。所以这一块的保护，应该说在国际化技术的应对、强化保护、总体利益平衡等方面，为后期发展奠定了非常好的框架，这个成就是巨大的。

版权在新时代意义非常大，这是十九大的报告里面的社会基本矛盾所阐释的。当前社会的主要矛盾是人民日益增长的美好生活需要和不平衡不充分的发展之间的矛盾。现在人们脱贫了，之后要干吗？人们需要的是精神消费。美好生活的感受，就是精神消费所决定的。我们版权领域的重要性，是我们时代命题所决定的。

这里面还包含一个道理，版权内容创新对于时代的决定意义很大。我也在兼任一个学会的会长，现在叫北京市文化娱乐法学会，以前叫北京市影视娱乐法学会。当初这个学会注册的时候，注册机构说，你找一找，哪个法规里面有"娱乐"这两个字或者"娱乐法"这三个字，我们就给你注册。找了半天就找到一个娱乐场所的管理办法，那是针对桑拿、按摩这些场所的管理。他们就问，你们要去规范这个吗？我说，这个理解完全错了。后来没有办法，我们把北京电影学院的侯光明书记拉进来，说一起搞一个"影视娱乐法"吧，让大家知道这个"娱乐"是挺宽泛的，不光是桑拿按摩。后来为了更宽泛，改成了"文化娱乐法"。我后来了解了一下，当年腾讯的产值超过中石化，可是他的收益75%是来自游戏，这令我大吃一惊——腾讯这么庞大的企业，他的内容创新收益占他总收益的75%，现在依然占有60%以上。

所以说，我认为时代决定了我们在版权内容的创新方面大有可为，而且必须在这个里面去创新。这也是我最后要说的：创新永无止境，保护会进一步强化。

为什么说创新永无止境？劳动的概念变了，翻页了，好像劳动是过去的；一旦结合了人工智能，可能人工智能自己去创新了。这两个阶段的分析是有一定道理，但还是会融合在一起。早期，对人工智能的开发和开发之后的深度学习，都包含了人的劳动在里面，除了自然人以外，还有自然人背后的公司。技术和人是深度融合的创造，这种创造会进一步将我们的生活面打开，透过这些人工智能的辅助，我们会对天空、对海洋各个领域进行探索。

我们应该承认人工智能生成物，我们要从客观上去看待它具备不具备创造性。这个社会需要激励创造，我们应该鼓励那些创新，而不要局限于

中华文化：特色与生命力 ◎

过去狭隘的观念。比如说要求版权客体必须是自然人的某种创造，而自然人是可以跟人工智能结合的。我们有些很好的司法判例，像深圳市南山区法院就在Dreamwriter案中，为借助人工智能实现的创作提供了保护。总的来说，创新的无止境会引领我们加强知识产权保护。我们可以先在司法实践中进行个案的判断，再通过立法予以固化，以实现新兴客体的保护。同时，对各种形式的消费或者生活状态，我们也都要给予一些保护，这是未来生活的基础，甚至逐渐成为年轻人生活的主要方式。

我们到了创新和知识生产的时代，我们自己的东西要保护，同时我们的东西走出去以后更要别人保护。国外的这些东西，我们想引进，人家有时不给你，最终核心的东西只有靠自己创造。所以我们整个国家的创新体系会重构，现在正在推行的国家实验室创新体系，就是要打破传统的国家重点实验室的做法，一个一个重点突破。我们将巨大的人力物力投入进去了，我们自己的创新当然要保护。当然，创新问题不仅仅涉及科技领域的创新，创意、文化创新也是很重要的一个面向。

我们搞知识产权的人遇到了一个好时代，因为我们现在强调强化知识产权保护，要爬坡，要透过知识产权的强大来促进国家经济社会发展的强大，最终要让我们形成的知识产权文化为国际社会接受。这样，人家尊重我们，我们也透过知识产权创造了社会财富，也满足了人民对美好生活的向往。

◇ 周氏山作

行走在世界的中国符号

我们的人生是一个艺术之旅，让一切从无到有，一切又似乎从有到无，这种活力成为我们生命的原动力量。我们从后来结交过的一些伟大人物中顿悟到，人生需要经历很多，诱惑、历练、考验、挣扎、梦想、创造，每走一步都是新的开端。

——周氏兄弟

周氏兄弟的创作现场

大家好，今天我演讲的主题是：行走在世界的中国符号。很多人都好奇周氏兄弟是谁，多年前《纽约时报》有一篇报道，文中写道：周氏兄弟是世界艺术史上合作时间最长的一个艺术组合，他们的生平读起来就像一部悲喜交集、充满令人难以想象的曲折情节的传奇小说，一路走来，很多看起来不可能的事却真实地发生了。今天我就和大家聊聊我们周氏兄弟的故事。

自从1973年我和弟弟大荒偶然间合作的第一幅作品开始，我们兄弟俩一起走过了近半个世纪的时光，这么多年来，我们一起创作，一起参与很多艺术活动，把艺术当成人生中永恒的信仰，有媒体称我们是"联体狂人"。

艺术梦想从这里开始

2020年9月份，我们在美国及全世界发行了一本传记类儿童绘本读物——《飞翔的画》，讲的是周氏兄弟童年的故事，这是我们第一次采用这种风格来画自己的故事，也是我们送给全天下孩子的礼物。

想当年，我们在祖国边陲广西宁明，在充满远古神奇，成为千古之谜的花山脚下，明江山野间，我们像许多壮族孩子一样，度过了我们平静的童年，这里成为我们梦开始的地方。那里开启了我们对外面大千世界的幻想，那里有很多神奇的故事留在我们的记忆中，小时候我们就对艺术充满了向往，幻想着长大以后成为一个画家。我记得身为教育家的外祖母曾对我们说："要想成为一个好的画家，必须要有高尚的灵魂，不管怎样，你们都要保持灵魂高贵，咱们中国人的精神都是非常高贵的。"我们记住了！这也成了我们一生的座右铭。

从少年起，我们就对自己有要求，期想自己将来会成为一个什么样的人物。我们少年时一无所有，不同之处只是在于拥有了崇高的追求，一种高贵的灵魂，才变得与众不同。

周氏兄弟创作的《海浪》

《海浪》是我们周氏兄弟的第一幅联手作画的作品，那是1973年，我们兄弟俩在广西不同的山村插队，有一天我们回到阔别已久的故居，推开门看到花园里长满了比人还高的荒草，想起童年时一起玩耍探索的美好时光，我们非常感慨，当时谁也不说话，只有一种突如其来的冲动，让我们拿起笔一左一右默默地画了这幅画。当时我们没有见过真正的大海，一切都仅凭着想象。很多年以后，当我们再看到这幅画，画面中有两个小人，小人是一片朦胧的曙光，觉得这其实就是我们周氏兄弟的自画像，周氏兄弟的合作生涯就是从这里开始的。

向西方漫游，在花山顿悟

20世纪80年代是一个非常特殊的年代，中国的改革开放给大家带来了激动人心的变化，我们那个时候很年轻，希望能走一条艺术家的道路。当年西方的文艺复兴和艺术流派给我们带来了很多激情，后来我们兄弟俩有幸到上海戏剧学院和中央工艺美术学院学习，也多次拿着画具跨越大半个中国一路向西，沿着历史遗迹去大西北漫游，我们把年轻时沿着丝绸之路的这几次穿行看作是人生里一个很有价值的壮举。

在戈壁滩，在大同石窟、敦煌壁画、永乐宫、大足石刻、霍去病将军墓……我们看到静默在历史深处的璀璨文明，看到了中国辽阔的山川、河流，还有它孕育出的中国丰厚的五千年文明。这给我们带来了巨大的震撼和很多创作灵感，我们在人类历史文化艺术的长河中遨游，怎么都吸收不尽。我们每天临摹很多画，也画了大量的速写。每天画完以后，我就把它们寄回家中，再继续往前走。当时我们非常认真，现在回想起来，我们就像苦行僧一样，那个年代，艺术就是我们唯一的追求。

这段西行经历潜移默化地对我们的艺术风格产生了极为重要的影响，好像是在朦胧中寻求一种艺术的秘密，让我们意识到什么是绘画的艺术。我们受到了中国得天独厚的五千年文化的滋润和熏陶，所以我们两人的创作一直会带有这种文化的底蕴，以及对于自身的思考。我们参悟了中国古

20世纪80年代周氏兄弟在嘉峪关

代绘画的奥秘，这个奥秘并不是绘画的表现形式和内容，而是在艺术里最重要的因素——吸引力、未知感和神秘感。

40多年以后，当我们再看到这批作品，像一下打开了记忆的盒子，这些作品都是我们凭着自己的理解，对古代壁画、雕塑的一种意临。这批沉睡的作品将会在芝加哥艺术博物馆展出，在这之前它们从没有对外展示过。20世纪80年代是我们周氏兄弟艺术的思想探索、吸收西方艺术元素，并走出自己独特艺术道路的时代。那是我们人生中最血气方刚的时候，我们想通过创造自己的艺术语言，来表现这个民族的历史、人类的文化和思想，我们当时把艺术看成是一种神圣的宗教力量，我们没有导师，我们所做的一切也没有先例。

《金鼓长鸣》《绿色摇篮》《花山之谜》《生命的颂歌》这四幅长卷，我们曾经画了两三年时间，画完又被我们破坏掉。为什么？因为怎么画也脱离不了传统的影子，脱离不了西方绘画的影子，怎么也跳不出这个魔咒。周氏兄弟在哪里？我们只有找到属于自己的一种独特语言，才能大声呐喊。那时候我们非常痛苦，每天夜里画画、思考，工作到早上四五点钟。

直到有一天，我们离开工作室，出去走了一圈，最后回到了我们曾经生长过的花山。花山在广西南部左江、明江近百公里流域内，数百处悬崖峭壁上，那些来自远古时代的岩画艺术忽然给我们带来另一种顿悟。这个神奇的花山在当时是一个沉睡了几千年的艺术，没有太多人知道它的存在，直至联合国教科文组织列举了世界上140多处古代岩画，中国当时还是一片空白。所以很多人后来说广西的花山是因周氏兄弟而得名的。当我们看到花山，我们就一直在思考，这个花山气场多么强大，有200多处花山岩画，40多米高，1900多个人物，矗立在天地间，花山崖画就像一个永远猜不透的谜，它对我们的吸引是不可抗拒的。我们多次驾着小船，在花山脚下游荡，反复凝望，苦思冥想，每次都被那朴实而动人的形象激动着，困惑着。我们想起人类艺术的几个高峰，从文艺复兴时期创作的教堂壁画，到文艺复兴三杰，到19世纪的巴黎卢浮宫很多人类艺术的精品，我们再回来看花山，为什么这些极其简单的形象和动态却表达出了那么复杂而有内涵的内容，阵成格局，气壮山河。

我们找了个小竹排泛舟夜游，晚上点着柴油灯带着画纸在那里画画，望着天上的星空，看着眼前隐隐约约的壁画朦胧在月光下，好像有生命在浮动，当时我们几乎说不出话来，无法去评价，但我们明白，看见它就看见了艺术的奥秘。它的神秘感和气场，与人类在教堂里营造出来的艺术和谐，以及极其精妙的绘画是相通的，让人回到了童年，给我们带来一种艺术思想的顿悟。这正是我们一直苦苦追求的艺术答案。

成功以后有自信心是正常的，但是人生的可贵之处，就在于你在一无所有时就相信自己能行，这才带来后面神奇的一切。

——周氏兄弟

20世纪80年代的中国涌动着很多创造性的艺术，涌动着许多对艺术探索的激情。我们的恩师张仃先生也是中国现代艺术的领军人物，1982年，由他策展，中央工艺美术学院美术馆第一次展出了我们的壁画作品。1985年2月，中国美术馆也举办了我们的大型画展，那是一个划时代的事件，当时个人画展要进入中国美术馆展览基本上是不可能的，那时中国刚开始改革开放，我们的很多老师包括一些大师级人物都没有过个人画展。一个圆厅，四个大展厅，180多幅作品，布满了中国美术馆四个大厅，这在以前是从来没有过的。展览开幕时，我们忍不住有点泪湿，我们真的是靠着对艺术的执着追求，让我们能够在中国美术馆的大厅里展出那么多自己的作品，觉得像做梦一样，同时也给了我们一种很强的自信心。

那时很多人看了我们的画展觉得很新鲜，给人眼前一亮的感觉，是以前没有见过的。人们说以前很少看到这种充满生命气息、气势磅礴的画作，用色线条那么大胆、抽象，这是在艺术上走得太远了，就一下子走到天上去了。当时很多前辈，也是中国最重要的艺术大师，像刘海粟、李苦禅、吴作人，还有张仃、李可染，他们看到我们的作品时都很振奋，中国当时很多标榜"现代绘画"的作品，要么不够新颖，要么就是完全在学西方，而我们的作品深深地打动了当时老一辈的艺术大师。

刘海粟先生看了我们的展览非常激动，当场就题了一幅很大的字："环伟博达，开创一代新风，观周氏兄弟画展，真气流溢，来日未可量也。"我们觉得自己太幸运了，这些大师们都是我们年轻时非常崇拜的艺术家，想不到我们能够有幸见到他们，并得到他们的欣赏和关爱。那时刚开放，大家还是会关注艺术思潮有什么新的东西，我们的艺术引起前辈们新的思考——在艺术上可以有这样的画法吗？可以走得那么远吗？我们的艺术也是建立在中国南方的原始艺术基础上——花山，大家第一次听说，这太神秘了，认为我们的艺术是民族文化的报春花。

在那个年代看报纸，德国的约瑟夫·博伊斯、美国的安迪·沃霍尔都有点国家英雄的意味。有一天晚上我们在学校对面的小馆子吃水饺，突然间听到中央人民广播电台广播说周氏兄弟画展轰动北京，我记得《中国日报》《人民日报》《中国青年报》《广州日报》，还有《民族画报》，很多媒体都一起报道了。一个画展能够引起那么多媒体的关注，从来没有见过。我们当时也非常激动，觉得自己创造出来的东西能够被大家接受，这是我们艺术生涯中一个非常重要的阶段。后来这个展览巡回到南京美术馆、上海美术馆、桂林美术馆展出。当时我们应该是中国第一对在大型博物馆做全国巡回展的艺术家，周氏兄弟的花山岩画在全国唤起了很大的一种风潮，成为当时中国文化艺术界的大事件。

关于东方西方，一般是中国的文化人和艺术家谈论的问题，至于东方文化和西方文化哪个更高，哪个更有特色，这是没有答案的命题。身为艺术家，不管是东方还是西方，一定要拿出自己独特的创造，所以这个展览以后，我们就想能不能有机会到世界上更大的舞台去展现自己。

一个真正的开始

直到现在，我们还清晰地记得1986年11月，母亲在南宁机场和我们挥手道别的场景。那时我们怀着在世界上展现东方艺术家的梦想与追求，带着30美金和一箱画踏上了美国这块土地。我记得刚到芝加哥时，迎接我们的是一片白茫茫的大雪，就像一块白色的巨大画布，对于周氏兄弟来说，一切都是从零开始，好像整个世界都是未知的，一切也都是有可能的。那个年代，很多从中国过去的艺术家都在纽约街头画肖像，20世纪90年代初，我们去纽约的时代广场，看到整条街上都是画肖像的艺术家，画得好的多半是中国画家。

那一年，我们连续办了三场展览，这在平常根本是不可能的，我们就喜欢不按常理出牌。在美国我们不会英语，没有任何关系，口袋里也没有钱，有的只是一份从中国带来的一种自信心，我们相信能用画笔改变这一切。

《芝加哥之梦》就是在我们去到芝加哥几个月之后创作的，这一幅充满梦想和激情的画作，也是周氏兄弟的自画像。后来这幅作品被收藏了，一直陈列在芝加哥一栋地标式大楼的大厅里。还有另一幅《生命交响乐》也被收藏。

我们觉得艺术要想能够有地位，并受到人的尊重，就一定要有自己独特的面貌，在这个圈子里也要有自己的声音。不忘初心是什么？不忘初心是你需要见得很多，然后还需要有勇气去抛弃很多东西，最后走出自己的道路。

二战后，美国渐渐成为全球现当代艺术的重要中心，全世界的艺术家都聚集到这里，就像19世纪的巴黎和文艺复兴时期的佛罗伦萨一样。所以，在20世纪80年代，一个艺术家如果在纽约成名了，也就意味着在世界成名了。

纽约军械库展览是周氏兄弟在美国的首次亮相，军械库展是1918年从欧洲现代艺术第一次引进美国的一个展览，在艺术史上非常重要。停了很多年之后，1988年，军械库展览重新开启，当时我们是唯一参展的中国艺术家。一个洛杉矶的画廊把周氏兄弟的画展作为主题展推出，这个画廊签约的都是艺术史上很重要的艺术家，像毕加索、罗丹等，我们的作品就和他们的作品摆在一起。结果没想到这个展览大获成功，17幅作品卖掉15幅，我们觉得非常自豪。在美国早期，像纽约军械库展览、芝加哥国际展，周氏兄弟的身影是唯一的中国身影。

那时候的世界，从电影到文学作品，好像都喜欢表现中国20世纪30年代落后的模样，让西方人有一种居高临下、自我感觉良好的心态，但我们周氏兄弟觉得，我们应该向世界展示一些中国人骨子里最优秀的东西，别人才会真正尊重你。我们来到美国后，从没有为了生存要去迎合西方人的审美，或是为了满足个别猎奇的需求而改变自己的画风。我们向他们展示的就是具有东方文化的作品。

很多西方人看了我们的作品会深深着迷、

90年代，周氏兄弟创作的大型画作《生命》

会流泪，为什么？我想最打动他们的核心因素是我们有幸抓住了现代艺术最本质的东西，艺术首先要独特，要有自己的个性，要坚持自己所走的道路，在我们以灵魂形象为主题的画面中带着很深的中国文化的根，有一些非常古老的东西，这些也得益于我们在中国这些年来对艺术漫长而痛苦的探索和跨越。这个形象也是我们到美国阶段的一个人物形象的重要体现，是经过提炼后表现出的一种生命状态的符号。有时候就那么几根线和符号，即便只看到画面的一角，也能从它所散发的气息中认出这是周氏兄弟顶天立地的形象。

与太阳共舞，永不放弃

我们的艺术主体都是与人类和命运相关的，我们很多画作里的形象都是在表达人与自然、历史、未来之间的关系，想与太阳同飞，与太阳共舞的人生主题，从始至终，我们一直贯穿着这条线索。如果你看到我们的作品，你会感觉到背后有一种巨大的推动力在引领着你。在很多作品里，都有一个昂然阔步的生命形象，从20世纪90年代开始，我们一直在重复着这种形象，这是一种我们认为的正气和能量的表达，它属于人类最本质又神秘的力量，它昂然向上、往前迈步，它的脚是稳健的，手像是可以飞行起来，它拥抱世界，有人类最本真的精神气质在里面。其实我们的绘画上有很多象征性的符号表达，有很多深刻的含义，有些作品有点东方式的，是一气呵成的。有些作品中则有非常欢腾、愉悦的人物形象，也是人性中在各种情景的表达，很多时候也是我们的自画像。

人民网曾经发表过一篇社论文章说，周氏兄弟是走向世界文明的中国符号。艺术是纯粹的，来自自身的热爱和追求。无论我们的艺术是在哪里诞生的，最后仍是东西方文化的交融，在我们的人生经历里加进了更多开阔的视野和独特的思考。

我们兄弟俩的艺术合作，在艺术圈里一直是个神秘的事。我们的工作室没有人能随意进来，我们的藏家、关注周氏兄弟的人都曾有一种好奇的心理，周氏兄弟是谁？他们是怎么画画的？又是怎么共同完成一幅作品的？1994年，我们从德国博物馆巡回展回到美国波特兰博物馆展览，当时策展人有个想法，想让我们周氏兄弟现场作一幅画，觉得周氏兄弟的创作奥秘应该让观众知道。那是我们第一次现场表演，后来我们应邀参加了第15届芝加哥国际艺术博览会，创作大型装置艺术，在芝加哥海军码头，这是世界上八个最主要的国际展之一，每年选择一位特殊的艺术家作为国际展的主题展。我们用3500平方米的油画布覆盖了整个海军码头，同时装置了15块高低不同的白色风帆。开幕式上，我们先用画笔画下了第一笔符号、人物的形象，旁边有一个大卡车的颜料和画笔，所有参与的人都可以

随意在上面画画。有超过一千人参与了这幅油画创作，我们给这幅作品起了个诗意的名字《风·智慧》，这应该是目前世界上最大的油画了。

现在我们回头看，我们其实是孤军作战的，20世纪90年代中国的现代艺术家们举办综合展时，我们正活跃在欧洲的舞台上，周氏兄弟走的道路与中国艺术家不同，和西方的艺术家也不同，我们有我们自己的道路。我们觉得每个大师都建立了一座自己的山峰，周氏兄弟要真正能够在这个舞台上立足，也应该去建立、完善自己的一座山峰。比如说在中国传统艺术和西方古典艺术中都有非常丰厚的养料，但在吸收的同时还得有勇气去抛弃一些东西，这是作为一个艺术家最难的事情。

我们后来与德国当时很著名的艺术家，像乔治·巴塞利兹、A.R.彭克，还有格哈德·里希特等都成了好朋友，我们的作品很多次出现在同一

《风·智慧》——芝加哥海军码头的油画和装置

个展览上，我们都是当时活跃的那一批艺术家。1992年，我们去了德国。1994年，我们在欧洲举办了六大博物馆巡展。1996年，我们获得了最重要的"海伦基金奖"，这个奖每年都会颁给一位国际艺术家。当时没有思想准备，听到我们名字的时候挺激动的，给我们颁奖的是德国一位很著名的影视演员，他作为藏家发表他的感言，他说："周氏兄弟的艺术，改变了我的人生。"他说着就有点要流泪的样子，其实我们在台下也热泪盈眶。德国艺术界后来回顾说，从来没有哪个艺术家像周氏兄弟一样，短短的10年时间里，就能够在德国家喻户晓。

在我们的人生中还有着一些特别难忘的历史时刻，因为那些年我们在欧洲非常活跃，到了2000年，我们接到了达沃斯世界经济论坛的邀请信，当时并不知道这个盛会有多重要，有媒体评论说，这是一个人类历史上从未有过的最有权力、最富有、最有智慧的群英聚会。全世界重要的人物都在场，所有的政治领袖、经济巨头、文化精英都云集在这里迎接这个新世纪的到来，大家坐在一起探讨怎样把新世纪创建得更美好。他们邀请我们在这个历史交汇点的盛会开幕式上进行一场绘画表演。我们刚到房间，就看到房间里已经有了30多个采访邀请信，CNBC的记者采访问：周氏兄弟这次要传递什么信息？其实我们当时也不知道。

当时整个会议大厅座无虚席，我们看到舞台上的东西都已经准备好，台下坐着300多位政治领袖、1000多位经济巨头、600多名来自全球的媒体人，而整个达沃斯论坛的开幕式是从周氏兄弟作画表演开始的。

我们整个绘画过程持续了45分钟，在全球瞩目的聚光灯下，台下鸦雀无声，我们在5米×8米的画布上，作了题为《新的开端》的现场绘画表演，以我们独特的艺术

形式，传递了当代艺术对新世纪、对人类未来命运的重要信息。画面上的符号其实是带有东方式的，象征着人类跨越新世纪，迎接新的开端。我们站在这个舞台上也是唯一的东方面孔，这让我们感到非常自豪。这幅画完成以后，克林顿代表政治领袖向新世纪进行致辞演说。从那天开始我们就感觉到，整个世界都在传递一个信息：Open a new beginning, everything is new。

这是我们永生难忘的时刻，我们没有想到艺术跟人类竟然有这样紧密的关联，我们只是希望从艺术的幻想中，把生活中不能实现的东西能够在艺术上有自己的实现。当我们真正感受到艺术跟人类、未来生活的交融，作为来自东方的艺术家，我们也感受到了站在世界舞台上的一种自豪感。梦想是什么？也许一开始它只是我们想象中的一种虚幻的东西。但当你坚持做自己喜欢做的事情，追寻自己一生热爱的梦想，坚定地迎着太阳往前走，就必将成为一个在某个领域有价值的人。

瑞士达沃斯世界经济论坛开幕式绘画表演中创作的《新的开端》

美国芝加哥工作室里周氏兄弟在创作

艺术创造无限荣耀，一切皆有可能

2011年，我们在芝加哥工作室创作了一幅油画作品——《八位美国总统与中国长城》，它和平时创作的作品风格不同，相对有点具象，它是一个特殊的国礼，要作为美国的国礼送给中国的国家主席。在白宫官网专访视频里有一段我们周氏兄弟面对白宫记者的采访：我们用一根红线表达了中美之间前途是光明的，道路是曲折的……这是从艺术家的角度出发，表达出的一种美好愿望。这幅画创作完成以后由空军一号直接运到白宫，这幅既有东方神韵，又有西方风格，同时体现周氏兄弟独特画风的作品使得白宫内外叹为观止，竞相称赞。这件珍贵且独一无二的礼物，也成为中美关系上的一个艺术结晶。

我们还有一个雕塑作品叫作《生命之环》，也是作为一件特殊的国礼在2014年核峰会议上由美国前总统送给中国国家主席，这两次事件已经

雕塑《生命之环》

超越了艺术本身的含义，古往今来，艺术一直都是带有象征意味的独特载体。2018年，《人民日报》曾发专题评论说，周氏兄弟是美中友好往来的艺术大使。离开中国那么多年，作为远离故土的艺术家，我们也非常自豪、高兴看到中国这些年来的发展与强盛，我们有责任和使命能让艺术成为外交的使者和桥梁，我们的作品也会始终如一地带给人一种积极向上、永不放弃的力量。

一路走来，如果把我们所获得的荣誉全都列出来，可能需要极大的篇幅，而当一次又一次意想不到的"荣光"毫无征兆地降临后，我们总会想，在我们兄弟心中真正向往的到底是什么？这也是我们一直在思考的人生与艺术的哲学命题。2014年10月16日是周氏兄弟艺术中心成立10周年，伊利诺伊州州长立法颁布，将每年的那一天定为"周氏兄弟日"，以表彰周氏兄弟创造出来的艺术影响了周边的社区、城市，影响了世界，给人类生活和历史增添了色彩。一年后的同一天，"周氏兄弟艺术中心"前的道路被更名为"周氏兄弟路"。我记得那一天有上千人在我们艺术中心前的广场欢呼，有军乐队鼓手沿着艺术中心穿行演奏庆祝。这一幕令人激动，终生难忘。根据西方不成文的规定，这个以我们名字命名的节日和道路将会世世代代相传下去，除非重新立法废除。艺术创造无限荣耀，这也恰恰印证了"艺术创造一切，一切皆有可能"。

从广西到北京，从中国走向世界，我们的经历，就像一颗种子在空中飘落，慢慢在这里生根发芽。我们在美国居住的地方叫侨港区，以前是没有艺术家的，当时我们也不知道为什么选择这里，只不过是要找个工作室，有一天我跟我弟弟正在转的时候，二楼有个老太太说："你们再不走我就叫警察了！"她感觉我们东张西望的，有点不像好人。多年以后那个老太太我们都认识了，她说："谢谢你们来到侨港区，把侨港区变成更好的侨港区。"现在前面的道路也被命名为周氏兄弟路，就是当

中华文化：特色与生命力 ◎

2015年周氏兄弟路揭牌仪式在美国芝加哥周氏兄弟艺术中心前举行

年我们差点被赶走的地方。

回想2003年，我们成立了周氏兄弟艺术中心，这是一个近10000平方米的五层建筑。当我们买下这栋楼的时候，这里只是一个废弃的仓库，什么也没有，我们凭着感觉做了一个决定，想把它做成一个艺术中心。其中还有个缘由，1996年，我们开始在德国汉堡教课，教"大师班"，一般三至五个星期，1997年在英国，1998年在萨尔茨堡，后来的20多年我们都在欧洲教学，每年都有50多个学生从世界各地前来，有些学生跟随了我们七八年。因为艺术家群体其实是非常特殊的群体，他们是非常有创造力的，但也是比较贫穷的，我们就想能不能创造出一个平台，让艺术家能在这里展现他们的作品，交流他们的艺术思想，这也成了我们的一个梦想。

很多人都说作为艺术家，我们那样做简直是疯了。因为要维持这样一个综合的艺术中心，费用之高是可想而知的，光每月的煤电水气费就不少，而且还增加了10倍的地税。这些年来，我们并没有任何外力或资本支持，就是用自己的一己之力让有才华的艺术家走进来，给他们提供一个港湾，因为我们自己是艺术家，经历过了很多，意识到为艺术家创造一个纯粹、不受任何外力干扰，还可以相互交流，培养创造力的氛围是多么重要。没想到，当初这个看起来很疯狂的一个决定，最后却为芝加哥这个城市造就了一个文化地标，它的存在就像北京的798、纽约的SOHO艺术区。

在我们的艺术中心经常有音乐和各种表演，还有60多个艺术家的工作室，每月的第三个星期五，所有画廊的画展和艺术家工作室会全部免费对外开放，往往有两三千人参加，很多喜欢新潮和艺术的年轻人特别喜欢我们的艺术中心，好像这里有一种特殊的吸引力，有一种无形的磁场。有时候我们走在街上，有人惊喜地喊我们的名字。回头看，也不认识，他们应该是到过我们艺术中心的人。

2019年，周氏兄弟艺术中心从2000多家艺术机构中被海选评为"全美第一具象美术馆"，《纽约时报》将它评为芝加哥五大必去地之一，报道上说：自1986年周氏兄弟来了之后，这里已发展成为芝加哥最重要的艺术聚集地；奥巴马最大的基金会筹款活动就在周氏兄弟艺术中心。早在1991年，我们就创建了自己的艺术基金会，想给世界上我们认识的一些朋友，作家、画家、摄影家、诗人在芝加哥提供一些居住和创作的便利。当时在我们雕塑花园旁有5个不同的艺术家工作室，我们提供3到5个月时间，让他们可以在这里免费居住、创作，对年轻艺术家来说应该是非常有帮助的。这些驻地艺术家每年由世界各地的政府选拔，从1991年到现在，我们总共资助了1000多位艺术家，我们一直在默默地做着这些。

西方社会一般更讲究个人主义，没有人做这种事情，我们年轻时在中国曾经得到过老一辈艺术大师的关照和关爱，当我们有一定能力的时候就很自然地想资助一些艺术家，包括我们认识的朋友，一些朋友的朋友。这些年一直做下来，我们也没有要求任何回报，因为有才华的艺术家挺不容易的，他们是一群有着特殊追求和创造力的人，如果我们能有条件为他们做些什么，是一件很有意义、值得高兴的事情。

其实这几十年在美国我们做了很多，同时这个社会也给了我们很多荣耀。2006年我们获得了"林肯金质奖"，我们在发表获奖感言时非常感慨，因为里根总统也曾是这个奖的获得者。作为一个艺术家，我们只是做着非常平凡的事业，获奖对我们来说是一种鼓励，是东方艺术家在世界上得到的一种认可和尊重，也鞭策我们更加努力向前。

2007年，我们在中国出版了一本传记，名为《周氏兄弟——一对艺术家征服世界的传奇》。每个人身上都会有奇迹发生，我们兄弟俩一路走来，创造了很多人生的奇迹。所以每个人一定要去坚信自己会拥有奇迹，这种信念其实就是一种不断地往前走，永不放弃的人生态度。我们这么多年来创作的作品，所表达的也正是这样的精神。

在跨文化的对话中胸有成竹，气定神闲

这十年来我们周氏兄弟渐渐开始回到祖国发展，2015年，我们在北京创建了一个几千平方米的工作室，凡是去参观过工作室的人都无一例外地被巨大的能量场震撼到。我们在这里创作了《生命的莲花池》系列作品，这是我们艺术上的一个升华。这批作品和我们以往的作品相比更自由了，色彩也更跳脱丰富，它关乎我们内心对故土的一种情感。当人生有了太多的经历以后，看待世界的眼光也不一样了，它表现的是一个非常自由的、抽象的、充满幻想的世界，不再受笔墨的约束，自由地绽放自己，就像是生命进入到一种"这个就是你的世界"的感觉。

还有一幅充满巨大能量和气场的画作《生命》是我们在工作室当场做画完成的，大概10米高，30多米长，在艺术家周氏兄弟的视频号里可以欣

赏到整个作画过程。里面的符号不是单纯的符号，带有即兴的中国水墨书法，在含蓄中蕴藏力量，但又融合了西方绘画艺术上的视觉冲击，所以从这个作品中可以看到，我们将东方的、西方的，还有周氏兄弟的风格，融为了一体。

我们曾在这个自由的世界里创作了一幅近10米高的大幅画作《飞人》，这是耐克公司邀请我们创作的一幅画作，现在悬挂在上海南京东路的乔丹旗舰店。乔丹是我们的藏家，也是我们的老朋友了，我印象最深的是我们在美国卖出第一幅作品时，有一次跟乔丹喝酒，他谈到人生中一场重要比赛，最后投出去的三分球，他说当时他的感觉就是：中了！那是一种势不可当的信心。这30多年来，从"一切皆有可能"的幻想开始，我们的人生经历了很多事情。一个人成功背后的可贵之处，在于善于幻想与保持自信，只有有了自信才会带来这一切的可能性，特别作为一个东方的艺术家，我们深深地亲身经历了这些。

今天恰好在中国版权协会，我们不久前听说《飞人》这个作品被万科旗下的一个地产开发样板间盗版了，不光把我们的签名抹去了，还刻意地篡改了画面的颜色，我觉得这是对艺术创作的一种极大不尊重。我们应该拿起法律武器来保护我们的知识产权，后来他们承认了错误，也罚款了，也是一种进步。

破坏与创造

有些朋友说周氏兄弟的画太抽象了看不懂，其实画是不需要完全看懂的，这幅画给你带来什么样的感受，艺术跟你有一种怎样的呼应和交流，因人而异，它不需要像过去的古典绘画，好像看图识字，这个是苹果，这个是杯子，这些已经太简单了。现在主要是去感受它，自己跟自己交流，有什么想法都是可以的。而且我们的创作跟一般艺术家有点不同，因为是两位艺术家，有时候我精心画的，自认为不错的东西，一回头大荒竟把它全部涂掉了。但我不会生气，因为这自由随意的即兴创作，它需要把一个美好的东西当众摔到地上那种悲剧色彩，但是又需要有一种和谐，这种分寸感是比较难做到的，所以我们两个人的这种特殊的创作方式便是破坏与创造。

雕塑也一直是我们周氏兄弟在艺术上的另外一个幻想，我们在德国和英国做了很多雕塑，最早是木雕，后来换成了铜。几年前在内蒙古的鄂尔多斯，我们做一个了15米高，名为《太阳鸟》的雕塑，表达一种人跟土地跟大自然的关系。大自然中，除了自然的景色，那就是雕塑还能创造出一种神奇的气场。所以我们在2006年时在美国密歇根州买了一个1800亩的庄园，我们随意地在不同的地方，根据不同的地形变化，创作了很多雕塑，大部分都是铁的，有一些是铜的。在冬天的白雪中，这些雕塑产生的气场是非常特殊的。这个雕塑庄园一般不对外开放，只是朋友一起在那玩。我们曾经邀请了来自世界各地的很多著名诗人、作家，一起在那度过了难忘而美好的时光。

感觉就是自由神

现在我来谈谈我们在欧洲20多年的教学生涯。1996年，我们第一次在德国汉堡开展教学，自那以后便一发不可收，后来到伦敦，到萨尔茨堡，一教就是20多年。我们希望跟他们在一起谈论艺术，帮助他们形成自己的风格，周氏兄弟的哲学思想就是"感觉主义"。德国有一个著名的艺术家叫博伊斯，他的艺术理论就是"想象就是形体或者形式"，他是非常理性的，但周氏兄弟的艺术哲学和思想就是"感觉主义"。为什么呢？因为艺术上有一些是只可意会不可言传的东西，就靠你去感觉。

"感觉就是自由神"，这是我们在20世纪80年代初从艺术中发展起来并开始意识到的一种哲学。我们认为这很重要，因为它来自我们自己的艺术发现，已经成了我们成功的关键。这不仅仅是哲学本身，这也是一种新的生活经验，不能用语言来描述，只能感受它。这是我们的魔法钥匙，我们称它为万能钥匙，一把可以开启不同门锁的钥匙。我们在20多年的欧洲教学中，一直把这把钥匙传递给所有的学生。一些评论家也说："周氏兄弟教会了西方的艺术家怎么成为更好的艺术家。"

　　看一个国家和民族可以给世界、人类什么贡献，并不只局限于它创造了多少物质，还要看它的精神文明有什么新的思想，闪烁哪一种光辉，是不是给人类创造了一种更美好的愿望。

——周氏兄弟

　　艺术总是在不断地往前走，生活也是。有人曾问我什么是艺术？我想一切东西做到极致其实就是艺术。这些年回到祖国给我们感受最深的，就是看到中国日益强大蓬勃的发展变化，如果能为家乡做些什么也是一件非常高兴的事。2012年，我们在《鲁豫有约》的采访现场创作了一幅作品，拍卖了一千万。鲁豫问我们："这笔钱捐赠给哪里？"我们想应该捐给广西的革命老区，听说那边的生活还是比较贫穷。当时跟鲁豫，还有北京共青团，大概有30多人，说我们要一起做一件事，这件事不能对任何朋友说，做好事是不能说的。新年第一天特别寒冷，我们一行人专程赴广西百色，坐着一辆面包车，去给贫困山区的学校孩子们送温暖。2019年是广西大学的百年校庆，我们也给学校捐赠了一幅画作和雕塑，同时也给他们捐赠了200万，设立了周氏兄弟杰出青年贡献奖，这些也都是对家乡人民的一种回馈吧。我们在国外生活了很多年，但我们的根在中国，不管走多久，行多远，中国五千年的文明历史和广西这片土地孕育出的远古文化，永远给予着我们无穷的底气和自信，使得我们在艺术的海洋里，始终能够从容淡定，气定神闲。

我想周氏兄弟的出现，不是偶然或自然而然的，而是一种为梦想前行的抱负。为了把梦想付诸现实，我们有意识地合二为一，形成一股特殊的力量，创造出今天的周氏兄弟的符号，从今往后世界上可能再也不会出现第二个周氏兄弟了。从我们梦开始的时候，我们就一直在追求着理想中的周氏兄弟，而在我们的心里，艺术之梦是永恒的、神圣的，是不可磨灭的向往。我们只有不断地往前走，永不言弃。

中国画的过去、现在与未来

◇ 崔如琢

　　我是中国画家，我讲的话题是老话题，这个话题可能在座的很多朋友都有很深刻的见解。我站在一个画家的立场，谈谈中国画的历史、现状和未来发展。

　　在谈问题以前，我先谈谈我自己的一些感受。我在纽约的时候，看到《纽约时报》有一篇文章，文章的标题是《从开封到纽约》，开封就是800多年前北宋的首都汴梁，这个文章讲，800多年前的汴梁是当时地球上唯一人口过百万的城市，其GDP占当时全世界的85%以上。

　　前几年，我们故宫博物院举行太和大会，这个大会有着悠久历史。会上提到，全世界有24个相当有历史的文明古国。回想起地球上的这些文明古国，到今天，还真正能够在地球上有影响的、最大的，也就是我们中国、我们中华民族了。

　　我为什么讲这个？讲艺术为什么又讲到这段历史？因为中华民族走到今天，从宏观上看历史，我们这200年来变化很大。尤其是从1840年鸦片战争发展到今天，这100多年来，中华民族经历了西方列国的政治、军事、经济、文化全方位的侵略，在这样的历史条件下，我们不但在政治、经济上受到冲击，对于一个艺术家来讲，我们中国画受到的冲击更加严重。大家回想，刚才讲到我们的历史，中国的历史有人说是三千年，有人说是五千年，三千年也好，五千年也好，在这几千年的历史中，我们中华民族在全人类、在全世界都是最强大的，尤其在文化上。可是这100多年以来，我们变化很大，作为艺术家来讲，尤其对中国书画艺术的发展，我自己的感受和想法更多。

下面，我想从三个方面来谈谈中国的艺术。艺术不只是中国书画，还包括油画以及当代艺术。

我先简单谈谈油画。

2016年，我在俄罗斯圣彼得堡和莫斯科搞了两个大展，各举行了三个星期。在开展之前，我的助理到了俄罗斯，当时驻俄罗斯大使李辉负责牵线联系展览的事宜。最初，俄罗斯列宾美术学院的米院长谢绝了我的展览。他说，第一，你们中国画家的展览基本上是在莫斯科大使馆的文化厅，因为你们画太小，我们博物馆太大，没法给你们展览。第二，我们这个展厅的展位太贵，一天要50万新卢布，相当于人民币50万元。你们考虑是否来展。

当时，我这个助理是北京大学考古系毕业的，他修养不错，回答得很精彩。他说，我们中国艺术发展到今天，油画艺术受你们苏联影响了很多年，但你们对我们中华民族的艺术有很多误区。

大家都知道，50年前乃至70年前的中国对于俄罗斯的艺术是很崇拜的，对俄罗斯的画家也是如此，例如列宾、苏里科夫、谢洛夫、列维坦等画家。在那时的中国，中国画处的历史地位反而是很可怜的。甚至新中国成立之初，中央美院有人公开提出来不要再画中国画了，把中国画系解散吧，中国画太陈旧了，不能为人民服务。当然这种观点后来受到了批判。

话说俄罗斯列宾美术学院的院长最初对我到俄罗斯开展览采取了蔑视的态度，我们这位助理讲：我们这位画家正在北京故宫博物院进行大展。

米院长听了以后，说我们俄罗斯的艺术家在冬宫和莫斯科的博物馆不可能进行展览，你们中国怎么能允许当代活着的画家在故宫开展览？当时谈到这个程度以后，我就告诉我的助理，我说你可以跟他讲，我们欢迎他到北京来看看我们故宫的大展。其他的见面再谈，关于展览见面再交涉。我们给他定了头等舱的机票，住在北京饭店的贵宾厅，离故宫很近。

他来了以后，到故宫博物院的午门大展去看了。我去的时候，他正在那儿等着我，表示参观展览很激动。后来他说，没有想到你们活着的艺术家能够在故宫午门举办这么规模的大展。看了以后，他很感慨，也讲了很多赞美的话。

第二天晚上，我请他到我家晚宴。他到我家以后，我给他拿了一部分我的画和我的收藏给他看。他说，到了故宫看完展览以后，我们有个新的决定，这次你到俄罗斯开展览，一个是圣彼得堡，一个是莫斯科，在两个博物馆展览，完全免费，原来说是50万新卢布，现在一分钱都不要，欢迎你来开展览。

所以我在俄罗斯的展览很顺利，有很多画家朋友都去了。我们也参观了冬宫和莫斯科，看了很多俄罗斯博物馆的收藏。

我这次在俄罗斯的展览，让我回想起20世纪50年代，中国画在中国的美术界是颇受歧视的。那个时候，美术学院的学生毕业以后，油画系的同学都是很受尊重的，而中国画则不然。那时候，美术界对中国书画的认识有一种偏见，就是中国画不能画大画。对此，当时的浙江美院院长潘天寿先生公开提出了自己的观点，他说：在地球上，在艺术界有两座大山，一个是西方的油画，一个是东方的中国画，这两座大山各有千秋。应该拉开距离，民族的才是世界的。这是潘老提出来的。

可是，我们回忆下，从鸦片战争以后，我们中国画的发展这100多年以来是很坎坷的，尤其是对油画的认识如何定位，这个问题到现在我们也没有搞清楚。

我们在俄罗斯开完展览以后，中国驻俄罗斯大使馆举行了一次活动，很多朋友都在活动上发了言。当时我就讲，这次俄罗斯展览，令我回想起我们中国画的发展，回忆起油画代表的人物，像徐悲鸿、刘海粟、吴冠中等油画家。如何给中国油画定位，我们还一直没有对我们年轻一代艺术家和学生们讲清楚。

在莫斯科、圣彼得堡展览时，我和米院长进行过交流，我就问他，你们俄罗斯的艺术从哪里来？他说，我们俄罗斯的油画是从西欧来的，那你们怎么给自己的油画艺术定位？他说，我们俄罗斯的油画和西欧是不能相提并论的。在欧洲艺术品市场上，列宾、苏里科夫的画是很少有人买的，价格很低。我接着说，我们中国从1949年到现在已经学了你们70年了，你们给中国油画做一个定位。米院长笑了笑就说，你们中国的油画不像是油画，列宾画《伏尔加河上的纤夫》时，他先画了很多素描稿，然后再进行油画创作。你们现在的油画界基本上是画照片。你们这油画根本就不对，你们这油画是不行的。

前两届的全国美协主席靳尚谊先生也讲过这个问题，他表示，我们画了那么多年油画，才意识到中国油画的艺术水准和西方是不能相提并论的。我如果有来生，我不会再画油画。

我不是否定油画。中国需要油画，中国油画也发展了100多年。但是如何给油画定位，这是一个课题。如果不解决这个课题，有些事情难以理顺。比如说，1949年考美术学院需要考素描，中国画系也一定要考素描。现在70年过去了，现在的学生还要考素描，还要考色彩。可是大家回忆一下，我们公认的一些中国画的艺术大师，赵之谦、任伯年、吴昌硕等代表人物，也是近100年来有代表性的画家，一直到后来齐白石、徐悲鸿、潘天寿、傅抱石、李可染、李苦禅、张大千等等这些大家，他们的艺术水平在新中国成立后都有了一定发展。但是他们主要成就是在民国时期。1949年到现在，我们培养了至少有上千万毕业生，可是在国画界我们还没有培养出能够代表中华民族水平的艺术家。这令人深思。

20世纪，大家公认的、比较有成就的画家就是黄胄先生。在中央美术学院大家公认画得最好的就是周思聪先生。20世纪70年代初，我问了周先生一个问题：您认为中国画发展到今天，存在什么问题？在你们中央美院，大家公认您是艺术程度最高的，您和黄胄比一下，您感觉如何定位？他说我不如黄胄，我的艺术成就、我对中国画的理解和创作上不如黄胄的。他谈得很诚恳。他说：在中央美院，我们的美术教育、中国传统画存在着很严重的问题，就是传统边缘化，中国太强调素描。因为当时在中央美院，油画也好，国画也好，要是不画素描那是不行的。所以很多朋友也提出来，要把素描取消。可是到现在，要考中央美院及其附中的话，还是和70年前没有什么区别。

后来，我提出来一个观点：现在中央美院培养的中国画系的学生基本上是转基因的，所谓中西合璧实际上就是转基因。你看，现在哪个艺术大家能够和已故的大师相提并论？没有。所以我认为，这就是中国画的现状。这种转基因的教育何时改变，如何给中国画定位？这是个现实问题，但好像很少有人思考这个问题。

我在故宫开展览时，时任文化部部长陪着我看展览，我跟他谈了这个问题。他说，你今天谈得很重要，过一段，我到你家去继续谈谈美术学院的教育、教学改革问题。但此事未果。这个问题是很普遍的问题，现在美术界的负责人都是在这个老体制下培养出来的，没有人明确地提出来中国画的改革问题。

我跟一些朋友讲，中国艺术品市场挽救了中国艺术，为什么呢？在中国艺术品市场上，已故艺术大师的作品创造了很高的艺术市场。可是，现在那些得金奖银奖的美院学生作品，在艺术品市场上没有市场，几乎没有人收藏。这是两个标准、两个市场。

所以，中国画发展到今天，如何定位，如何面对？这个问题在美术界应该引起重视和讨论。

下面，我谈谈当代艺术。从艺术品市场这个角度来讲，中国当代艺术还是很强劲的，虽然有很多抄袭的现象。西方的行为艺术、观念艺术、装置艺术、后现代艺术等，在年轻一代的艺术家群体里影响非常大。现在，客观来看，从事西方现代艺术的学生与从事中国书画艺术的学生比较起来，还是不能够相提并论的。我觉得在这个问题上，大家可以去思考，中国画的现状怎么改变？

在当前中国，油画和当代艺术还是占了主流。而中国的油画艺术和西方比较如何定位，这个问题，现在很多人，尤其不是这个行业的人都不很清楚。现在也很少有人认真地思考这个问题。现在年轻人从美术学院毕业以后何去何从？有的画家讲，美术学院每年考试存的素描有几十万张，有的素描画得非常好，但是这些素描要是考的是国画系，毕业以后怎么面对自己的艺术创作和未来，这是非常严肃的课题。进一步说，现在中国的国画、油画和当代艺术这三个门类如何发展，这个课题在美术界应该引起认真严肃的讨论。

在座的有些画家也经常谈到这些问题，但是如何解决，未来如何发展？希望大家就这个重要而严肃的课题提一些自己的观点，我们共同交流。

以提升人力资本为核心
扩大中等收入群体

◇ 刘世锦

中华文化：特色与生命力 ◎

一、扩大中等收入群体规模的难度何在

中等收入群体的界定是一个学术性较强的问题，学界已有不少深度研究成果。流行的界定方法有绝对标准和相对标准。所谓"绝对标准"是指采用收入或支出等客观指标界定中等收入群体。例如世界银行经济学家米兰诺维克和伊扎基在对2002年世界各国收入不平等情况进行分析时，以巴西和意大利的年平均收入为标准，将其分别界定为中等收入群体划分标准的下限和上限，同时又按世界银行估算的2000年购买力平价进行转换，得出人均每天收入10美元到50美元区间为中等收入群体的划分标准。卡拉斯以每日人均消费10到100美元作为标准来界定发展中国家的中产阶层群体，并对中产阶层结构进行分析。美国的皮尤研究中心在2015年全球中等收入群体研究中表示，其对中等收入群体的划分标准为按购买力平价来计算，人均每天收入应当在10到20美元的区间。国家统计局也提出了一个绝对标准，即把家庭年收入在10万到50万之间的群体定义为中等收入家庭，并按该标准测算，2018年我国中等收入群体约占总人口的28%，这就是目前我们常提到的我国中等收入群体约4亿人的来源。通过上述研究可以看出，不

同研究采用了不同的绝对标准，对中等收入群体的界定标准有比较大的差别，依据不同标准估算出的中等收入群体规模也不一致。

与之相对应，"相对标准"则是以中位数收入为中心，通过设定上下浮动的一定比例，对中等收入群体边界的上下限进行界定。例如，格拉姆等选取人均收入中位数的125%和75%作为划分中等收入群体的上下限。普里斯曼则采用在收入中位数的67%至200%之间作为标准来界定中等收入群体。国内对中等收入群体界定标准的研究中也有采用相对标准的。例如，李培林等以收入分位值为标准，把城镇居民收入的第95百分位界定为中等收入群体上限，下限则为城镇居民收入的第25百分位。按这一标准，我国城镇中等收入群体在2006年、2008年、2011年和2013年的占比分别为27%、28%、24%和25%。

从上述研究可以看出，以绝对标准来测量中等收入群体，在不同发展水平和收入结构的国家会遇到一些问题，因为按照这样的绝对标准，发达国家的居民可能80%甚至90%以上都是中等收入群体。所以，在国际比较当中，学术界更倾向于使用相对标准。通常的做法是，把全国居民收入中位数的75%至200%定义为中等收入群体。但这种相对标准定义的中等收入群体，受收入差距的影响很大。换句话说，如果一个国家和社会的收入差距不能够缩小，尽管其居民收入在普遍不断提高，但其中等收入群体的规模和比例却可能不仅不扩大，反而会缩小。从我国情况来看，如果将居民收入中位数的75%~200%定义为中等收入群体，那么，近10年来我国中等收入群体占比则一直维持在40%左右。

扩大中等收入群体规模之所以重要，首先与能否跨越中等收入陷阱、进入高收入社会相关。世界银行和国务院发展研究中心2013年在题为《2030的中国：建设现代、和谐、有创造力的社会》的报告中指出，在1960年的101个中等收入经济体中，到2008年只有13个成为高收入经济体，

87%的中等收入经济体在将近50年的时间跨度里，都无法成功突破"中等收入陷阱"，进入高收入阶段。陷入"中等收入陷阱"的国家多数是阿根廷、巴西、墨西哥等拉美国家，也有马来西亚等亚洲国家。这些国家在20世纪70年代就达到中等收入水平，但此后几十年无法突破瓶颈，无法稳定地进入高收入国家行列。对这些国家而言，人均国内生产总值GDP为1万美元就像是一道魔咒，跨越了还要倒退回来。与此形成鲜明比照的是采用"东亚模式"的日本和亚洲"四小龙"，它们用了10年左右的时间就实现了从中等收入经济体到高收入经济体的跃升。

陷入"中等收入陷阱"的原因甚多，其中一个重要变量就是收入差距过大，没有形成足够规模且稳定的中等收入群体。反之，日本、韩国和中国台湾，在跨越"中等收入陷阱"的过程中都保持了较低的收入差距。由此，李培林等提出了双重中等收入陷阱的命题，认为如果不能解决中等收入群体占主体的问题，也就无法成功跨越"中等收入陷阱"。

对中等收入社会向高收入社会的跨越期来说，扩大中等收入群体的意义首先是增加消费需求，对经济持续增长注入新的动能。这一时期经济增长已由高速转入中速，投资、出口对增长的重要性下降，消费和服务业逐步转为主导性增长力量。中等收入群体作为边际消费倾向高（相对于高收入群体）、消费能力强的部分，成为扩大消费容量进而拉动增长非常重要的力量。

中等收入群体扩大、消费扩容，前提是能够实现收入增长，使这部分人由低收入行列脱颖而出。有的论者谈论如何增加低收入阶层的消费意愿，似乎低收入阶层消费水平低是由于他们不愿意消费。这种情况并不符合实际，主要限制因素仍然是收入水平低。低收入阶层增加收入可以有多种途径，比如通过再分配，但在总体和长期层面，低收入阶层增加收入并进入中等收入行列，要靠他们自身创造财富能力的提升。所以，在增长视角下，对有潜力进入中等收入群体的那部分来说，他们不仅是消费者，更重要的应当是生产者、创新者，在这几种身份之间建立起可持续的循环。他们首先是生产者、创新者，创造出社会财富、提高收入水平，进而增加消费，并为下一轮的生产和创新营造条件。

这样一种循环的形成和提升并非易事，中等收入群体扩大的难度正在于此。已有的高收入和中等收入者，在既有的发展空间和制度约束下，显然最有条件抓住和利用提高收入水平的机会，从而成为先富起来的那部分人。而较低收入人群，或潜在的中等收入人群，对既有发展空间和制度条件的分享可能性显然是偏低的，甚至是可望而不可即的。他们要跻身于中等收入阶层，就要打破既有的多个层面的约束，形成一组新的发展空间和制度条件。

二战以后工业化的历史经验表明，摆脱传统社会的低水平增长陷阱，启动现代增长进程是一场苦战，但与此后由中等收入阶段转向高收入阶段相比，似乎还要容易一些。如果把现代经济增长看成一个火箭发射入轨过程，摆脱传统社会低水平增长陷阱是一次启动，摆脱中等收入陷阱、成功转入高收入社会则是二次启动。二次启动的难度显然大于一次启动。几十个经济体进入现代经济进程，而只有少数经济体跻身于高收入社会的事实，提供了有说服力的佐证。坦率地说，我们对二次启动的难度何在并不很清楚，而这也恰恰就是研究扩大中等收入群体的难点和重点所在。

二、增长型收入差距与衰退型收入差距

中国的收入差距扩大是伴随着改革开放推动的经济高速增长而出现并波动的。收入差距扩大对经济社会发展的影响要放到经济转型、制度变迁的架构下考量，并不存在简单的结论。如何扩大中等收入群体的逻辑和政策，也要在这一过程中加以分析。

李实等把改革开放以来的收入差距变化大体分为两个阶段。第一阶段，从1978年到2008年，收入差距逐步扩大。这一阶段可以分为三个时期。第一个时期，是从1978年到1983年，收入差距并没有扩大，反而有所缩小。由于农村改革率先启动，农村土地联产承包制的实施，带来了农民收入的快速增加，城乡之间收入差距一度从1978年的2.6倍下降到1983年的1.8倍，并带动了全国收入差距的缩小。全国收入差距的基尼系数在1981年到1983年之间下降了近3个百分点，直到1986年才上升到1981年的水平。第二个时期，是从1984年到1994年，出现了收入差距全面而持续的拉大。20世纪80年代中期，城镇的市场化改革启动，增长加快，而农村改革的第一波增长效应下降，城乡之间的收入差距再次拉大，同时城市内部和农村内的收入差距也开始拉大。第三个时期，是从1995年到2008年，其中，从1995年到1997年，收入差距出现了短期下降，主要是由于政府大幅提高了农产品收购价格，对农民收入增长起到了积极作用。此后随着涨价效应的减弱，又重回收入差距扩大的轨道，到2008年达到一个高位。

第二阶段，2008年以后，收入差距高位徘徊或有所下降。从2008年以后，国家统计局公布的全国收入差距的基尼系数出现了逐年下降的势头。但2015年以后又有小幅回升，如到2015年为0.462，2017年达到为0.467。全国收入差距出现变化的一个重要原因是城乡之间收入差距的缩小。最新研究发现，城乡收入差距在全国收入差距中所占的比重从2007年的40%下降到2013年的15%。这一时期城乡收入差距趋于稳定，且某些时段有所回落，主要得益于若干因素的影响，如农村劳动力向城镇的持续转移，刘易斯拐点出现后农民工工资水平的上升，新农保、新农合、最低社会保障等社会保障体系在农村的建立和完善等。

回顾改革开放以来收入差距的演变历程，可以引出两组重要概念。

一组是"增长型收入差距变动"和"衰退型收入差距变动"。所谓

"增长型收入差距变动"，是指收入差距变动与经济增长同时发生，而且收入差距变动成为经济增长的动因，更具包容性的情景是，各个阶层的收入均有增长，只是增速不同引起收入差距变动。相反，"衰退型收入差距变动"是指收入差距变动与经济衰退同时发生。这里的衰退也可以区分为绝对衰退和相对衰退，前者是指经济规模的收缩或负增长，这种情况少有发生；后者则指经济增速虽然维持了正增长，但显著低于潜在增长率。

另一组概念是"增效型收入差距变动"与"减效型收入差距变动"。前者是指收入差距变动有利于提高效率，如资源由低效领域向高效领域的流动，通过改进激励机制降低成本、增加产出，通过创新拓展新的增长空间等。而"减效型收入差距变动"则指收入差距变动带来效率下降，如腐败、行政性垄断引起的收入差距效应。增效型与减效型收入差距变动的一个根本性区别是，前者创造社会财富，后者只是在转移社会财富。现实生活中，二者有时是同时发生的，如改革初期的双轨制，就是在提供部分市场激励的同时，也产生了不少腐败。

把上述两组概念结合起来，就形成多种组合。一种典型且较为理想的组合是增效型与增长型收入差距变动的组合，效率提升成为增长的主因，各个阶层都能增长，差距主要表现在增速的不同上，经济增速达到或非常接近潜在增长率。另一种比较极端的组合是减效型与绝对衰退型收入差距变动的组合，收入差距变动伴随的效率下降使经济处在收缩状态。

在这两种组合之间，还会看到诸多更接近现实的组合。增效型与减效型通常是同时并存，区别在于哪种类型居主导位置。一种典型情景是，尽管不同程度存在减效型因素，但增效型依然为主，经济增长接近潜在增长率水平。另一种情景是，减效型因素超过增效型因素，经济增长处在远离潜在增长率的相对衰退状态，如拉美一些增长长期停滞的国家、中国改革开放前的某些时期。

中国改革开放以来，大体是属于增效型主导、经济增长接近潜在增长率水平的收入差距变动状态。改革开放初期，农村改革驱动了低收入阶层增效增收而使收入差距有所收缩。此后出现的收入差距扩大，大体上与中国经济的高速增长相对应，表明更多是增效型差距扩大在起作用。减效型因素也普遍存在，如行政权力相关联的腐败、行政性行业垄断、不公平的市场准入和市场竞争、基本公共服务分享不均，都不同程度地拉低了经济增长水平。问题的复杂性在于，作为转型期的经济体，增效和减效有时是混在一起的，并非泾渭分明，如多种形态的双轨制。

经济增长过程中的收入差距变动是否具有规律可循，在学术界存有争议。一度流行的库兹涅茨曲线，认为随着经济增长和收入水平的提高，收入差距呈倒U型变化，即先低后高，达到某个峰值后，再由高到低。但是这一假说的逻辑不甚清晰，也缺少实证基础。如果这样的倒U型变动确实存在，一种可能暗含的逻辑是，在现代增长过程的初期，处在高生产率部门的人群收入率先加快增长，在收入差距拉大的同时也推动了经济增长。但达到一定高度后，增长将会减缓。如果此后低收入人群生产率提升，带动其收入增长相对加快，就会在收入差距缩小的同时，也为经济增长提供新的动力。简单地说，第一阶段先富起来的那部分人拉大收入差距；第二阶段后富起来的另一部分人将缩小收入差距。这两个阶段均具有增效型带动增长型收入差距变动的特征。

不过，这种比较理想的格局并不具有必然性。另一种可能出现的情景是，第一阶段先富起来的那部分人增长乏力后，低收入人群无法提高生产率，难以启动后富起来的第二阶段。于是，经济可能陷入收入差距居高不下、增长相对衰退的状态。还有一种可能的情景是，全面压制先富阶层，在"劫富"同时，也使其不再具有增效积极性，这样收入差距有可能缩小，但无可避免重蹈改革开放前平均主义加普遍贫穷的困境。

从这样的角度看，现阶段中国应当力争的是第一种情景，避免后两种情景。尽管出现第三种情景的可能性较小，但走回头路的社会基础亦不应低估。更具挑战性的是如何避免第二种情景。在此意义上，扩大中等收入群体的重要性、紧迫性就更显而易见。

三、实现中等收入群体倍增目标的意义和重点人群

邓小平同志在改革开放初期提出："一部分地区、一部分人可以先富起来，带动和帮助其他地区、其他的人，逐步达到共同富裕。"经过40多年的发展后，中国已经进入实现共同富裕目标的第二阶段，也就是通过另一部分人也富起来，带动全体社会成员的共同富裕。从本文前面的讨论可以看出，第二阶段的难度和不确定性都要大于第一阶段。试图后富起来的群体在人力资本、发展机会和发展条件上总体上差于先富起来的群体，而且向前走或向后退的可能性都是存在的，落入中等收入陷阱的国家已有先例。

在这个时间节点上，有必要提出一个中等收入群体倍增的目标，在已有的4亿中等收入群体的基础上，再用10年到15年的时间，推动这个群体再增加4到5亿人，达到8亿到9亿人，占到总人口的60%左右。提出并实施这一目标可以有如下一些考虑。

首先，中等收入群体倍增对扩大内需、提高生产率和社会政治稳定都是不可替代的，中等收入群体的规模和实现倍增的时间都具有重要意义。规模不足或时间拖后都将直接影响到经济增长速度和稳定性。对此缺少认识很可能付出全局性代价。其次，提出目标本身就是有意义的，有利于形成全社会共识，调动各方面的积极性创造性，而这正是中国的制度优势之所在。

实现这一目标具有可行性。根据我们研究团队的测算（参见"实现中等收入群体倍增的潜力、时间与路径"，中等收入群体倍增研究课题

组），假定2019年到2030年实际GDP平均增长5.0%左右，平均通胀率为2.5%，名义GDP年均增幅7.5%，居民可支配收入名义增速与名义GDP增速匹配，同时根据不同收入群体内城乡居民分布的加权计算，低、中和高收入群体收入增速分别为7.7%、7.1%和6.9%，到2030年，我国中等收入群体比重上升至51%，低收入群体比例下降至45.5%，高收入群体比例则上升至3.3%。中等收入群体规模达7.5亿，与2018年相比有3.7亿人由低收入阶层上升至中等收入阶层。按照大体相同的变动速度，到2035年以前，有可能使中等收入群体规模达到8亿到9亿人，实现倍增的目标。

另一个相关议题是实现这一目标所涉及的重点人群。从我们团队的研究成果看，到2030年有可能进入中等收入群体的3.7亿人，主要对应的是2018年家庭年收入介于4万到6万、6万到8万和8万到10万的低收入家庭，也就是我们需要重点分析的潜在中等收入群体。这个群体中城镇居民占比为57%，乡村居民占比为31%，外来务工人员占比为11%。其中的外来务工群体，从数量和定义上，更接近进城农民工群体。农民工是指在异地以非农就业为主的农业户籍人口。国家统计局数据显示，2017年我国农民工数量达到2.87亿人，外出农民工1.72亿人，外出农民工中进城农民工1.37亿人。外来务工群体的定义为"来自农村地区、户口不在本城镇社区的人员"，2018年外来务工群体占比为9.7%，人口数在1.35亿人左右。从数量上看，外来务工群体大体接近于进城农民工。

与2013年相比，2018年外来务工人员中属于中等收入群体的部分占总人口的比重从2.2%提升至4.1%，占中等收入群体增量的27%，贡献率相当可观。这里所说的外来务工人员，基本上属于劳动年龄人口，非就业人口不多。而在乡村居民中，相当多的人口属于外来务工人员的子女和老人，其收入状况直接依赖于外来务工人员。此外，农村人口就地城镇化的比重逐步提高，相当多的农民是在户籍所在地"被城镇化"的。所以，处在城镇化进程中的农村人口规模明显要大于上述外来务工人员。从现阶段我国城乡结构转型、收入增长的特征看，广义上的"进城农民工"是未来扩大中等收入群体需要着力关注的重点人群。

从调查数据看，以外来务工者为主的进城农民工家庭平均支出强度显著高于农村家庭，但由于无法同等享受城镇户口的相关社会保障和公共服务，其储蓄避险意愿较高，使得外来务工家庭平均消费强度与城镇家庭仍有很大差异；受教育水平明显高于农村居民，基本接近城镇居民水平；就业分布与城镇居民有明显差异，外卖、出租车和快递等新型就业场景吸纳了数量可观的"新型农民工"就业，外来务工人员以10%的人口占比贡献了20%的新型就业，远超城镇和乡村居民；更多就职于私有部门，机关企事业单位就业占比较低，面临收入不高、就业不稳、社保不全等一系列制约其收入和消费稳定增长的因素；无法享受完善的城镇社会保障和公共服务，医保和养老保险覆盖率明显低于同样居住在城镇的居民；相当一部分的外来务工者尤其是其中的较高收入者，有明确定居城镇的需求。应当从进城农民工的这些特点出发，采取针对性强、务实有效的战略和政策，推动更多的进城农民工进入中等收入群体。

四、实施以提升人力资本为核心的倍增战略

进入共同富裕第二阶段后，扩大中等收入群体战略和政策的核心是促进机会均等，着力提升低收入群体的人力资本，缩小不同群体之间的人力资本差距，以增效带动增长的方式缩小收入差距。一个简单的逻辑是，在剥去种种社会关系的外衣后，人们之间能力的差距，远没有现实世界中收入分配和财产分配差距那么大。如果能够创造一个人力资本公平发展的社会环境，人们的积极性、创造力普遍而充分地发挥出来，公平和效率就可以互为因果，在提升社会公平的同时促进经济增长。

依照这种思路，下一步实施中等收入群体倍增战略，应以提升进城农民工人力资本为重点，采取多方面针对性、可操作性强的政策措施，力争在不长时间内取得明显成效。

一是对农民工及其家属在城市落户实行负面清单制度。目前中小城市和部分省会城市已取消落户限制，对仍有限制的城市改为实行负面清单制度，即由规定符合何种条件能够落户，改为不符合何种条件不能落户。积极创造条件，加快缩短负面清单。对北上广深和其他特大型城市的城市核心区与非核心区域、都市圈内的中小城镇等实行差异化政策，采取不同的负面清单，适当放宽后者的落户限制。

二是建设面向农民工为主的安居房工程。以大城市尤其是几大都市圈、城市群为重点建设安居房，着力解决能够稳定就业、对当地发展做出贡献、就地缴纳社保的低收入农民工住有所居、安居乐业的问题。以40到60平方米的小户型为主，降低建造成本，把安居房价格控制在与农民工购买力相适应的水平。降低购买资格门槛，不歧视无户籍、无学位人口。由政府主导筹措土地资源、设计运行规则、加强监管，在政策框架内实行市场化运营，形成商业可持续机制。

三是与农村人口进城落户、提供安居房相配套，加快推进教育、医疗、社会保障等基本公共服务的均等化，健全财政转移支付同农业转移人口市民化挂钩机制，继续推进并扩展义务教育等基本公共服务随人员流动可携带的政策，打通农村社保、医保和城镇居民社保、医保的衔接。实行以居住证为主要依据的农民工随迁子女入学政策。

四是提供就业基本公共服务，鼓励吸收农民工就业。对有劳动能力和就业需求的进城农民工，持居住证可在常住地公共就业服务机构享受就业基本公共服务。全面加强农民工职业教育培训，逐步将职业教育培训作为一项基本公共服务加以提供。推行农民工新型工匠培训计划。鼓励各类技工院校、职业学校、就业训练中心等参与农民工职业技能培训，给予一定的财政补贴。鼓励企业对农民工员工开展职业技能培训，并在财税、信贷等方面有必要激励措施。国家对吸收农民工就业、安居较多的城市，在财政补助、基础设施投资等方面给予相应支持。

五是加快推进农村集体建设用地入市和宅基地流转，增加农民工的财产性收入。落实十八届三中全会的要求，推动农村集体建设用地进入市场，与国有土地同价同权、同等入市。创造条件允许宅基地使用权向集体组织外部流转。积极稳妥务实地解决好小产权房问题。农地入市、宅基地流转获取的收入，应优先用于完善相应地区农村人口的社保体系，使他们与城里人一样不再依赖于土地保障，在提高土地利用效率、增加收入的同时，由更为有效和稳定的社会安全网托底。

六是促进机会公平。进一步打破不当行政性管制，疏通社会流动渠道，防止社会阶层固化。改变有些地方对低收入农民工的歧视性做法，在大体相当条件下，在就业、升学、晋升等方面，给低收入阶层提供更多可及机会。

七是各级政府要制定规划、完善政策，定期督查，确保落实。对农民工落户、住房、基本公共服务、就业和职业培训等，要纳入"十四五"规划和年度规划，明确有关部门任务和职责，定期检查落实情况，做出进度评估，向各级人大报告。同时要根据经济社会转型升级和就业状况变化，对相关规划政策作出必要调整改进。鼓励各地从实际出发积极探索创新，并将好的经验和做法在全国范围内推广。

文化与文化自信

◇ 王春法

　　大家都知道，文化很重要，但是文化到底怎么重要？其实谈文化很重要的，无论是理论界还是学术界的，都谈得都比较多了，但是怎么重要谈得比较少一些。文化怎么就那么重要？因为文化决定每个人的人生，决定社会的发展，决定一个国家的前途和命运。

　　我先从一个小的故事开始切入。网上有一个美国纪录片《孪生陌生人》：一位妈妈因为经济原因，不得不把三胞胎送到领养机构，领养机构有意识地把他们分别送去了不同社会阶层的家庭中。老大鲍比的养父母家境殷实，社会阶层很高，但平时太忙，对鲍比照料不多。老二艾迪生活在一个中产家庭中，养父对他的教育很看重，但彼此缺乏沟通。老三大卫在一个杂货店店主家庭中长大，经济条件一般，但从不缺少养父母的陪伴。19年后，三个孩子重逢。老大的生活条件最好，但是思想上比较保守，很有主见。老二遇事很情绪化，最后因为生活挫折自杀了。老三生活条件一般，但性格乐观开朗，对生活充满热情。

　　为什么是这么一个结果？影片的结论是：教育决定了三个孩子不同的命运，文化决定了他们三个不同的命运。

　　为什么这么说？我今天就和大家分享我关于文化的五个观点。

一、文化是一种人造物

大体说起来，人有三重属性：第一，动物性，每个人都是有动物的一面，希望有健康的一生，这是每个人都有的本能的期待。第二，社会性，每个人都有自己活动的范围，据学者研究，一个人如果是步行的话，活动范围半径不超过8公里；如果是在工业化时代，骑自行车的话每天活动半径是30公里；在汽车时代，每天活动半径应该是250公里到300公里，这是一种人的交往范围，是社会性的体现。还有一点非常重要的一点，就是第三点——人的文化性。我们的思考，我们对未来、对空间、对人生的思考可以无限地延伸，不受时间和空间限制。所以一个人有文化，指的是接受一定的教育和训练。无论是专业的，还是大众的，还是通识的，这是有文化的基本标志。还有一点是会思考。会思考是人和动物、和其他没有文化的人非常大的区别。还有一点是要形成思想，这是一个非常重要的追求。宋代的张载在《横渠语录》中写下了"为天地立心，为生民立命，为往圣继绝学，为万世开太平"，冯友兰称"横渠四句"是有文化人追求的方向，这是一个非常高的境界。

文和化是不一样的，文是各种各样色彩交错的纹理，《易·系辞下》说："物相杂，故曰文。"《说文解字》说："文，错画也，象交文。"画的本意是事物的发展变化。《黄帝内经》称"物生谓之化"。《易·贲卦》："刚柔交错，天文也；文明以止，人文也。观乎天文，以察时变；观乎人文，以化成天下。"这里"天文"指大自然的季节、气候等等的变化；"人文"指社会生活中君臣、父子、兄弟、朋友等人与人之间的伦理关系。天文和人文形成相对应的用语。

"文化"连用最早出于西汉刘向《说苑·指武》："凡武之兴，为不服也，文化不改，然后加诛。""明治维新"时期，日本学者用中国古语的"文化"一词对译英语和法语的"culture"一词。"culture"一词在英语和法语中，有耕种、栽培、居住、练习等义，引申为对心灵、知识、道德、情操的教化和陶冶。

关于文化的不同的定义有三四百种，有代表性的定义，比如下面这些。

梁晓声认为：文化就是根植于内心的修养，无需提醒的自觉，以约束为前提的自由，为别人着想的善良。这是修养、自觉、自由、善良，这指的是文化。

余秋雨有一个定义："文化是一种养成习惯的精神价值和生活方式，它最终成果是集体人格。"

网络上的定义："文化，是某一群体共同的精神价值和行为习惯，它最终会成为一种群体本能。"我认为，这是一种新的解释。这种解释相对来讲又回到群体本能这个词，还需要琢磨一下。

我最喜欢钱穆和梁漱溟两位老先生简明扼要的定义。钱穆说："文化只是'人生'，只是人类生活。文化是指集体的、大众的人类生活。"梁漱溟说，"文化，就是吾人生活所依靠的一切，无论是物质还是精神的，都是文化"。

文化实际上是人造物，它在本质上是一种生活方式，主要指社会所特有和传承的价值观念、思维方式、行为模式、社会规范、话语体系和兴趣偏好等等，这六个方面作为一种文化最核心的东西或者最本质的东西，如果谈不到价值观念，谈不到思维方式，谈不到行为模式，谈不到社会规范，谈不到兴趣偏好、谈不到话语体系，谈文化是无的放矢。也就是说，文化既包括信仰信念、价值理念、处世态度、语言表达方式以及时尚偏好等，也包括社会传统、生活习惯、人们普遍遵守的行为规范、奖励性或惩罚性制度等与之相适应的社会制度安排，还包括它们在物质工具和制造物中的体现。

　　具体到底怎么理解，我们在后面要说，第一个要记住，文化是人造物，不是天然的，不是天生的。

二、文化是有内涵的

　　文化的内涵到底是什么？习近平总书记在《在敦煌研究院座谈时的讲话》中指出："中华文明5000多年绵延不断、经久不衰，在长期演进过程中，形成了中国人看待世界、看待社会、看待人生的独特价值体系、文化内涵和精神品质，这是我们区别于其他国家和民族的根本特征，也铸就了中华民族博采众长的文化自信。"当我们谈到价值理念时，主要谈看重什么，看轻什么，价值用英文来讲，就是对一个物有所值的"值"的判断。

　　价值理念，就是重什么、轻什么。思维方式，就是怎么思考问题。行为模式，就是怎么处理事务。社会规范，就是社会鼓励什么反对什么。话语体系，就是话语表达的方式方法、兴趣偏好，就是喜欢什么不喜欢什么。

　　所以，文化是有六个方面的内涵：

　　第一，价值理念。主要指人们对世界的认知、对人生意义的理解等，蕴含着人生理念、价值追求、处世态度包括对人、对事、对财富等的态度。它具有强大的社会整合功能，使得性情、偏好、兴趣、才智各不相同的人相互信任、交流、合作、欣赏、赞誉、提携，构成拥有共同目标和共同工作方式的社会群体。价值理念是一定是群体里面共同拥有的。按照习近平总书记的概括，中华传统文化的价值观是：讲仁爱、重民本、守诚信、崇正义、尚和合、求大同，这是中华文化的价值观。社会主义核心价值观也是代表整合社会各个方面的核心观念。

　　第二，思维方式。主要指看问题、想事情、分析和处理问题的角度、视野和观点看法、方式方法等，它直接决定着人们思考的广度、深度和境界；决定了他从什么样的角度来观察事物、发现问题，用什么样的方式来思考问题、选择问题，决定着我们用什么样的态度来研究问题、对待科技成果及其社会应用等。

我们看这个世界时，看问题的角度不一样，你看到的风景一定不一样，你的视野、境界也会有很大差别，中国传统思维是三种：整体思维、辩证思维、直觉思维。从三个角度来研究中国人的思维方式，比如说中国人在目标上都希望达到和谐，从认知和过程来看，中国人看问题从整体去把握；从行为表现上看，中国人处理问题采取折中方法。这是思维方式的一些不同。

第三，行为模式。主要指处事方式、人际交往、行为作风等，哪些事情能做、哪些事情不能做、能做的又应该如何做等，它主要决定人们的活动环境、活动范围、活动方式，以及反映理念和制度的不同形式、类型或者是表现方式。2019年5月15日，习近平总书记在亚洲文明对话大会开幕式上对中华文明进行了经典概括，习近平总书记指出："亲仁善邻、协和万邦是中华文明一贯的处世之道，惠民利民、安民富民是中华文明鲜明的价值导向，革故鼎新、与时俱进是中华文明永恒的精神气质，道法自然、天人合一是中华文明内在的生存理念。"亲仁善邻、协和万邦、惠民利民、安民富民、革故鼎新、与时俱进、道法自然、天人合一，我们在行为方式上跟其他国家是不一样的。

第四，社会规范。主要指对财产权利、社会交往、传统习俗、道德约束、团队合作的规范，人与人交往时到底应该怎么做。亚里士多德有句名言："我们每一个人都是由自己一再重复的行为所铸造成的。因而优秀不是一种行为，而是一种习惯。"惯例在各种组织中都适用。为什么在古代时，我们崇尚说夜不闭户，它有一个社会文化机制，如果在相对孤立的小山村里，如果大家都不盗窃，如果出现了一个盗贼的话，所有人都会攻击他，都拒绝跟他来往，这个是"社死"，就是社会惩罚的机制。美国心理学家威廉·詹姆士也说过："播下行为的种子，便栽得习惯；播下习惯的种子，便收获人格；播下人格的种子，便收获命运。"命运是由你养成的好习惯决定的。好习惯决定好人生，不好的习惯可能就比较多的坎坷。

第五，话语体系。主要是指语言风格、交流方式、习惯用语等，也包括肢体语言等。不论是什么样的文化，都需要有外在的呈现形式或者说载体。我们讲一个社会里面有大众话语体系（老百姓的话），有政治话语体系（政治家的话）、有政策性话语体系（要认真执行、非常严谨），有学术话语体系（逻辑上环环相扣），还有书面话语体系。

陈先红教授提出了文化信仰、文化理念、文化仪式、文化符号、文化产品五大话语体系。我们这个文化一定有自己独特的话语体系，没有自己的话语体系，这个文化跟其他是难以区别的，这是第五个要素。

第六，生活情趣。包括对绘画、雕塑、舞蹈、工艺品、戏剧、音乐、街舞等的鉴赏与偏好。在社会上、生活中，处处都有很多美的呈现形式，人们也各有所好。有的喜欢绘画，有的喜欢雕塑，有的喜欢音乐，不一样，因人而异，也因群体而异，因地区而异，也因族群而异。因国别而异，也因时代而异。生活情趣可能被演变为社会时尚，而社会时尚又是最多变和不可捉摸的。

前些年，我到一个地方出差，了解到，有一种人专门推崇香文化，大家聚会在一起要闻香，香到底是怎么欣赏的，怎么闻这个香，怎么做香，这是一种生活情趣，其实在日常生活中每个人都有自己的兴趣偏好，只是有的比较明显，有的比较隐晦而已，当聚合到一定群体里面时变成一种社会现象，变成文化的组成要素。

文化的本质与文化的呈现是不同的。不同的价值观念、思维方式、行为模式和话语体系肯定会产生不同的外在呈现形式，即使是同样的价值观念、思维方式、行为模式和话语体系，也会生成不同的呈现形式，进而在宗教信仰、传统习俗、舞蹈艺术、音乐美术、文学作品等诸多方面表现出明显的差异。所以不能也不应该把文化的本质与文化的呈现形式混为一谈。

三、文化是有结构的

既然文化是一种生活方式，在现实生活中不可避免地会表现出鲜明的民族差异和群体差异，从而使得不同国家、民族、群体得以相互区别，它们共同构成文化的大千世界。现实生活中存在着多种多样的文化呈现形式，共同构成文化生活的整体形态，有着极为复杂的结构体系，各种文化形式之间，比如说话、音乐和绘画之间有可能是有联系的，但这种联系不是自发的，不是随机的，一定是通过一种内在的逻辑把他们联系在一起，或者通过一定的文化背景联系在一起。

从时间截面来看，文化又是一个历史复合体，既有历史传承下来的历史记忆，也有结合时代实际而创造出来的新生物，还有一些从外部引进来的一些异质物，它们共同构成了一个时代的文化样貌。我们今天看到的文化，今天看到的文化世界，其实有历史的影子，也有现实新创造的影子，也有外来引进的影子，只有这样，这个文化的样貌才是一个比较真实的文化样貌。

美国文化人类学家格尔茨在《文化的解释》一书中，从意义、仪式、象征符号、游戏、宗教等领域建构其文化体系理论，认为一种文化只有同时解决"认知""符号""信仰"与"情感"问题才是有效的文化体系。这是他的一个看法，但是我认为他恰恰说明了我们看文化时，一定要意识到文化是有结构的，文化不是单一的。

文化是立体结构的。习近平总书记强调："世界上有200多个国家和地区，2500多个民族和多种宗教。如果只有一种生活方式，只有一种语言，只有一种音乐，只有一种服饰，那是不可想象的。"自然世界丰富多彩，人类社会中的每个国家、每个民族构成也是多种多样的，凭什么只能有一种话语体系，或者一种价值理念？相对来讲应该是丰富多彩的。

每个文化内部又有主流文化与亚文化，这两者是不一样的。亚文化有很多，比如说地域文化，欧洲文化中说美国是暴发户。非洲文化也不一样，现在我们对非洲的第一印象还是落后，但是非洲有他自己非常精美的美术创造或者艺术创造。前些年，我到法国去访问时，当时有个世界艺术中心负责人就跟我讲，现在收藏非洲艺术品方面，欧美国家已经收藏得差不多了，我们很难做什么工作，这是地域文化。我到意大利去，他们说："你们中国是黄土文化，我们是大理石文化。"我说："实际上中国不是黄土文化，我们自己有自己的文化，你也可以说我们是传承的典籍文化，你们这个是雕塑文化。"

文化还有行业差别，有商业文化，有校园文化，涉及不同的行业。还有一些用品文化，比如说酒文化、茶文化、玉文化。

我没来博物馆之前，对玉文化体会不深。来了以后看了玉器，了解了一些知识，才知道中国人用玉历史之悠久，中国人对玉的偏爱，无论从价值理念、行为模式、思维方式、社会规范、话语体系、兴趣偏好方面，都能够表现出玉文化独立于世界其他文化的特殊形态。比如说古人戴玉佩都是一组一组的，这是个礼仪，如果走路时玉相互之间叮叮当当响的话，是在提醒你这个动作过大了，君子要稳。下等人走得才快，越是王一级的、贵族一级的，走路一定走得步子小、慢，通过佩玉来规范，就是节制你走路的速度，也不要走路乱晃，为什么戴那么多冕什么的，就是控制你不要乱看的，非礼不要听、不要看。

中国人好饮酒，认为酒能解决很多问题，是很好的沟通方式，所以聚会要饮酒，酒器要做成礼器、祭祀来用，都是代表文化的应用。还有分层文化，像宫廷文化和大众文化也不一样，无论在西方国家还是中国古代，都是如此。此外，还有组织文化，比如说企业文化等。

所以一个社会有主流文化，也有亚文化，共同构成了一个社会的文化整体结构。

文化结构的历史演进。今天和明天不一样，最多变的就是话语体系和兴趣偏好。我在上小学时，同学们相互之间聊天说话的喜好，今天很多人都不知道了。现在我到网上去看，看到网上用语，有很多我也看不明白了，所以时代是在变化的，话语体系在变化，兴趣偏好也在变化。每个人都有切身的体会，你在小的时候，到中年时候，进入到年龄稍大的时候，这中间的兴趣偏好都会发现有很大的变化。

文化结构的演进靠什么？一个是历史传承，一个是创新，创新的主要动力就是交流互鉴。文明因多样而交流，因交流而互鉴，因互鉴而发展。陈来教授说过，在文化传承中很多都是"旧瓶装新酒"，其文字语句的形式是可以传承的，但可赋予新的意义内涵、新的理解。

四、文化是有记忆的

文化是人造物，对于个人来说是后天习得的，包括思维、思想行为都是后天习得的。对于社会来说是先天即有、代际传承的；不是从野蛮状态一下子变成文明社会，一定是有个传承的。文化的记忆从每代人来讲是深入内心深处的，有其价值理念的坚持。我们中国人如果用四个字来形容我们文化的特征——敬天法祖，从来没有变过。但更有对文化形式的心理认同；比如说通过祭祖的形式，通过团圆的形式，为什么中国人过年时不远万里都要回到老家去过年，是为什么？他说是团圆，团圆当然是一个追求，但更重要的是有对先人的一种怀念，一种表达，这种思念之意的仪式，无论在什么地方，都要上上坟，都要烧烧纸，更重要的是仪式感。

比如，从记忆角度来讲，各种各样的祭祀大典的举办，祭孔子的，祭黄帝陵的，其实这是文化的历史记忆，是非物质文化遗产的留存。甚至于家谱的传承，在"文革"那么大冲击下，很多家庭的家谱已经烧了或者丢失了，但是现在又在以不同的形式重修家谱。我们前几年到四川调研时，看到有一个姓氏博物馆，有几个人代人写碑文。"文革"期间，有很多地方的墓碑都被砸烂，现在要帮人家写碑文，生意还挺好。经过几十年还能留存下来，就是历史的记忆，文化是有记忆的。

文化的记忆是群体的，而非个体的。任何文化都是在一定历史条件下形成的，因而也都有其历史性；文化记忆和传承的基础是文化基因，它一旦形成就会以各种方式留存于社会之中，历史文物就是这样一种重要载体——历史价值、文化价值、审美价值、科技价值、时代价值，都通过这个基因在社会里面留存、一代代传承下来。

文化基因需要激活，需要强有力的价值引导和群体共识，我们为什么要把它激活出来，到底是出于什么考虑？是基于一种价值的理念的思考，来把传统文化基因激活，所以中华优秀传统文化的创造性转化、创新性发展就是要用新的价值理念、新的社会共识来激活优秀传统文化的基因，这是非常重要的工作。

党的十八大以来，在这方面做了很多工作，卓有成效。所以说，文化的记忆是群体的，能够促进社会的快速发展。党的十九届六中全会决议强调，中华优秀传统文化是中华民族的突出优势，是我们在世界文化激荡中站稳脚跟的根基，必须结合新的时代条件传承和弘扬好。习近平总书记强调的两个基本结合——马克思主义基本原理同中国具体实际相结合、同中华优秀传统文化相结合。这里面的路径、方式、方法、机制等都需要进一步探索。习近平总书记还指出，"当代中国的伟大社会变革，不是简单延续我国历史文化的母版，不是简单套用马克思主义经典作家设想的模板，不是其他国家社会主义实践的再版，也不是国外现代化发展的翻版"。这是中国特色社会主义独有的社会变革，它是在特定的社会历史条件之下，我们探索出来的，必须坚定不移走下去，这就是中国特色社会主义。

五、文化是有功能的

我们生活在文化之中，文化无时无刻不在影响着我们的思维模式和行为方式。你怎么想、怎么做都是由文化来决定的。

文化引导我们相信和坚持什么，反对和拒绝什么；文化也教导我们如何思考问题，如何分析和解决问题，有什么样的文化，就有什么样的视野和境界。我们中国是大国，大就要有大的样子，大国胸怀、大国心态，历史给了我们这么一个五千年的文化底蕴，我们看问题、想事情都会从历史来看，从天下来看，我们的胸怀、我们的视野确实是其他国家、其他民族难以企及的。

文化还指导我们如何做人做事，既告诉我们哪些事情能做、哪些事情不能做，又告诉我们应该怎样去做。有两种因素起决定作用：一个是纪律，一个是文化的约束。在这一方面，文化的作用更大一些，因为它是一种发自内心的本能的做法。

有一位网民就讲："'文化'定义了人，你从小接受中国文化，你不论走到哪，都是中国人。"这句话非常有道理，中国人，除了我们生在中国，还接受中国传统文化的熏陶、教育，文化上的中国人到任何地方都是变不了，你的所思所想都是这样的。我20世纪90年代出国做访问学者时，大家经常说中国留学生愿意抱团，为什么融入不了国外的主流社会，因为你的行为模式、所思所想跟别人不一样。所以文化是国家、民族的本性，是国家、民族的魂。我切身体会到了。

2021年3月22日，习近平总书记在福建朱熹园考察时表示，我们走中国特色社会主义道路，一定要推进马克思主义中国化。如果没有中华五千年文明，哪里有什么中国特色？如果不是中国特色，哪有我们今天这么成功的中国特色社会主义道路？我们要特别重视挖掘中华五千年文明中的精华，弘扬优秀传统文化，把其中的精华同马克思主义立场观点方法结合起来，坚定不移走中国特色社会主义道路。

这就是把马克思主义基本原理同中国具体实际相结合，同中华优秀传统文化相结合非常经典的表述。没有五千年文明，哪有中国特色；不是中国特色，哪有今天这么成功的中国特色社会主义道路？这两句话是经典表述，现在再看五千年传统文化和中国特色社会主义发展，怎么能把话语体系打通，怎么能联系起来，习近平总书记在这里强调得非常明确、非常具体。

关于文化自信，党的十八大以来，习近平总书记作了很多重要论述。其中，有几句话我一直印象深刻："我们中国共产党人能不能打仗，新中国的成立已经说明了；我们中国共产党人能不能搞建设搞发展，改革开放的推进也已经说明了；但是，我们中国共产党人能不能在日益复杂的国际国内环境下坚持住党的领导、坚持和发展中国特色社会主义，这个还需要我们一代一代共产党人继续作出回答。"就是说事实已经证明了，我们共产党人能打仗、能搞建设，走中国特色社会主义已经如此成功，在世界上有如此决定性影响的东方大国，历史自信在这里应该说也是一种文化自信。《中共中央关于党的百年奋斗重大成就和历史经验的决议》指出："文化自信是更基础、更广泛、更深厚的自信，是一个国家、一个民族发展中最基本、最深沉、最持久的力量，没有高度文化自信、没有文化繁荣兴盛就没有中华民族伟大复兴。"这个对文化地位的强调应该说是空前的。

习近平总书记在党的十九大报告中指出："大道之行，天下为公。站立在九百六十多万平方公里的广袤土地上，吸吮着五千多年中华民族漫长奋斗积累的文化养分，拥有十三亿多中国人民聚合的磅礴之力，我们走中国特色社会主义道路，具有无比广阔的时代舞台，具有无比深厚的历史底蕴，具有无比强大的前进定力。"这个自信、这种气魄，就好像站在珠穆朗玛峰上看这个世界、看这个地球，这种自信是发自内心的，油然而生。

十九届六中全会决议强调："脚踏中华大地，传承中华文明，走符合中国国情的正确道路，党和人民就具有无比广阔的舞台，具有无比深厚的历史底蕴，具有无比强大的前进定力。"这几句话在讲文化自信方面，是非常经典、非常重要的表述。

为什么讲文化自信？很重要的是价值观自信。因为价值理念决定我们的思维方式，思维方式决定我们的行为模式和社会规范，而行为模式和社会规范又决定了情趣偏好和话语体系。我们经常讲，美国是怎么全球扩张的？首先一点是文化先行，它的价值理念都蕴藏在各种各样的文化产品里面，有很多东西都是这样的。所以不要说我们在国际传播时不讲价值理念，不讲价值观的传播。价值观的传播是一个核心的问题，是个关键。

正因为这样，十九届六中全会通过的决议也强调："要建设具有强大凝聚力和引领力的社会主义意识形态。"应该要有强大的感召力的意识形态，意识形态感召力对一个国家、对一个民族是非常重要的，要更好地构筑中国精神、中国价值、中国力量，这都是一些非常重要的标志。中国精神、中国价值、中国力量到底指的是什么？要挖掘它们的丰富内涵。

还有一个也比较重要，2035年我国要基本实现社会主义现代化，2049年全面建成社会主义现代化强国。社会主义现代化强国指的是什么？我认为，最重要的就是以计算力为核心的科技硬实力与以审美力为核心的文化软实力有机统一。我们平常讲科技硬实力讲得多，比如算力，前几天我看了一个报告，中国计算力占全球比例超过1/3，是居全球第一的，已经超过美国，美国是占27%左右，我们占34%左右。这个超算计算力，意味着处理数据、系统仿真和模拟做得很好，看得更高、看得更清楚、看得更明白。

但我们以审美力为核心的文化软实力，现在还有很大的差别。我们现在审美能力的培育导向非常重要，不是审美对象，也不是审美的主体，而是说审美的本质、审美的方式。不同地域、不同时代、不同人群都有不同的审美标准，但审美并非单纯的个体的喜好，而是带有鲜明的时代属性和文化属性的，不同时代对美的欣赏、接受其实是不一样的。审美不只是个体的事情，更是群体的事情，而且关乎整个社会文化的发展和前进方向，应该引导社会大众树立积极向上向善的审美追求，这本身就是社会治理的题中应有之义。审美关系到社会文化发展的方向，什么样的是好的，什么样的是美的，怎么鉴别真善美，弘扬真善美，这是我们应该努力的方向。

习近平总书记2021年在清华大学考察时强调："美术、艺术、科学、技术相辅相成、相互促进、相得益彰。要发挥美术在服务经济社会发展中的重要作用，把更多美术元素、艺术元素应用到城乡规划建设中，增强城乡审美韵味、文化品位，把美术成果更好服务于人民群众的高品质生活需求。要增强文化自信，以美为媒，加强国际文化交流。"

所以，文化在这里面的功能很重要，更重要的是，审美力是文化的核心，审美力的培育是我们重要的工作、任务，也是一个方向。

最后，总结一下，我的五个观点：

第一，文化不是无本之木，是人类创造出来的，我们生活在文化之中。

第二，文化是有内涵的，文化的内涵与文化的呈现形式是不同的，构成文化的六个要素是价值理念、思维方式、行为模式、社会规范、话语体系、兴趣偏好，其中价值理念、思维模式和行为模式最为重要。

第三，文化是有结构的，既有主流文化，也有亚文化，有着复杂的结构形态，这种结构形态需要对不同文化之间的关系做一个深入的梳理和调整。

第四，文化是有记忆的，这种记忆依赖于不同形式的文化基因，历史文化基因在一定条件下会因为强有力的价值理念和群体共识而激活。我们要激活优秀的文化基因，那些不那么优秀的，不那么健康向上的不要激活。

第五，文化是有功能的，文化为我们提供丰厚的滋养，没有文化就没有人和社会的形塑与特色，就没有民族、生活与未来！确实我们每个人都是生活在文化之中，文化成就了我们，文化塑造了我们，我们既在文化之中，应该说又推进了文化的发展。

从《不列颠百科全书》到《中国大百科全书》

◇ 杨牧之

一、纸质版《不列颠百科全书》停止出版

对于使用百科全书的人来说，碰到要查的问题，恐怕首先想到的是《美国百科全书》、《不列颠百科全书》（也称《大英百科全书》）、《科里尔百科全书》，也就是大家俗称的百科全书ABC。当然，还有《中国大百科全书》，因为中国人使用起来更方便。学术界对《不列颠百科全书》可能更是情有独钟、推崇备至。

前几年，发生了一件让百科迷们大吃一惊的事。2012年3月13日，《不列颠百科全书》公司突然宣布马上停止纸质版的出版。一时间议论纷纷。为什么呢？出得好好的，最后一版第15版，虽然已出版了30多年，但还是颇受欢迎。第15版编者们十分努力，先在1974年出了一版30卷的，10年后，也就是1985年，又出了一版号称"百科革命"的新15版，增加了2卷，共32卷。这些都让读者觉得编辑们兴致正浓，干劲正大，怎么就不再出版了呢？葫芦里到底卖的什么药？一时间众说纷纭。

不久，《不列颠百科全书》公司总裁发言了，他说："这个决定对百科全书意义重大，不是为了我们辉煌的过去，而是为了我们充满活力的现在和未来。"发言充满豪气，令人振奋。怎么为了"现在和未来"，又怎么样"充满活力"呢？他没有具体说。

又过些天，曝出《不列颠百科全书》公司的财务内幕。《不列颠百科全书》由1990年一年卖出12万套，到1996年下降到了4万套，收入不到全公司收入的1%。《纽约时报》的文章说："20世纪50年代，书架上放一套《不列颠百科全书》，与车库里停辆旅行车或房间里摆台名牌黑白电视机一样，既实用又能彰显中产阶级身份。买套《不列颠百科全书》作为'家居装饰'已经颇有经济压力，很多家庭不得不为此分期付款，而最近一版1395美元的标价，让它跟奢侈品一样让人难以负荷。"可见，告别纸质书，实在是不得已之举。

但他们确实已有所筹划，有更着力创新的计划。《不列颠百科全书》编辑部在官网上说："更重要的是，这套百科全书将会继续存在——更大、更全面，也是以更有活力的虚拟化形式存在。在数字时代，服务知识与学习的方法已经远不是传统的参考。实际上，我们已经开始了新的方式。"

"宣布并不只是一种结束，它更是新的开始。"

这可以说是形势所迫，也可以说是与时俱进。

压力变动力，然后产生创新之举，产生让读者刮目相看的进步。

二、我对"百科全书"的认识

虽然我投入百科全书工作已有十余年，但我对编纂百科全书，所知仍然甚少，认识仍然肤浅。过去我虽然做过几十年的编辑，但没有做过百科全书的编辑。不过我和《中国大百科全书》还是缘分不浅。《中国大百科全书》（第2版）在立项之前，我和百科社的有关同志到国务院秘书局去商量立项的事，这是第一次。第2版进行中间，我和百科社领导到国务院副总理李岚清那里做"百科全书"第2版的工作汇报,以得到指导和支持。第2版完成的时候,在人民大会堂召开表彰大会(2009年8月),我因为偶然的原因没能与会,非常遗憾,但是我忝列总编委会副主任,邀请名单上也有我的名字,所以仍然感到很光荣。很巧的是,第2版表彰会之后一个月(2009年9月),中宣部任命我作《中国大百科全书》第3版的总主编。我觉得从这时开始,我和大家一起接过了胡乔木同志、姜椿芳同志、梅益同志、周光召同志和徐惟诚同志的大旗,继续他们的事业干起来。到今天,近十年过去了,成绩不多,但体会不少。

百科全书是知识的总汇,是扼要概述人类的知识和历史,并着重反映现代科学文化成就的工具书。从世界范围讲,一般来说,最早号称"百科全书之父"的是古希腊的亚里士多德。他生于公元前384年,逝世于公元前322年。为什么称他是"百科全书之父"呢?最基本的理由有两条:第一,他最早概述了人类已有的知识。他讲学的讲义被公认为全面概述了当时已有的知识,是百科全书的萌芽。这些知识的总结,无疑推动了人类文明的进步。第二,他是最早将学科进行分类的人。他把当时已有的人类知识分为逻辑学、理论哲学(含自然学、数学、神学)、应用哲学(含伦理学、政治学、家政学)、诗学四个部分,而知识的学科分类恰好是编撰百科全书的基础。

对我启发最大、印象最深刻的是狄德罗和他的《百科全书》。狄德罗(1713年—1784年)被认为是"现代百科全书之父"。他的《百科全书》历经20年完成,全名为《百科全书,或科学、艺术与手工艺分类字典》,成书时28卷,被公认为是现代百科全书的奠基之作。恩格斯曾给过高度评价,他说,"法国百科全书成为一切有教养的青年的信条,它的影响是如此巨大,给了法国革命党人一面理论的旗帜。"这个评价实在是太高了。恩格斯为什么这样评价?因为欧洲正在进行着如火如荼的大革命,狄德罗把"百科全书"作为宣传唯物主义、改变人们的思想观念、摆脱天主教会的神学桎梏以及与封建专制势力作斗争的武器，在每个条目中阐述着他和他的同志们的政治信仰和理论。这就为法国大革命做了舆论准备，恩格斯因此有那样热情的评价。

狄德罗宣称，他编辑《百科全书》的一个指导思想，即以解放思想为目的，以革新态度总结介绍现代知识，促进知识向现实生产力转化。革新的态度，实际就是要符合时代精神，总结的目的就是引导科学的发展，核心是知识向现实生产力转化。这个思想在当时，即便现在，应该说是很有价值的。

这是第一点，从百科全书的学术价值和政治意义上的认识。我们今天做《中国大百科全书》第3版，它的核心政治意义和学术价值应该是弘扬五千年中华优秀传统文化，宣传中国特色社会主义理论和实践的伟大成就，以国际和国内的科技文化发展启迪民智。

第二点，百科全书的发展主要不是靠品种和数量，而是要适应新时代读者的需要，这包括不断地更新内容和改进编写方法。从事"百科全书"事业的人总是跟着时代的发展，在不断地追求，不断地完善，因此总是不断地修订。这是百科全书的又一特点。一个版次差不多是十年，也就是十年左右修订一次，追求总结新的发展和进步。后来，《不列颠百科全书》公司觉得，十年修订一次，有的知识在书付印时即已过时，所以又动脑筋，改为一年修订十分之一，目的无非是要跟上时代的进步和科学的发展。

《不列颠百科全书》的修订、总共15版的过程令人深思和赞叹。根据有关文献和所能见到的图书，我作个比较，整个《不列颠百科全书》15版真是各具特色，各有千秋，精彩纷呈。我重点谈谈《不列颠百科全书》的几个关键节点，看看他们是怎么做的，怎样变化、发展的，给我们什么启发。

《不列颠百科全书》诞生于18世纪中叶（1768年—1771年），一个新时代到来之际。苏格兰在当时还是一个经济落后的国家，但却出现了哲学家休谟、经济学家亚当·斯密、改良蒸汽机的瓦特、文学家司格特。而爱丁堡即是苏格兰的中心，历史学家认为这时的爱丁堡正酝酿着大的发展。

爱丁堡的书商和印刷商科林·麦克法卡尔、雕刻家安德鲁·贝尔怀着当时启蒙之风的科学精神，决定编写一套"百科全书"。1768年，他们聘请了28岁的学者斯梅利任主编，以200英镑作为酬劳。经过三年努力，到1771年，3卷出齐，意外地卖了3000套，获得成功。可以说，《不列颠百科全书》是苏格兰启蒙运动的产物。从此，开始了《不列颠百科全书》至今250年的历程。

受第1版销售的鼓舞，他们雄心勃勃地开始第2版（10卷8595页）的工作。重点是修改第1版的差错，在内容上加以扩充，增加人物条目。斯梅利不同意增加人物条目，愤然辞去主编之职。

到第3版（18卷1.6万页）时，《不列颠百科全书》才真正达到了"百科全书"的标准，奠定了以后世界闻名的基础。第3版印了1万套，在当时堪称畅销书。但这一版有两点受到学者批评：一是给英王乔治三世献辞，二是攻击狄德罗的百科全书"斗篷下暗藏毒箭"，"散播了无政府主义和无神论叛乱的种子"。

这1到3版可以视作《不列颠百科全书》的初创期。

第9版（1875年—1889年），长达24卷，包括有1100名著名学者，特别是美、欧等国几百科备受推崇的学者，都参加撰写了学术文章，由于它的作者的权威性、大条目的学术性和广博的内容，被称为"学者版"。这一版也成为百科全书界"大条目主义"的代表作。后来很多学者认为这一版是"百科全书"历史上的巅峰，英国人甚至说，该书的权威性"仅次于上帝"。从此，《不列颠百科全书》有了世界的影响，仅在英国就卖出8500套。

第10版（1902年—1903年），加上了地图和目录卷，使《不列颠百科全书》更为完整。这一版实际上是第9版的补充。它的最大贡献是第一次引入了在世人的传记文章，不仅有国家领导人，还有各行业的杰出人物。编者认为，在世与去世不是问题，其人是什么职业也不重要，其人只要做出杰出贡献就可上书。

第11版（1910年—1911年），由剑桥大学接手，人称"经典版"。它保持了学术上的严谨性，同时大力提高可读性。主编认为大条目是"工具书之累"，应按一定比例设置长短条目，使大小主题得到详简不同的处理，以适应不同读者的需要。所以，这一版尽量减少文章长度，把第9版1.6万个条目，拆分为4万多个条目，很受读者欢迎。

从9版到11版这一阶段，应看作是《不列颠百科全书》的成长期。

这之间和之后，有两件大事必须交代。第一件事，1790年，《不列颠百科全书》以盗版形式进入美国，引起美国朝野热烈关注。因为美国当时刚刚通过了版权法，这个法只管国内的出版物，不保护外国的出版物。而国际版权公约"伯尔尼公约"还远在九十年后（1886年）才诞生，于是费城印刷商多尔森大胆盗印，书名改为《多尔森百科全书》。他还删除了"献给乔治三世"的页面，引入了一些美国的内容。有人说，英国人只能自慰："模仿是最真诚的奉承"。美国国父乔治·华盛顿、美国宪法起草人亚历山大·汉密尔顿、美国第三任总统托马斯·杰弗逊等许多名人都以拥有此书为幸。第二件事，发生在1920年，由于一战造成英国经济的急剧衰退，原来《不列颠百科全书》版权持有者，将版权转售给了美国的喜尔斯公司。这样，《不列颠百科全书》营运重心转到了美国。1941年，喜尔斯公司把全书出版权转赠给芝加哥大学。

美国人投入巨大的人力、财力，邀集140个国家4000多位学者，于1929年完成第14版（24卷）。由于内容丰富，《不列颠百科全书》由"国家地域性百科全书"跃升为"世界性百科全书"，确立了它在百科全书界的权威地位。

第14版总计重印41次，总共售出300万套。这是两个令出版人赞叹的数字。这一版有这样几个特点：第一，确立了连续修订制，由每十年修订一次，改为每年修订十分之一，保持材料的现代性和新鲜感；第二，突出大众化，文章尽量瘦身，增加实用知识，但专题性大条目特色不变；第三，增加当代人物传记，注意总结本时代人的思想。

1974年，经过十五年的规划、编辑，第15版问世，30卷。1985年增至32卷，称新15版。第15版的特点是什么？为什么11年后，又出一部新15版？

第15版的最大变化是知识体系的重构。过去一般都是分科为主，15版为顺应科学发展潮流，把分科为主发展为综合为主的交叉科学的形态，把人类知识体系按发生学原则划分为十大部类，即物质和能、地球、生命、人类、社会、艺术、技术、宗教、历史、科学。这是一个全新的框架。30卷采用"三合一"的形式：百科详编，19卷；百科简编，10卷；百科类目（即全书知识分类目录），1卷。

1985年，又增加2卷百科索引，称新15版。新15版减少了"详编"中的大条目，但每条的字数或有增加。大条目、大主题更集成化、系统化，强调学术性。"中国"一条达40万字。有的长条有300页。另外，重心向"简编"倾斜，由7万条增为8万条。

从现在看，第15版编者已经使出了浑身解数，竭力推进《不列颠百科全书》在质量和编辑上的创新。来自140个国家4000名撰稿人，光编辑费就投入3200万美元。这是什么样的雄心！

如何跟上不断变化的时代，是他们的首选，为此《不列颠百科全书》做了很多努力。除了在编辑方面，在载体形式上也做了大胆突破。这些努力体现在：

为方便不断修订，《不列颠百科全书》公司在1989年就把第15版的内容，制作成光盘版，开始进行数字出版、电子出版的探索。

1994年推出网络版，是网络上第一部百科全书。世界各地用户都可以通过网络查询《不列颠百科全书》全文，成为数字出版的领航者。

不断修订，不断出新。前后15版，做出了许多努力和尝试：

学术型、权威型，请各学科权威、专家主笔。

经典版，力求文章的权威和学术质量的稳定持久。

简明版、阅读型，文章变短，不断瘦身，以便于阅读。

信息加快更新：由传统的十年一次修订，改为一年修订十分之一，保持材料的现代性。

总之，从3卷本到32卷本，从长条文章的学术性到短条的可读性，短条的增多，从保守的爱丁堡到前卫的芝加哥，从英国人的手里转到美国人手中，几度易主，一直在求变，但是始终不变的是它在学术权威性和出版的严肃性上的坚持。

这时，外部形势更加逼人。先是1998年谷歌公司推出了搜索引擎；接着2001年维基百科创立，网络的应用，改变了人们的查阅方式，把鼠标和人拴在一起。新的工具更加新颖方便，吸引使用者。市场的分割迫使《不列颠百科全书》寻找新的出路，这就出现了2012年3月13日的决策。百科全书求新、求变是又一突出特点。

第三点，从事百科全书事业的人，都富有令人敬佩的追求和奉献精神。

一部百科全书，一个版次就得十几年，修订来修订去，一版一版，一代人一代人干下去，二三百年，没有点追求精神和奉献精神是干不起来，干不下去的。"新百科全书"发起人威尔士说："想象一下，在这个世界里每一个地球人都能免费获取人类所有的知识，是多么有意义。"

许多了不起的学者，为了将自己的研究贡献给世界，贡献给读者，都积极参加到百科全书的条目撰写中去。参加历代各版《不列颠百科全书》的作者有：牛痘接种法创始人詹纳写了"牛痘"条目，世界闻名的经济学家马尔萨斯写的"人口"条目，《天演论》作者赫胥黎写的"进化论"条目，精神分析奠基人弗洛伊德写的"心理分析"条目，俄国大文学家克鲁泡特金写的"俄国"条目，"列宁"条目是被斯大林批判的托洛茨基写的，"古典政治经济学"条目是大卫·李嘉图写的，甚至"批量生产"条目也是请汽车大王福特写的，还有爱因斯坦写了"时空"、居里夫人写了"镭"、玻尔写了"原子"、萧伯纳写了"社会主义"，一大批世界著名的伟大学者和一百多位诺贝尔奖得主撰写条目，真是阵容豪华。他们为撰写一个条目字斟句酌，几千字的文章却凝聚了他们一生研究的成果。

三、《中国大百科全书》第1、2版是我们学习的榜样

在《中国大百科全书》成书前，我国还没有现代意义上的百科全书。我们很推崇《不列颠百科全书》。但正是新版的《不列颠百科全书》介绍中国百科全书时明确说明：中国明代的《永乐大典》是"古代世界上最大的百科全书"（见《不列颠百科全书》国际中文版第6卷）。这部《永乐大典》，编纂时间是1401年到1407年（明成祖永乐年间），总计6年。参加编纂人数达2169人，总计22877卷，目录60卷，分装11095册，总字数3亿7千万，现仅存810卷。同时《不列颠百科全书》还列举了我国三国曹魏的《皇览》、隋唐之际的《北堂书钞》、唐代的《艺文类聚》、宋代的《太平御览》、清代的《古今图书集成》等27种书。

这27种书，其实都是我们今天所说的类书。一般来说类书是"资料性工具书"，是"准百科性质的书籍"，还谈不上是真正意义上的百科全书。

　　中国近现代历史上无数有志之士为编撰真正意义上的百科全书，前赴后继，终于成就了百年大业。据孙关龙先生介绍（见《百科全书的历史》载于《中国编辑》2003年增刊号），近代百科全书传入中国，是19世纪60年代。当时，由多位学者介绍、引入、翻译若干学科、若干条目。1908年，四川学者杨紫极，利用他法文的特长，到1922年，十四年间翻译了200多万字的狄德罗《百科全书》。1924年，上海商务印书馆成立了由王云五为主任的"百科全书委员会"，打算在翻译《不列颠百科全书》的基础上编辑中国的百科全书，因为工程浩大，只过了一年便停止了。

　　新中国成立后，胡愈之先生曾倡议编辑出版"中国百科全书"，并列入国家审核通过的《科学发展十二年规划》中，可惜后来不了了之。

　　1978年，改革开放的春风越刮越大。关于"真理标准的讨论"，给思想文化界带来巨大变化。当时，中央编译局原副局长姜椿芳同志提出了编撰"中国大百科全书"的倡议，并得到中央批准，于是中国百科全书事业开始了新的一章。

　　《中国大百科全书》的作者同样具有忘我的投入和奉献精神。《中国大百科全书》的倡导人姜椿芳先生，大家称他为"中国现代百科全书之父"，他的事迹也正体现着这样一种追求理想和无私奉献的精神。姜椿芳先生从1968年9月16日入狱，到1975年4月19日解除监禁，总计2407天，差不多七年的时间。出狱那天，编译局的领导去看望他，见面之后，姜老不谈身体，不谈家庭，却立即建议编纂出版中国大型工具书——百科全书。他在平生最后一篇没有写完的文章中说：

　　1975年4月19日，我出狱的那天，中央编译局的负责人王惠德、叶直新、张仲实同志来看我。我谈起在狱中的设想：编译局已经译出《马恩全集》《列宁全集》《斯大林全集》，是否可以用现有的编译力量，配备一些有专业知识的编辑，编辑中国还缺少的大型工具书——百科全书（见黄鸿森《百科全书编纂思考》248页）。

这是何等的胸怀，何等的气概！胡乔木同志称赞姜椿芳先生对百科事业充满了"殉道式的热情"。（见胡乔木致李荣、朱德熙信1984年5月13日）

《中国大百科全书》第1版从起步到出版长达15年，多数卷的编写时间就长达五六年，有些卷用时更长，如《中国文学》8年，《生物学》《现代医学》10年，《中国历史》12年。参加编写工作的前后共计有20672人，中科院400多位学部委员中有336位参加编撰工作，占84%。许多年迈的学者为撰稿审稿、查核资料，常常夜以继日，艰苦备尝，众多事迹，感人至深。

经济学家许涤新、考古学家夏鼐、历史学家侯外庐、文学家周扬、冶金学家孙德和、物理学家王竹溪、天文学家戴文赛、政治学家陈体强等，都是在住院期间仍继续领导有关卷的编撰工作。法学家钱端升等老专家都亲自到北京图书馆查核资料。建筑学家童寯临终前仍在写"江南园林"条目。我国导弹之父钱学森先生在百忙中帮助编辑部探讨编辑方针和读者对象。

《中国大百科全书》在中国改革春风的鼓舞下，正是这些事业的伟大追求者完成的。

在编辑《百科学术文库》时，我几乎看了黄鸿森先生《百科全书编纂纵横》中的每一篇文章，真是感到第1版的编辑了不起。对这些伟大的学者我是心悦诚服，五体投地。他们既十分认真，不清楚就核查，又学问渊博，常能发现问题。黄先生说："谁也不能什么都懂。"这话对条目的作者来说，"智者千虑，难免有失"需要编辑帮忙；对编辑来说，塌下心来，勤能补拙，多动脑思考，多动手查阅。

举几个他们加工的例子：

（一）时间的错位最容易发生，关键时间应动手核查

原稿：1894年马克思在《资本论》中论述了生产和消费排泄物的利用及对环境的污染。

1896年恩格斯提出协调发展和环境关系的思想。

审议：马克思逝世于1883年，恩格斯逝世于1895年，他们不可能在长眠地下之后还"论述""提出"什么观点。

（二）一群人名排在一起，必须个个审核，不能一晃而过、鱼目混珠，要一个个考据

原稿：清华大学条。该校培育了大批学者，"例如竺可桢、高士其、姜立夫……"

审议：经核查，竺可桢1910年赴美留学，姜立夫1911年赴美留学。而清华学堂是1911年4月成立的，可见说他们受清华"培育"一事，竺先生绝无可能，姜先生也不大可能。

（三）神话故事与现实情况不能套在一起，否则会十分可笑

原稿：传说周穆王乘骏西征、带着大规模舞队，在瑶池会见了西王母……行程远到新疆以西的中亚西亚。

审议：这段话出自《穆天子传》，《四库全书总目》说此书内容"恍惚无征"，今天我们说多有神话色彩。西王母是神话人物，前面说"瑶池会见"了西王母，大家都知道是神话故事，后面又写出真实地名在"新疆以西的中亚西亚"，就有点可笑了，好事之人没准去那里找寻。

（四）一个条目，在多卷出现，因为是不同人撰写的容易造成不同，这就需统稿者注意统一

原稿：如印度古代佛教学者、诗人、剧作家马鸣。

宗教卷：约于2世纪时出生。

哲学卷：约公元前50至公元100年。

戏剧卷：约1.2世纪。

外国文学卷：生卒年大约公元初期。

审议：四种说法，都是模糊法，出在同一套书中，不妥，一应注意考据，二编者应设法统一。

黄先生所举失误的例子说明，一是看出第1版同志编辑加工时是十分认真的，精益求精。二是专家学者也可能有疏漏，不要迷信权威。三是做好审稿工作十分不易，确实要慎之又慎，得加强学习，储备知识。

从这些事例也可以看出，中国第一部"百科全书"的成功，绝非偶然，是一大批知识分子，一支队伍，千锤百炼、鞠躬尽瘁的结果；那种奋斗精神，那种求实和精益求精的精神，那种为中华民族编纂出第一部高质量百科全书的"殉道式的热情"，永远是我们的宝贵财富和行动的榜样，也是我们做好《中国大百科全书》第3版的动力和支撑！

四、《中国大百科全书》第3版的追求与探索

2017年，我们与中国科学院的专家、学者、院领导召开第3版工作研讨会。白春礼院长做了动员讲话，向中科院承担的36个学科卷提出要求。我介绍了各学科的进展情况和目前存在的问题。会后，科学院的"科学网"披露了会议情况和第3版工作进展。这是2013年开展工作以来，第一次向外界披露第3版工作情况，立即引起海内外媒体的广泛关注。国内的《光明日报》《中国新闻出版报》《中华读书报》《环球时报》《参考消息》和《南华早报》，国外的美联社、新加坡的《联合早报》《新西兰先驱报》、英国的BBC等纷纷发表消息和评论，可见世界对中国编制新一版《中国大百科全书》的特别关注和期待。

我们是后来者。后来者要赶上去，要有新的进步，要做出更大的努力，靠什么？只能靠质量，靠准确和权威。权威性体现在什么地方？国际百科全书对"权威性"的评价，有若干要点。一般都认为，权威性的标准是出版者、编辑部（总编辑、学科编辑）、编委会，撰稿人、审稿人的学术声望和资格。

编撰者名单是最直接、最容易判定的标志。全面，指内容覆盖度，是否存在重要的遗漏。另外，国际上对于百科全书的质量有个评判的机制，它以百科全书被图书馆、评论刊物、专家、重要报刊引用的次数，图书要目、工具书收录的数据作为比较的标准。这个标准最高分是15分，现在《不列颠百科全书》《康普顿百科全书》《美国百科全书》都得到了最高的15分，很不容易。我们必须赶上去，大胆探索，要形成我们自己的质量品牌。亦步亦趋，没有创新和突破不行。

毛泽东同志早年和王任重同志谈话时说：不如马克思不是马克思主义，等于马克思不是马克思主义，只有超过马克思才是马克思主义。这就是讲的继承与创新的关系，变化、发展、创新是马克思主义的灵魂，只有创新才能超越。

《中国大百科全书》第3版现在已经形成了编撰的设计，逐渐完善着施工的思路，还要请大家出谋划策，不断完善。

（一）关于网络版

从内容上说，要有鲜明的中国特色和风格，重视对中国各民族的历史文化遗产、科学技术成就和各方面情况的介绍，特别是在中国特色社会主义理论指导下产生的伟大成就，体现出的中国人民的战胜困难，争取富强幸福的精神。我想，这一点是广大读者尤其是国外读者最为关心的，也是国外百科全书最薄弱的地方。

从运作方面看，网络版进行多媒体配置，运用文本、图片、音频、视

中华文化：特色与生命力 ◎

频和交互产品，体现科学性、知识性、文献性、艺术性、趣味性，努力运用现代科技生动活泼地展示人类创造的科学知识。

从内容的丰富性来说，网络版分为专业版、专题版、大众版三个板块。

专业版是网络版的核心、主体，类似专业板块的条目，第1版是7万条，第2版是6万条，第3版将有30万条，规模大几倍。它的框架以科学分类为基础，既要有稳定性，又要具有时代性、开放性。专业版按学科分工编撰，其中人文科学、社会科学内容的比重略大于自然科学和工程技术科学，经加工、整合为一体。以大学及大学以上文化程度的非本专业读者为对象。介绍知识既要坚持学术性、准确性，又要深入浅出，具有可读性。

专题版以各种特定课题为中心，以多作者、多视角、多条目汇集的形式编撰。这种专题汇集，可以方便读者阅读、深入探讨。对专题研究者大有裨益。

大众版以满足人们对现实的经济、政治、文化、教育、医药、文艺、体育现象及日常生活知识的关注为重点，注意雅俗共赏。采用"开放集稿、封闭发布"的运作方式。以中等以上文化程度的读者为对象。

要强调的一点是我们的网络版是《中国大百科全书》的网络版。《中国大百科全书》是高端工具书，主要是给大学及大学以上读者使用的，它的着重点在准确和权威。《中国大百科全书》的网络版照顾到使用网络读者面的扩大，它的读者对象是高中和高中以上的读者。

（二）关于纸质版

中国有中国的特点，有读书、用书的习惯，一些读书人特别是年长的学者，目前运用网络有许多不便，图书馆、学校、研究单位还需要纸质版。纸质版的条目如何选定？考虑到我们已有的网络版，纸质版的条目可以大大精简，但是，精简后的条目应该包括这个学科的骨干条目，这些条目能够形成学科较为完整的框架和体系。条目的撰写要强调学术性。

从读者对象来说，网络版面向高中和高中以上文化水平的读者，纸质版主要面向大学和大学以上的读者。

考虑到网络版的方便和灵活，新纸质版的读者不会像只有纸质版时那么多，所以，我们将采取按需印刷的办法，做到根据需要，适时供货。

新的纸质版还有一个特点："纸网互动"。现在国家给我们提供了条件，网络版和纸质版都要做，这在国际上目前只有我们一家。我们先做网络版，再做纸质版。网络版与纸质版先后成型，这就给两个版本的结合或互动创造了条件。

因为网络上的东西肯定更丰富、更多彩，不但有文字还有图像，有声音、动漫，是多媒体的。纸质版上的东西是从网络版几十万个条目中筛选出来的，更精粹。但是为了扩充纸质版的内容，增强它的表现力，在重要的条目下面增加二维码链接。比如"郭沫若"一条，不可能写得很长，后面加二维码，郭沫若的文章、诗歌、小说等作品，只要是网络版上有的，用二维码都能链接起来，这就形成纸网结合和互动，大大丰富了纸质版的内容。

另外，我们在设计纸质版如何分卷的时候，根据读者的意见，我们计划分两步走。第一步，先按学科分卷出版。第二步，要采用"大类集成"的办法来分卷，把相关相近的学科结合在一起，成为一个"学科群"。用"大类综合"的办法来编纂，在一个大门类中，尽量减少、避免重复。比如，你是学历史的，中国学者一般文史不分家，那么你需要看中国历史、世界历史、中国文学、外国文学、中国哲学、世界哲学，如果把文史哲综合在一起，成为一个学科群，一大卷，使用起来就会很方便，购买起来也会比较便宜。又比如，地球科学学科群，包括地球科学、地理学、大气科学、海洋科学、地球物理学、地质学、生态学、环境科学、中国地理、世

中华文化：特色与生命力 ◎

界地理等，汇编成为一个学科群，研究地理的人，一卷在手，左右逢源。一个跨学科的人物可以集中一起来写，不必分散在不同学科的各卷中去。当然，做起来有难度，但会给读者带来很大的方便，就值得一试。

我们还想在每个学科前面设一个"超长条目"，就是概观条。这个超长条目由该卷主编撰写，可以是一两万字、两三万字或更长。这个超长条目，要介绍这一学科发展的历史、研究的现状，了解学科的发展规律，进而展望学科未来的发展趋势。其实，超长条目等于是把这个学科的从前、现在和未来做了一个总结概括，所以叫概观条，也是一部学术简史。所有的（103个学科）超长条目汇编在一起，将是一部了不起的学术巨著。我还想到，全书编辑得差不多时，能否出一卷《名家条目选》，可以阅读，可以欣赏，也可以留作纪念。

另外，还必须讲一点，我们必须有思想认识和准备，那就是我们的工作由于经验和条件限制会有考虑不周，设计不善，施工缓慢等问题，但我们仍然要有信心。各种百科全书，甚至很伟大的百科全书，在前进中也都是有不足甚至缺欠之处的，所以他们才会一版一版地修订。他们的教训也是我们的财富，是可以借鉴以助我们工作的完善的。

比如，《不列颠百科全书》第1版的时候很保守，没有收录"人物"条目。第2版的时候正逢美国独立战争，但它也没有什么反映。到第3版时，竟然给英王三世写了敬献题词，说《百科全书》宣传无政府主义，诱使人们造反，而我们这部书就要抑制这种思想。

《百科全书》得到恩格斯那样高度的赞扬，但是中间也有不少问题，有许多条目充满了冗长的辩论，不像辞书条目。我想这也有它的道理，为什么条目中会有辩论之词呢？就像恩格斯说的，它给了法国革命一面理论的旗帜。但他们的批评没有局限于宗教信仰问题，他们把批评扩大到他们所遇到的每一个科学传统或政治措施。狄德罗把百科全书当作向封建势力斗争的武器。这是当时法国革命的需要，我们不能简单苛求。这是时代的需要。但从百科全书角度讲，他们把一些条目作为论战的武器，削弱了条目的知识化，百科全书已经不是单纯的检索类的工具书了。这就和今天百科全书的条目书写原则和宗旨不是很相符。所以，从一部百科全书的角度来要求，它也是有不足的。

《中国大百科全书》第1版做出了杰出的贡献，是伟大时代的产物，结束了中国没有现代百科全书的历史，是具有开创性的。我们翻翻档案，全世界有五十几个国家都有百科全书。自从有了《中国大百科全书》第1版之后，中国就结束了没有现代意义上的百科全书的历史。这个贡献我们应该给予高度的评价。可是当时，它也确实有不尽如人意之处。第1版第二任总编辑梅益同志说："1版开始的阶段，主要问题是缺少完整的以学科分类为中心的总体的设计。"这给后来造成了很多的被动，有的学科很厚，有的学科很薄，有的零碎不完整，都是刚开始缺少总体设计的缘故。另外，没有严格按照编辑体例进行，这造成了缺乏统一标准、缺乏规范和一致性。这是经验不足造成的。

我举上述的几个例子，目的就是激励我们在前人的基础上，如何搞得更好。要坚定信念，要有信心。一部伟大的作品是时代的呼唤，是时代的产物，有时代的光荣，也有时代的局限，都需要我们具体分析，不断地改进、充实和完善。

从《不列颠百科全书》诞生之日起，到2012年纸质版停印，总计241年（1771年—2012年）。241年风云变幻，《不列颠百科全书》从最初适应时代的需要，由三个人策划，一个人的努力编纂，到终于问世；从第1版、2版、3版，直到第15版，不断改革，不断调整，达到高峰。那种文化上的自信，值得我们学习。

《不列颠百科全书》编辑部在官网上说："宣布并不是一种结束，它更是新的开始。"这是悲壮的，也是不甘心的，更标志着启动一个新征程的决心。

《中国大百科全书》半路追赶，《不列颠百科全书》的创业历程让我们受益良多。我们有各方面的支持，占据了天时地利，是幸运的；但创新和超越却不是一句话，一个决议，就能做到的，必须讲究科学，敬畏规律，尊重专家，质量第一，摒弃私心，齐心合力，这才能无愧于一二版艰苦创业的前辈，无愧于广大读者的期望，无愧于时代。

让文物活起来

◇ 刘玉珠

　　我很高兴来到"远集坊"进行一次汇报，主要围绕"让文物活起来"这个命题，与大家共同探讨。

　　2020年12月，我应邀出席了三星堆开放式文物保护与修复馆的开馆仪式，成都平原的冬日丝毫没有影响和阻挡观众的热情。刚刚开馆的文物保护与修复馆内外人群熙熙攘攘，排起长龙，从耄耋老者到求知少年，透过玻璃好奇地观看不常见的文物修复场景。

　　据当地介绍，三星堆遗址自最新考古工作开展以来，门票年收入从两千万增加到了一亿元，他们预计"十四五"期间将会实现新的翻番。

　　紧接着，我又带队调研了距离成都一小时车程的安仁古镇，当地刘文彩家族的刘氏庄园、非国有博物馆中的国家一级博物馆——建川博物馆也是游客如织。尤其令人印象深刻的是古镇设计的光影加实景沉浸式演出，尽管已经到了寒冬，观众还是预约排队，一票难求。

　　当经济社会发展到一定阶段，人民物质和精神生活到达一定水平，在党和国家高度重视和关心之下，各界积极参与其中，文物应需、应时真正"活起来"。

　　2013年，习近平总书记在主持中共中央政治局集体学习时指出：要系统梳理传统文化资源，让收藏在禁宫里的文物、陈列在广阔大地上的遗产、书写在古籍里的文字都活起来。

2021年11月，中央深改委审议通过《关于让文物活起来、扩大中华文化国际影响力的实施意见》，习近平总书记在主持会议时强调：要加强文物保护利用和文化遗产保护传承，提高文物研究阐释和展示传播水平，让文物真正活起来，成为加强社会主义精神文明建设的深厚滋养，成为扩大中华文化国际影响力的重要名片。

从让文物"活起来"到"真正活起来"，习近平总书记反复关心和强调的文物资源活化利用，目标就是要推动中华文物"成为加强社会主义精神文明建设的深厚滋养，成为扩大中华文化国际影响力的重要名片"。

一、正确把握文物活起来的角度

关于让文物活起来，社会上一直有着不同的理解，包括一些学者和专家，认为活起来就是要放宽文物政策、活跃文物市场、文物能够自由流通、增加社会财富、满足人们需求。应该说，这是常规做法，但我认为要落实好习近平总书记让文物"活起来""真正活起来"的指示精神，我觉得从四个方面去认识比较好。

首先，文物活起来是中华文明延续发展的需要。我们说百万年的人类史、一万年的文化史、五千年的文明史，这是目前的定论，但是我们不排除有新的重大发现，把人类史、文化史和文明史向前推进的可能。我们需要系统梳理祖先留下的丰厚文物资源，深入挖掘其哲学思想、人文精神、价值理念和道德规范，坚定文化自信，科学展示中华文明的灿烂成就和它在民族复兴中应发挥的伟大作用。

其次，文物活起来对提高人民群众的生活品质有着重要促进作用。文物资源的充分利用所产生的效益是多方面的，既有精神层面如价值观、思维方式、生活方式的长期影响，又有物质层面如通过文物展览展示、通过文物市场交易等所创造的价值，是直接而且是可观的。

2020年河南博物院创排的"唐宫夜宴"舞蹈，所产生的综合效益就是一个很好的例子。正是通过这些服务和活动，潜移默化地影响着人们的精神世界，改变着人们的物质世界，既提高了国民素质，又提高了人们的生活质量，促进了社会的进步，也推动了社会的发展。

再次，从扩大中华文化国际影响力的角度去认识。中华民族从站起来、富起来到强起来的奋斗过程，也是中华文化繁荣发展的过程。我们与世界各国之间的关系也越来越密切，人民之间的交往也日益频繁。习近平总书记提出的"一带一路"和"构建人类命运共同体"，加强文化的交流与合作是重要内容。其中，文物的交流与合作受到广泛欢迎和关注，无论是官方和民间都有广阔的合作空间，它是展示中国形象、让世界读懂中国的金色名片。

最后，市场的繁荣有序发展是文物真正活起来的必经之路。我国民间文物收藏有着久远的传统和现实的需求。海量的社会文物是重要的生产力，也是文化消费的重中之重，更是文物市场繁荣有序发展的坚实基础。国家一直高度重视社会文物的保护利用，经过多年的调研和实践，近期国家文物局、国家发改委等6部门出台《关于加强民间收藏文物管理促进文物市场有序发展的意见》，聚焦社会文物重点、难点和改革发展问题，为探索社会文物管理，促进市场有序发展闯出了一条新路，也是让文物真正活起来的必经之路。

我想可以用一个"闯"字来形容这期间的历程，我到国家文物局任职了5年半，从第一次带队调研，一直到我离任，社会文物的保护利用和文物市场的繁荣发展，一直是我关注的重点，也是难点。民间收藏的量很大，关于对民间文物怎么样保护、怎么样利用，各方分歧相当大。在这方面，社会上持批评意见的不少，我在局里先后组织了三次社会文物管理座谈会，邀请对象包括长期持批评意见的收藏家，还有一些理论界人士、法律界人士，我们听取了他们的意见和建议。在开场的时候，我就说，我这个人脸皮厚，不怕被人骂，也不怕被批评，希望大家从自己的角度，既要从市场角度，还要从文物保护的角度和政府管理的角度来提出问题、意见和建议，帮助我们针对民间文物的保护利用和市场的繁荣提出真知灼见。每次座谈会都在4个小时以上，而且大家是充分发表了自己的意见和建议。我们把这些意见和建议进行了归纳，着手起草相应的文件。在文件起草的过程中有着各种争议，尤其是文物界本身的争议还是相当大的。我在任期间任何一个文件的出台都没有这个文件耗时长，也没有费这么大的精力去调整政策和意见的。可想而知，要把总书记提出的"让文物真正活起来"落实好，不仅需要推进各方面的学习、提高和认识，更需要政府管理部门花大力气做好这个方面的工作。

二、文物资源活化利用的创新实践

让文物活起来，现在是中央有政策、部门有探索、地方有期盼、公众有需求、行业有动力，落地的路径很清晰，实现的方式有多种。

一是国家政策引领，协同保障发力。围绕文物领域的重大问题，连续设计出台系列重要文件，从政策上提供了依据和保障。2016年国务院《关于进一步加强文物工作的指导意见》，2017年国办《关于进一步加强文物安全工作的实施意见》，2018年中办国办《关于加强文物保护利用改革的若干意见》以及《关于实施革命文物保护利用工程的意见》，2020年国办《关于加强石窟寺保护利用工作的指导意见》，2021年国办《"十四五"文物保护和科技创新规划》等，国家以每年1至2件的力度发布实施重磅文件，为文物领域从上至下的持续深化改革保驾护航，尤其是《关于加强文物保护利用改革的若干意见》，是文物事业改革的纲领性文件和重要遵循，是让文物"活起来"的国家意志导向。

国家文物局还会同发展改革委、工信部等出台《推动老工业城市工业遗产保护利用实施方案》；会同财政部印发《国家文物保护专项资金管理办法》，出台《国有文物资源资产管理暂行办法》，从专项资金支持到文物资源资产安全完整、有效保护和合理利用做出了明晰的规定；会同教育部印发《关于利用博物馆资源开展中小学教育教学的意见》，并围绕学科设置、人才培养、世界遗产培育申报展开一系列设计与合作；会同民政部出台《关于进一步规范非国有博物馆备案登记管理工作的意见》；会同人社部出台《关于进一步加强文博事业单位人事管理工作的指导意见》《关于深化文物博物专业人员职称制度改革的指导意见》，完善人事管理、绩效总量、薪酬津贴等保障，并从层级和专业设置、评价标准、申报渠道、评审权限等方面实现了突破创新。文博中高级职称比例可达40%，人社部有关同志跟我说，所有事业单位当中这个力度是最大的，一般都是35%中高级职称，文博已经达到了40%。

2021年，中央宣传部等9部门联合印发《关于推进博物馆改革发展的指导意见》，提出了5部分21个方面的具体举措，是一部新时代博物馆行业全面深化改革的指南。近5年30多件部委协作成果，为破除体制机制束缚，提高管理治理水平，促进资源要素有序流动，释放行业发展活力，提供了明确的目标，给出了具体措施，为文物"活起来"营造了开放包容的发展环境。

二是加强顶层设计，激发行业活力。2016年，国办转发4部门《关于推动文化文物单位文化创意产品开发的若干意见》，拓展文化文物单位职能，推动文化资源与现代生产生活相融合，并鼓励文化文物单位与社会力量深度融合，故宫、国博等一批网红文创产品走向了千家万户。同年，国

远集坊

中华文化：特色与生命力 ◎

206

家文物局等5部门联合出台了《"互联网+中华文明"三年行动计划》，腾讯、百度等一批高新技术企业纷纷参与其中，为推进文物信息资源开放共享，调动文物博物馆单位用活文物资源的积极性，激发企业创新主体活力提供了政策支撑。互联网+文物教育、文物文创、文物素材再造、文物动漫游戏、文物旅游，以及渠道拓展与聚合等工作，形成一批具有广泛影响和普遍示范效应的优秀产品与服务。2021年年底，故宫与腾讯在深圳联合举办了"'纹'以载道——故宫腾讯沉浸式数字体验展"，通过故宫的文物与腾讯的沉浸式渲染、图搜和全景声等技术结合，观众可以欣赏高达5.3米的裸眼3D"数字文物"和22倍高清放大文物，感受超越实体文物展览的体验。

中央还将印发《关于让文物活起来、扩大中华文化国际影响力的实施意见》，更多硬招、实招和具体项目落实落地落细，将大大推动文物活起来目标的实现。这个文件的出台含金量很高、操作性很强，当时设计了五大任务、八大重点工程，而且每一个都是要依靠社会的力量为主，政府则作为指导者的角色。

三是融入现代生活，规范市场流通。博物馆、大遗址更好服务当地经济社会发展，5788家博物馆近90%免费开放，年参观人次突破了12.6亿，穿国服看文物，过节逛博物馆已经成为新时尚；36家国家考古遗址公园建成开放，年接待观众突破4000万人次；文物古建进一步鼓励开放，各地涌现了一批活化利用的优秀案例。市场流通在不断规范，更好地满足了人们鉴赏和收藏文物的精神需求。中国国际进口博览会实施单家企业文物艺术品进口"5件免税"政策，2020年实现成交5件展品220万元，2021年井喷至41件7.6亿元。大湾区全球艺术品交易中心、海南国际文化艺术品交易中心、上海社会文物管理综合改革试点，以及南京、苏州文物市场流通登记试点，成效明显，激发了事业产业两个活力。我去年参加了深圳、广州、武汉等多个文化文物博览会开幕式和论坛等活动，每个博览会都与我一二十年前参加的类似活动有着特别大的变化，而且感受也不一样，展览规模大、科技感强，参与主体多，参加市民多，交易量更是惊人。如第十七届中国（深圳）国际文化产业博览交易会共展出文化产品超过10万件，近4000个文化产业投融资项目在现场进行展示与交易，67个分会场举办各类活动500多项，总参与人次205万；如为期三天的首届中国（武汉）文化旅游博览会，共吸引了298万人次现场参与，参展商带来的文化文物创意产品被一抢而空。我还看到很多其他行业的博览展示都要跟文物、文化遗产合作，创意设计从传统文化汲取灵感，以吸引关注，聚拢人气。

随着石窟寺、考古遗址公园、"考古中国"项目纳入《中华人民共和国国民经济和社会发展第十四个五年规划和2035年远景目标纲要》，国家文物部门印发石窟寺、大遗址、黄河文物三大专项规划，以及博物馆事业高质量发展、非国有博物馆备案登记规范和社会文物流通试点的不断拓展，文物服务社会、满足公众需求的边界还将不断外延。

四是聚合科技力量，鼓励社会参与。科技与文化始终是社会发展过程中相互聚合、提升的关键要素，尤其数字化时代迅速改变了人们的思想、行为和社会业态，元宇宙、全真互联等方兴未艾。数字技术在文物领域的运用，是实现社会力量参与文物事业发展的绝佳技术路径。中国文物保护基金会等专业性社会组织参与其中，实践证明也起到了更好地促成双方资源合作，更好地匹配双方需求的作用。

2014年，中国文物保护基金会与北京市、腾讯公司等有关方面联合启动长城实体保护和数据化采集，通过联合致力于长城保护的社会各界，持续探索长城新的修缮方式、数字资料的采集和留存方式，实施了箭扣、喜峰口、八达岭等示范性修缮工程，策划推出"长城你造不造""保护长城加我一个"等数字传播和线上活动引发网友纷纷参与和点赞。今年7月，长城文物保护工程被世界遗产委员会评为全球"保护管理示范案例"。2017年与敦煌研究院、腾讯合作推出的"数字供养人"计划，引发累计超过2.5亿人次的线上互动，"云游敦煌"小程序，接待超过3700多万人次"线上游客"。与中国国家图书馆、字节跳动等合作创设的"古籍活化与古籍数字化"等公益项目，相信也将为社会力量参与文物领域数字化的工作提供经验。

国家颁布的《"十四五"文物保护和科技创新规划》，加快推进中的国家文化遗产科技创新中心和文物保护领域国家重点实验室，以及腾讯等一批高科技企业源源不断投入的数字文物保护展示研发项目将引领未来方向和提供优秀实践经验。

五是创新公众传播，拓展交流合作。《如果国宝会说话》《国家宝藏》《中国考古大会》《中国国宝大会》持续推出，热播荧屏，科普成效明显。尤其是正在播出的《中国考古大会》，将良渚、周口店、殷墟等大遗址以综艺形式全景呈现在观众的面前，前7集电视观众和网络点击超65亿人次、创文化综艺类节目的收视新高。

2020年，全国文物部门共推出2000余项"云展览"，3个月点击量50亿人次；三星堆考古直播解读，相关阅读量38亿人次，大大激发了公众考古热情，文物事业传承广受期待，让人心生向往。

聚焦49国文物的"大美亚细亚——亚洲文明展"吸引国内外关注；实施11项中外合作文保工程、44个中外联合考古项目，4名文物工作者获得柬埔寨、意大利政府颁发的勋章。

英、美、日、意返还2000余件套流失文物，马首铜像归藏圆明园，激发了全民爱国热情。其中马首铜像的回归和在圆明园的展出，是线上线下传播的典范。圆明园马首2007年由何鸿燊先生斥资6910万港币购得，在国家文物局的协调下，2019年11月，正式捐赠国家文物局，捐赠仪式在国家

让文物活起来

博物馆举行；2020年12月，"圆明园马首铜像划拨入藏仪式"在圆明园举办。马首铜像先在国家博物馆"回归之路——新中国成立70周年流失文物回归成果展"与其他六尊兽首铜像聚首亮相，后在圆明园正觉寺"百年梦圆·马首回归"展览长久展出，160年漫长回归路让网友和观众唏嘘热议，今昔对比让人们更加珍惜来之不易的国家独立与民族复兴的盛景。

三、关于更好实施"文物真正活起来"的几点思考

文物"活起来"有着空前的政策利好和大量探索的实践成果，前景广阔，但也面临各种挑战。需要我们从着眼长远、调动各方、融合科技、加大供给、交流互鉴等方面不断创新试点，推动发展。

一是保障各方权益，鼓励更广参与。走不出宫殿的文物、流不动的民间收藏、闭门谢客的古建、门庭稀落的遗址，从来就不是文物人和公众所乐见的。孤木难支，众擎易举，文物事业繁荣离不开文物人和社会各界共同参与。在尊重客观需求，提供相应政策，保障参与各方主体权益前提下，"文物活起来"是一呼百应，自然而然的结果。应进一步加大保障力度，公有私有、国有民藏，性质不同，地位平等；资源创意、事业企业，各有分工，合理分配。更广泛调动各方参与文物事业的积极性，激发事业产业两个活力。

二是充分激活资源，促进均衡发展。中国有76.7万处不可移动文物，1.08亿件套国有可移动文物，但资源分布并不均衡，部分文物"沉睡"和部分场馆"缺物少展"的现象并存。大遗址和古建筑保护管理同样存在痛点，文物资源丰富的部分省市缺人缺资金，人才、资金富集的地区和企业机构参与度不足。通过建立更优化文物资源调配体系、租借标准、共建模式，对于具备条件的不同等级博物馆、公私策展机构和愿意投入文物事业的地区或企业提供更友好的服务和准入机会，并结合数字文物技术的创新

发展，将进一步释放文物资源，促进地区之间、部门之间的平衡发展。

江苏有一家县级博物馆，拓展思路，举办了"考古里的长江文明"的主题展览，汇集三星堆、海昏侯、盘龙城等遗址出土珍贵文物，这是近几年考古的最新发展。这家博物馆开馆22年来首次出现排队参观的热潮。今天在座的嘉宾还有"遇见博物馆"的负责人，"遇见博物馆"成立时间很短，但很励志，一开始既没有文物，也没有固定的场所，文物是借来的，场地是租来的，但在创意的支撑下，文物资源的共享流动下，观众和市场的热情反应，让它迎来了中国文物交流中心的看好支持，对外文化交流集团的直接投资等，实现快速成长，目前已实现了在北京、上海、深圳、成都的布局，拥有数万平方米的固定场馆。"遇见敦煌""遇见古埃及""遇见印象派"等展览，取得了不俗的成绩。这也为我们民间力量、社会力量参与提供了很好的范例。

三是融合未来科技，着眼长远发展。300万年的旧石器时代，1万多年的新石器时代，6000年的青铜时代，不到80年的数字时代，人类从无到有，社会形态从朴素到多元，历史证明，文化、科技始终是互为聚合提升的核心要素和基础动能。数字化乃至元宇宙、全真互联等技术在文物领域的运用，十分契合文物保护研究展示需求。文物领域的数字化服务聚合提升，更是世界性的课题和需求。根据联合国教科文组织有关报告，在2020年严峻的疫情考验下，全球博物馆平均闭馆时间150天，收入缩减了40%到60%。同样，国际性的文物展览、联合考古、遗产保护等活动也深受影响。国际社会共同倡导的绿色低碳发展目标，也要求我们文物行业借助数字科技，以更灵活的策略，可持续化的途径，推动文化遗产的多元共享。

四是满足民众需求，加大优质供给。基于淘宝、京东以及微信等社交网络和新媒介平台的"新消费"，以及"95后""00后"的购买力带起的"国潮消费"，对于各行各业，从设计到营销理念都具有震撼性、颠覆性改变。根据媒体报道，2021年天猫双十一开售首日，博物馆文创产品销售额同比增长了超过400%，平台方面更是举办《国宝不止一面》的考古盲盒活动，邀请多家知名博物馆，联合知名主播，将博物馆文创的热度进一步地推向高潮。"新消费""国潮消费"时代，消费者更加关注品质内涵、口碑，追求心理、精神层面满足，注重消费内容和消费方式背后的社交意义，消费从个人行为向社群传播。文创产品开发营销要避免同质化，而要向深度发掘内涵，注重质量，培育话题，形成社群持续热点。

五是深化国际合作，开展共同行动。文物是人们正确看待自身发展历史，促进相互理解包容乃至欣赏认同的纽带。文物保护传承，不局限于一国一家之事，也并非政府单打独斗的责任，而是各国共同关心、社会积极参与、关系民众福祉、富有前景的事业。柬埔寨吴哥窟保护修缮就是在联合国教科文组织发动下，各国精诚合作，以遗产保护利用促进发展中国家绿色发展、可持续发展的实践典范。新时代"文物活起来"，也需要国际视野。江西景德镇立足瓷业传统，不仅成功创建景德镇御窑厂国家考古遗址公园，还发掘古镇、古窑、民居等资源，吸引了上万爱好瓷器的国际"洋景漂"就此游学定居、研艺创业，为景德镇文旅和瓷艺发展提供新机遇和新视野。

2021年10月，亚洲文化遗产保护对话大会在北京成功举办，成立亚洲文化遗产保护联盟，发布《关于共同开展亚洲文化遗产保护行动的倡议》，启动"亚洲文化遗产保护青年大使计划"，并宣布在中国文物保护基金会设立亚洲文化遗产保护基金，这同时也是中央《关于让文物活起来、扩大中华文化国际影响力的实施意见》明确实施内容之一。中国文物保护基金会设立已有31年，深度参与的长城保护修缮被世界遗产委员会评为世界遗产保护管理示范案例，连续5年举办的"社会力量参与论坛"，组织开展的"拯救老屋行动""价值研究与传播计划"等项目，在架构多方参与桥梁、助力乡村遗产活化、文物价值阐释传播方面，为文化遗产事业可持续发展发挥了应有作用。

"版权＋文物＋数字"更是在全世界有着广泛合作意义。据我了解，腾讯目前就在争取同全球范围内有影响力的博物馆等机构开展线上线下合作，为博物馆等艺术机构提供一整套文化资源数字化与活化解决方案，并将博物馆在文物及艺术品衍生开发和运营等方面的经验与做法分享给有需要的人。

截至目前，腾讯已与法国国家博物馆、故宫博物院等国内外机构达成深度合作。期待越来越多文博机构和各界重视版权，利用版权，对接国际，在基于文物和艺术品的版权衍生开发中取得更大成功。

当下，党中央提出的构建国际国内"双循环"新发展格局，对于推动文物资源活化利用，提质升级文化产业，加强公共文化优质供给，动能十足。中国文物保护基金会期待与关注文物事业的各方面广泛协同合作，积极应对各项挑战，紧紧抓住当下历史机遇期，坚持服务于"更好认识源远流长、博大精深的中华文明"目标，聚焦行业和公众需求，发挥各自优势，推动链接共享，联手创造文物活起来的"中国样本"和"中国方案"。

我的汇报就到此结束，谢谢大家！

◇ 张博

带着梦想一起飞

从环球飞行这方面来讲，我是一名飞行员，但是我觉得更贴切的说法是一个飞行爱好者，因为飞行员不是我的职业，我的主业不是做飞行的，飞行只是在我主业以外的一个爱好。

今天主要是讲环球飞行。提到飞行，我相信在座的大家都不陌生，大家都坐过飞机，有过飞行的体验。但环球飞行究竟是一个什么样的飞行，不是所有的朋友都了解，我给大家做一个介绍。

什么是环球飞行呢？这个飞行肯定有一个飞行器，环绕地球一圈，但是这个一圈是有具体规定的。飞机是飞行器的一部分，要驾驶飞行器从地球某一点出发，以这一起点为原点绕地球一周飞行，这个飞行还要切割所有的子午线，就是经线，绕地球一周。我们地球是圆的，两极都有经线穿过，从两极全部切割经线的话，很快这个环球飞行就结束了，所以环球飞行对距离还有一定要求，飞行的距离不能短于南、北回归线的长度36787.6公里。在整个飞行过程中，必须是同一个飞行器，同一个飞行员，中间不能更换，更换了就不算了。

环球飞行是一项难度极高的极限挑战，这个难度有多高？有些人可能觉得这没有达到最高的难度，在这里我用一组数据来简单地给大家做一个介绍，大家可以通过这组数据来了解环球飞行到底有多难。

登珠穆朗玛峰是人类和自然界的极限挑战，根据2022年的统计数据，已经成功登顶珠穆朗玛峰的人超过了7000人次。进太空更难，今年中国的宇航员在太空站第一次过年，宇航员从中国太空站里和我们地面做交流互动，相信大家都看到了，非常震撼，所以进入太空是一件非常难的事情。根据2021年的统计，进入太空的人数超过1000多人次。而从莱特兄弟发明飞机到今天这100多年以来，全世界挑战环球飞行的人数，截至2021年才300多人次，而且这300多人次包含了早期没有成功的挑战者，有很多连人和飞机都找不到了，所以早年的这些先驱们，为了人类的航空事业献出了自己宝贵的生命，值得我们学习。从这一组简单的数据来看就知道环球飞行的难度之高。

今天通过我自己的亲身经历，以讲故事的形式和大家分享环球飞行当中的一些趣闻趣事。我已经做了两次环球飞行，相信在座的朋友会问，你既然不是专业的飞行员，怎么会做到飞行员和飞行爱好者的终极梦想——环球飞行？我决定去做环球飞行非常偶然，我童年时代也有飞行梦，但是在那个时代飞行梦是很难实现的，然而这个梦在我心目当中一直没有抹去，我一直在寻找机会可以实现人生的愿望。

2014年，因为工作的需要，我想尽快地全面了解航空到底是一个什么领域，因为作为我来讲，从来没有涉足过航空领域。我想用一个最快的办法对航空有全面了解，最后就决定去学飞行驾照，去学飞行员，通过学飞行驾照这个切入点来尽快地了解整个航空圈，对飞机的运行、制造、管理、飞行、法律法规就会有快速全面的了解。

但是我那时候决定做这个事情已经年过半百了，还有自己的主业，参与企业的管理，拿出很长时间参与飞行也不太可能，所以我挤出来两个月时间集中学习，看能到什么程度。我当时也没有太大的信心，我只有两个月时间想挑战一下自己，第一，如果挑战成功的话，我可以拿到一个飞行驾照，通过学飞行，了解航空；第二，也许能实现儿时的梦想。所以带着这种愿望我去了美国伊利诺伊大学，我硕士、博士都是在这个学校毕业的，我当时跟朋友说："我准备要学飞行，拿飞行驾照。"好多朋友说："你是不是最近闹中年危机？没别的事干了，想要看看自己还有没有这股闯劲？"确确实实是这样的。

到了伊利诺伊大学以后，我只有两个月时间，确实非常辛苦，也非常努力，我已年过半百，英语又不是我的母语，这种情况下，用两个月时间拿到飞行驾照非常有挑战。但是最后的结局令我非常满意，两个月之内我就拿下了飞行驾照，创下了伊利诺伊飞行学院建校70年用时最短纪录。但是你拿到驾照说明你会开飞机，但不一定开得好。大家都会开车，拿汽车驾照不是那么难，但是要把车开安全了，还是需要一点真功夫、真本领。

我虽然拿到驾照，但我还是一个新手，不管怎么样，拿到驾照以后我和航空业界的朋友们有了交流机会，通过和业界朋友交流，我才知道，中国还没有从自己国土上起飞的环球飞行，中国环球飞行在世界环球飞行史上还是个空白。我听到这个以后，热血沸腾，既然我这么快拿到驾照，我也有信心挑战一下中国的环球飞行，既然飞了，就想把它飞到极致。在这种背景之下，我做了两年的准备，这两年从飞行器到自己的技术方面，我把很多需要补课的地方补上来了。

在2016年，我驾驶单引擎的TDM飞机，从北京首都国际机场出发，飞跃了23个国家，44个起降，飞跃了三大洲三大洋，将近4.1万公里，历时49天，安全顺利地返回北京首都国际机场。这次的飞行就像我刚才说的，是填补了中国航空史环球飞行为零的空白，当然我也实现了我儿时的飞行梦。这次环球飞行是全世界环球飞行的第352次，是属于我们中国人的环球飞行，是填补中国环球飞行为零的一次飞行，是载入中国航空史的一次飞行。

在2019年我和我的好友，阿里云的创始人王坚博士在第二届"2050大会"一起为2050大会专门做了一次环球飞行，向年轻人展示作为"60后"，我们怎么为更年轻的人做一些力所能及的事情。大家都认为环球飞行是一件各个年龄层段都觉得非常励志的事情，希望用这次飞行给年轻人一个奋斗的启示。

这次2050大会的环球飞行，我是从芝加哥出发的，飞越了21个国家。这次经历了55个起降，因为这个飞机虽然是双螺旋桨的，但是是活塞式的，比第一次单螺旋桨的飞机性能更差。飞行超过4.1万公里，这次用了68天时间。68天以后，我降落在芝加哥，完成了环球飞行，这也是我人生第二次环球飞行。

环球飞行是一个超难度的挑战的活动，它究竟难在什么地方，我想在这里和大家分享一下我在环球飞行当中的个人感悟。

首先是飞行器的挑战。作为环球飞行对飞行器没有特殊的要求，什么样的飞行器都可以做环球飞行，你可以飞大飞机，像波音747等；你也可以飞非常小的飞机，只要飞得起来都可以；你也可以用动力的，也可以用滑翔机，也可以用固定翼，也可以用直升机，甚至热气球也可以做环球飞行，曾经也有人挑战用热气球做环球飞行。

当然在挑战环球飞行的过程当中，没有人用太大的飞机，如果弄个空客380多天就飞完了，就没有什么挑战了。所以一定要选择固定翼的小飞机，这个挑战就大了。小飞机一般情况下飞不高，飞不远，飞不快。飞不快还好说，一个月飞不完飞三个月，总有飞完的时候。飞不高的挑战就大了，在环球飞行当中你要是飞不高的话，极端天气对你的影响就会非常大，暴风雨、暴风雪、突如其来的极端天气，对环球飞行的挑战非常大。

从地理上来讲，特别是从地球的地理高度上来讲也是很大的挑战，我们在环球飞行整个过程当中有两个高的山脉必须过，一个是高加索山脉，一个是我们中国的喜马拉雅山脉，这个山脉延伸到新疆的天山山脉，这些山脉都非常高，这种小飞机一般的设计高度就不是特别高，都是在山顶以下，像喜马拉雅8000多米高，我这个飞机在4000多米的高空中飞起来就困难了。而且，飞到一定高度后要戴上氧气面罩，航管规定飞行高度在1.35万英尺（约4115米）以上时飞行员必须戴氧气面罩，保证飞行安全，所以飞不高是一个非常大的挑战。

更大的挑战在于飞不远，环球飞行需要绕地球一圈，比如从中国飞，中国在亚洲，亚洲到北美洲要跨太平洋，从北美洲到欧洲要跨大西洋，小型飞机没有能力跨洋，就要像青蛙一样顺着海岸线一站一站跳，这个难度很大。要从中国起飞做环球飞行，需要先向俄罗斯飞进西伯利亚，从西伯利亚一直飞到亚洲的东北角——白令海峡。飞越西伯利亚挑战性非常强，坐大飞机没有这种感受，但是小飞机要想越过这个地方很难，西伯利亚几千平方公里都是无人区，气候变化无常，非常寒冷。人少的地方机场也非常少，救援设施也非常少，所以这一区域飞行挑战非常大。大飞机飞得高，和地面有联系，一旦发生什么事和地面有互动，这种小飞机一旦飞进西伯利亚无人区的时候，从雷达上根本就看不见我们，而且我们也和所有航管无法联系，如果比较幸运，正好这个时候从我头上飞过一架大飞机，我可以和大飞机联系，用搭桥的形式和地面空管联系，告诉他我现在大致的方位，我的基本情况和我需要的诉求。

最难的还是过大西洋，基本上全世界环球飞行都逃不开这条路线。我们基本上飞到北美洲美国和加拿大的西海岸，大西洋的东岸，从那个地方一直向北飞，到北极圈戴维斯海峡，这是太平洋和北冰洋的交界处，470公里是最短的距离，所以我们的飞机必须飞到那个地方，再从那里飞到格陵兰岛，飞越北大西洋，落地冰岛，从冰岛要飞越长距离的挪威海，到达挪威，然后到达欧洲大陆。这一段的航线，天气和自然条件都是相当大的挑战。这个地方是高寒地带，地面最冷的时候到零下70摄氏度，我没有赶上，我赶上最低的温度是零下20到零下30摄氏度。除了高寒、多火山，这一地区的气候也是变化无常的，所以这一段是最富有挑战的。我们大家都有这种知识，飞机每升高1000英尺，温度降低2摄氏度，我们这个飞行一般大概都在1.3万英尺的高度飞行，因为到了1.35万英尺就要戴氧气面罩了。如果地面是0摄氏度，每一千英尺降低2摄氏度的话，我在那个高度已经是零下26摄氏度了；如果地面是零下20多摄氏度，在那个高度就是零下50多摄氏度。小的飞机没有大型飞机那种空调设施，只有一点加热的设施，在那么寒冷的情况下作用微乎其微，所以说，我们在飞行中会遇到极端的寒冷。

遇到火山也是一大挑战。现在科学技术发展了，有些情况会有预报，但也有很多时候，我们在飞行中遇到的状况是无法预测的。遇到火山喷发，大飞机都得躲，我们这种小飞机遇到这种状况，火山灰一旦进入发动机，在空中停了"车"就得掉下去了。在这个地区飞行，根据航管规定，为了保证飞行员的生命安全，飞行员必须穿上冷水救生服并在飞机上配备冷水救生艇；并且各个国家的警备队都会密切关注我们的飞行活动，一旦在这个地区有任何问题，警备队马上就要找一个最近的地方救援。但是从他们发现到派飞机找到你，最快也要4个小时，要是没有特殊设施的话，飞机一旦掉下去，人是无法存活的，这么低温的情况下，即便我们穿再厚的羽绒服，只要掉下去，也会快速失温，人的存活时间最多5分钟。

为了尽可能保证在这个地区出事后飞行员能够存活，我们要穿上冷水救生服，这都是专门为航天航空单位定做的。一旦发生这种情况，不管以什么形式迫降，穿上这种冷水救生服至少可以存活30分钟。但这还远远不够，我们一定要在30分钟之内爬进冷水救生艇，这种救生艇有一些小的加热装置和食物，还能让你坚持5个小时左右，这两点结合才有可能等到海岸警备队的救援。

除了设备保障之外，在整个环球飞行中，特别是在这个区域的环球飞行，在飞行计划上也和其他飞行有所不同。一般情况下，飞行员从出发地到目的地制订一个，最多两个飞行计划就可以了，而我们要制订四套飞行计划和方案。第一套方案，就是传统的方案，比如我从出发地到目的地，从A点到B点，90%都是这么飞的；第二套方案，从出发点出发以后到目的地如果因为极端天气或其他原因无法降落，一定要在目的地的附近找到一个备降机场去备降；第三套方案，从A点到B点，每一个航段都要找到一个折返点，就是要飞到折返点的时候，由飞行员来判断有没有100%的把握能够飞到目的地，如果没有把握的话，必须从折返点掉头回来，因为如果没有办法降落的话，油就不够回来了，所以这个折返点在每一个航段上是必须考虑的主要因素；第四套方案，在折返点回来的时候，如果原来的起飞机场因为天气和特殊原因导致飞机无法降落，飞机也要找一个附近的备降机场，这是相当有挑战性的。

其次是生理挑战。基本上每天的飞行，比如说一个航段大部分在5个小时左右，而小飞机根本没有厕所，为了不上厕所，飞行员在这5个小时里不能吃，不能喝，而且在飞行之前的5个小时就不能吃不能喝了。所以每一个航段的飞行中，飞行员基本上是有10个小时不吃不喝的。很多人说可以用尿不湿，但是我们不能用尿不湿，大家可以想象一下这么寒冷的地区你坐在冰坨子上是什么感觉。所以只能不吃不喝。

每天的飞行任务都很重，基本上早出晚归，我作为飞行员，沿途还有很多报告，还要想怎么和媒体对接，怎么回答媒体的问题。所以在整个飞行过程中，每天吃不好，喝不好，更睡不好。作为身体比较好的正常人，三天五天还可以；身体特别强壮的人，一两个星期还盯得住，但是一飞就

中华文化：特色与生命力 ◎

远集坊

220

是两个月，对身体的挑战非常大。

再次就是不可抗拒力的挑战。比如天气不好，我们可以不飞了，最怕的是飞到途中的时候天气不行了，这个对飞行员的挑战非常大。我们每天都会遇到这种极端的情况，因为时间原因不能一一介绍了。

我给大家讲一个故事。我第一次环球飞行时，担任了首届丝绸之路（敦煌）国际文化博览会的宣传大使，主要宣传敦煌文化，宣传丝绸之路，组委会要求我在回来的过程当中一定要飞中亚五国，土耳其是必经之地，没办法绕开。在2016年8月份马上要起飞的前一两天，土耳其突然发生了军事政变，我们当时非常紧张，也不知道到底发生了什么事情，飞行计划已经有了，就按照我们的计划往前飞。按照计划，我飞到葡萄牙的里斯本的时候应该拿到进入土耳其的领空许可和进入土耳其的飞行计划，但是没有拿到，只好飞下一站，是意大利的威尼斯，从这一站就要飞进土耳其了，到了威尼斯还没有到领空许可，我们就着急了。我本人打电话没有任何回话，也不知道什么时候走，因为后面有很多报道任务，有很多活动，不能坐以待毙，我就开始想办法。因为这个地方离日内瓦不远，日内瓦有很多国际组织，我也有朋友在国际组织工作，我就想飞到那个地方，找朋友来帮我们以联合国的名义联系土耳其，让我们尽快进入土耳其，继续完成我们的环球飞行。结果到了以后情况并不是太好，土耳其政府的运作已经不是很正常了。这样也不行，我们就没办法了，我赶快取消了从土耳其飞越的计划。土耳其在黑海的南侧，因为黑海我们跨不过去，干脆从黑海的北侧飞，从乌克兰飞过去。

迪拜的公司马上派专家飞到罗马尼亚，我去罗马尼亚和他们会合，拿出新的飞行方案——我们决定南下飞雅典，为什么选择飞雅典？因为到了雅典可以继续和土耳其联系，如果他们允许我进入的话，雅典离土耳其的伊斯坦布尔非常近，我只要飞越爱琴海就到了，一旦不行再做另外努力，就是飞越地中海，从中东绕道再回到中亚五国。我到了雅典以后就玩命地打电话，功夫不负有心人，到雅典后的第二天土耳其方面就同意我们进入土耳其，但是有两点改变：第一点，我们进入土耳其的机场被安排到了一个军务机场，做专门检查；第二点，我们被允许进入土耳其，但是他们没有给我们出土耳其的许可。我想他们既然让我进去总得让我出来吧，所以我说时不我待，马上就跳上飞机进入伊斯坦布尔了，到了土耳其以后我很快得到了允许离开的批准，有惊无险，耽误了几天时间。这次在土耳其的军事政变期间，我们是唯一一架非航线航班飞机的外部飞行器飞入和飞出土耳其领空的，所以环球飞行也给了我们很多难得的人生体验和经历。

最后是极端事件的挑战。我这里讲两个故事：飞机爆胎是飞行事故中级别比较高的事故，因为飞机在降落时速度非常快，爆胎很容易失控，一旦冲出跑道，机毁人亡，而且会对地面的设施和人员造成极大危害。但是考飞行驾照时，实际上整个学习的科目都是在应付各种各样的极端事件，比如说空中停车，空中失火，没有通信条件，唯独没有爆胎的训练，因为爆胎太危险了，没办法模拟，所以在整个考试的过程当中也没有要求。我在第一次环球飞行之前，至少经历了3500次的起降，从来没有爆胎的情况，而且我认识的飞行员朋友都没有爆胎的经历。结果我在第一次环球飞行的过程中在降落冰岛的机场时就出现了爆胎，他们给了我19号跑道，刚一降落我感觉到右侧的机翼振动了两下，马上思想集中到右侧，很快右侧的振动就很厉害了，飞机出现偏移，我第一个反应就是：坏了，轮胎出问题了。可是我没有训练过遇到这种情况怎么办，下意识地认为，一定要保持飞机在跑道上不能偏离，如果偏离就麻烦了，这个白线不能出了我的视野，我使出所有力量控制飞机不偏离白线；然后要赶快让飞机停下来，常识告诉我这种情况下绝对不能踩刹车，我们开着汽车行驶在高速公路上，一旦爆胎再一踩刹车，汽车马上会失去重心，就会出事，这是基本常识。

而且飞机有三个轮子，不是四个，我又要保持在跑道上，又不能踩刹车的话，如果跑道不够长，我也会冲出跑道。这个时候我怎么办？我想到我驾驶的单螺旋桨飞机的桨叶可以调整而使风向向后，如果加大最大马力，风就向后吹，飞机就能尽快停下来，这等于变向刹车。过去我没有经历这个训练，这是非常难操作的，因为飞机头上有螺旋桨牵引向前非常稳，但如果力向后推的话，就相当难操作，这时机头是上下左右来回晃的，我一定要让这个飞机在滑出跑道之前停下来，还不能掉到跑道之下。所幸，飞机在离飞机跑道终点不到100米的地方停了下来，就停在跑道上。

　　我后来回顾这次爆胎，觉得真是万幸，在当时慌是没有用的，还是需要冷静冷静再冷静。在整个过程中，我所有处理的决定和操作没有一个失误，这中间只要有一个失误，可能第一次环球飞行到冰岛就结束了。

　　到了第二次，飞机在山东济南遥墙国际机场降落时又发生了爆胎。因为有了第一次的经历，我并不慌，而且遥墙国际机场是很大的机场，跑道特别长，也宽，最后还是把飞机安全停下了，没有安全事故，有惊无险。

　　另外一个故事发生在我第二次环球飞行时，当时飞机进入中国后的第一站是乌鲁木齐，第二天我从乌鲁木齐出发只飞出去十几分钟就发现左侧发动机不正常，所有仪表不正常，很快仪表就到了红区，整个飞机里的警报全响了，我旁边坐了一个领航员，当时我们都非常紧张。按飞行手册上的要求，到了这种时刻我必须关闭发动机，于是我就把发动机关闭了，马上跟乌鲁木齐的管制发通知，要求立刻返航降落。在和机场整个合作的过程当中，时间和处理方式都非常得当，机场也做了应急预案，对于我来讲也是非常安全地降落到乌鲁木齐机场了，这是乌鲁木齐机场建成之后第一次遇到返航降落。

　　除了这些挑战之外我们也收获到了很多馈赠。我们看到了平时很难看到的奇观，特别是我们飞的这些地方都是人迹罕至的地方，风景极其漂亮。在美国阿拉斯加的飞行也比较自由，可以贴着地面飞，能看到很多动物。我们飞到阿拉斯加的冰川和雪山时，飞到最上端，顺着冰川走向往下飞，一直到冰川入海，冰川一入海变成雪山，我们一会儿在雪山之间贴着海面，一会儿在冰山上面像鸟一样自由飞翔，非常惬意，很难用语言来形容。

当然在环球飞行中也有很多人文关怀，我们在环球飞行当中得到了很多帮助。比如说我们到了罗马尼亚，飞机因飞行而使表面沾满了污泥，罗马尼亚方面就把救援车开了过来，三五个彪形大汉从车上跳了下来，帮我们洗飞机，让我想起来三四十年以前我国跟罗马尼亚同志加兄弟的关系，而今在这里充分体现了出来。

在环球飞行中间还有一些文化的交流，环球飞行给了我自己很多感触。第一，我们到了其他一个地方，可能语言不通，文化背景不一样，交流起来有困难，但是大家知道我们是环球飞行，都非常友善，所以友善也是构建人类命运共同体的基础。

第二，通过环球飞行，我意识到人类一定要有对大自然的敬畏之心，一架飞机看着非常大，但是一飞起来，乌云密布的时候才知道你是多么渺小和无助。特别是在飞北极的时候，我发现亿万年形成的北极冰川在断裂、融化，上亿年的北极冰盖在断裂、迁移。人类要保护大自然，要有对大自然的敬畏之心，要保护我们赖以生存的地球家园。

除了这些，在飞行过程中我还有一个体会：任何一个人，特别是在座的年轻人，一定要有梦想，有了梦想，再有坚韧不拔的追梦之心，碰见任何困难都不能退缩。当然追梦过程是一个非常艰辛、痛苦的过程，但是一定要咬牙坚持下来，才能达到人生理想的彼岸。这个是我的深刻体会，如果在这个过程中任何一环上我缴械投降了，我就不可能完成环球飞行。

天空离我们并不遥远，我们国家的通用航空起步比较晚，大家对开飞机感觉非常神秘，实际上我们30年以前对开汽车也觉得非常神秘，现在大家对汽车并不感觉神秘了，我相信若干年后通过我们大家的共同努力，中国的通用航空会有很大的改善。到那个时候，对蓝天有理想抱负的年轻人一定会开着飞机遨游其中的，也可以做环球飞行，这是一定可以做到的。

讲一下我在未来将要做的事情。我在两次环球飞行的过程中遇见了很多飞行爱好者，特别是我们年轻人，这些人都有环球飞行的愿望，说张博博士能不能有机会带着他们一起飞。我自己环球飞行了两次，有一定的经验，也有责任和兴趣与更多朋友们一起来飞，所以我们决定做一次编队的环球飞行。

这次环球飞行有两项世界纪录，第一次人类编队环球飞行是1924年，从1924年到现在的100年之中，全世界没有任何一个国家挑战4架机以上的编队环球飞行，下一步我们要进行5架飞机的编队环球飞行，而且编队环球飞行5架机和1架机不是增加了5倍难度，是5的次方级的难度，人类第一次编队环球飞行是美国陆军进行的航空飞行，他们都是军人，军人纪律性非常强，用的是同一型号的飞机，但是我们是用5架不同型号的飞机，其中有2架是自己造的飞机，用这个飞机来挑战人类的飞行极限。

非常荣幸的是，这些飞行员都是我们中华儿女，都是我们中国人。而且所有飞行员都是非职业飞行员，像我一样，都是把飞行作为爱好，当然这次挑战也有两项世界纪录。我想航空一定是大众化的，大家一起玩才更有意义，我们在天上的5架飞机，毕竟只有20到30个人，我们想通过这个活动把全世界年轻人对飞行的热情调动起来。现在科学技术特别是通信技术已经很发达了，完全可以让地面和空中作为一个整体，我们可以把大家的眼睛带到空中，通过实体飞行带到空中，又和地面结合在一起，大家一起来把这个航空事业轰轰烈烈地做起来。

我也想号召成百上千的全世界年轻人和我们一起来做这项创举，在人类航空史上留下光辉的一页，通过这个活动促进中国的航空文化，带领一帮年轻人对通用航空产生热情，在这个过程中对中国通用航空发展做一些有意义的贡献。我们非常高兴，也非常感谢大家继续关注我们未来的飞行，谢谢大家。

遠东方坊

下篇

当前形势下版权保护面临的问题

◇ 王迁

一、网络主播与表演者权、著作权

我想讲的第一个问题是网络主播与表演者权、著作权之间的关系。我们首先来看网络主播的权利。

（一）网络主播的权利

之所以要讲这个问题，是因为会员单位关于这方面的提问比较多。我们先来看一下会员单位提的问题：请问网络主播对直播享有著作权吗？简单的回答就是"看情况"。

1.著作权与邻接权的区分

为什么要说看情况？这取决于我们在什么语境下用"著作权"这个词，也取决于主播做了些什么事情。"著作权"作为一个术语是有广义和狭义之分的，狭义的著作权是指作者权，也就是说创作作品的人对作品享有的权利；广义的著作权还包括邻接权，国际上也称为相关权，邻接权是指作者之外的其他人，对于作品之外的其他的成果所享有的权利。

邻接权在我国目前《著作权法》中只有4类，就是表演者权、录制者权、广播组织权和出版者权，区分狭义的著作权即作者权与邻接权即相关权是有意义的。意义在于著作权法对这两类权利规定的保护水平是不一样的。原则上区分作者权与邻接权的著作权法会将保护的重心放在作者权上。所以当著作权法同时给了作者和邻接权人一项权利的时候，除了一些特别的例外，否则对邻接权人的保护水平不会超越对作者的保护水平。具体的体现就是著作权法给邻接权人赋予的权利，在数量上通常要少于给作者的权利，所以对它们的区分是有意义的。

2.表演与表演者权

刚才的问题是"主播能不能享有著作权"，那么我们就要看主播做了些什么事情，我觉得主播可能会做这几类事情：第一，即兴创作并且进行表演，同时通过网络对表演进行直播；第二，主播表演了自己或者他人之前就已经创作的作品，不属于即兴创作；第三，主播表演了不构成作品的其他东西。现在我们分别来看，第一种情况是主播在直播过程中即兴创作和即兴表演，比如说一个主播在直播时即兴创作了口述作品。《著作权法》规定：即兴的演说、授课、法庭辩论等以口头语言形式表现的作品是口述作品。我觉得中国古代最有名的口述作品，大概就是七步诗了。如果三国时代也有网络，曹丕想害曹植，于是通过网络直播，让曹植对着镜头七步内做出一首诗来。曹植事先并没有准备，临时被要求当场作诗，于是他怀着悲愤的心情吟出了"煮豆燃豆萁，豆在釜中泣……"这首七步诗，那么他的行为就是在创作口述作品。同时，由于他把口述作品吟出来了，他也是进行即兴的表演。再如有的主播多才多艺，他能在直播的时候即兴创作出音乐作品并把它唱出来，或者有的舞蹈演员多才多艺，能够在直播的时候即兴想出一系列的舞蹈动作设计并且把它跳出来，这样的主播就具有了双重身份。

首先，他们由于即兴创作了作品而成为作品的作者，成为狭义意义上的著作权人。同时他们又把自己即兴创作的作品表演了出来，基于对作品的表演，他们又是表演者，取得了表演者权。这里需要注意一点，曾经有一种观点认为如果是即兴创作、即兴表演，这种情况下即兴表演者、创作者享有的只有著作权，而不能享有表演者权。这个观点是没有依据的。我们来看一看即将生效的《视听表演北京条约》的规定，其中有一条是对表演者定义的议定声明。根据《维也纳条约法公约》的规定，各缔约方对条约正文做出的意见一致的声明对条约正文有解释效力，所以这条议定声明是有解释效力的。它的内容是，表演者的定义涵盖在表演过程中创作的或首次录制的文学或艺术作品进行表演的人。意思就是如果边创作边表演，则此人既是作者，取得狭义著作权，又是表演者，取得表演者权，这是第一种情况。

第二种情况是主播在直播中表演的不是自己即兴创作的作品，而是自己已经创作出来的作品，或者是他人已经创作出来的作品。比如说他表演文字作品（对着镜头朗诵一首诗），或者表演音乐作品（对着镜头唱一首歌），或者表演舞蹈作品（对着镜头翩翩起舞）。在这种情况下，他的法律地位就是表演者，在这种情况下要注意一点，对他人作品的表演原则上应当取得被表演作品著作权人的许可，否则可能构成侵权。至于侵犯什么样的权利，我们后面会再进行讲解。但不管怎么说，由于主播表演了作品，这个时候他就基于表演行为取得了表演者权。

第三种情况是主播"表演"了不构成作品的其他东西。比如说主播洗脸、刷牙、穿衣服、叠被子。因为现在有些追星族不在乎网红主播做了什么，只要看到网红主播就很开心。有一次我去参观调研，某网络直播平台方给我介绍了一个事情，他说有一次他们一名网红主播直播困了，于是就趴在桌子上睡了10分钟，结果在这10分钟之内，观众突然暴增了10万人。我吓了一跳，我以为主播做了什么违法乱纪的事情。这件事情对于我这样的中年人来说是没法理解的，不知道"90后""00后"们喜欢什么，不知道他们为什么会觉得这件事情很有趣，但这说明主播可以做任何事情。如果他们做的是刷牙、洗脸、穿衣服、叠被子这样的事情，显然不是对作品的表演。尽管我们在日常交流中可以说"主播在表演"，但是主播做的事情不是著作权法意义上的表演。还有的主播面对镜头做广播体操，练练瑜伽，或者展示身手，打一段武术，还做出了其他健身动作。他们是不是著作权法上的表演者呢？我们一定要搞清楚，现行《著作权法》中的表演者仅指对作品进行表演的人，如果被表演的东西不是作品，那么他们不能取得表演者的法律地位。

广播体操、瑜伽、武术动作或健身动作是作品吗？回答是否定的，不是作品。《著作权法实施条例》第二条明确规定，作品是指文学、艺术、科学领域内具有独创性，并能以某种有形式复制的智力成果。领域是有限定的，只有文学、艺术和科学领域。超出这三大领域的成果，尽管在某些人看来也是智力活动的成果也有"独创性"，但是它们不属于著作权法承认的可以构成作品的领域的活动，因此不能构成作品。举一个例子，我们有一个著名的跳马运动员叫程菲，她和她的教练设计出了一套高难度的跳马动作，被国际田联正式命名为"程菲跳"。请问大家"程菲跳"这一套高难度的，甚至说从某种角度上看是有"独创性"的动作设计是不是作品？如果"程菲跳"是作品，那麻烦就大了，为什么？2008年在北京奥运会上，一名朝鲜女运动员用"程菲跳"击败了程菲，程菲没有得到冠军。程菲的竞争对手（该朝鲜女运动员）用程菲设计的动作击败了程菲。如果"程菲跳"是作品，程菲事先得到消息说对方准备用"程菲跳"来参加比赛，她赶紧跑到法院申请一纸禁令，禁止对方未经许可表演我的作品——"程菲跳"，侵犯我著作权。那就没法比赛了。

在这方面我国有一个非常有意思的案例，第9套广播体操案。广东一家音像出版社为了推广广播体操，找人做了一遍广播体操拍成录像，然后卖

当前形势下版权保护面临的问题

给一些公司，让公司放给员工看，让员工跟着录像来学广播体操。设计广播体操的机构就把广东这家音像出版社告了，认为该出版社侵犯了自己对第9套广播体操作品的著作权。这场诉讼的关键就是，第9套广播体操是作品吗？法院写了一个很精彩的判决，法院指出，广播体操是一种具有健身功能的体育运动，但与同样包含肢体动作的舞蹈作品是不一样的。因为舞蹈作品是用于表达思想感情的，它是处于艺术领域之内的，而广播体操不是通过动作表达思想感情，而是以肢体动作产生的运动刺激来提高机体的各关节灵敏性，增强大肌肉群的力量，促进循环系统呼吸系统和精神传导系统功能改善。我相信法院一定是查了医书的，简而言之，广播体操的动作有强身健体之功用，而无思想感情之表达，既不展现文学艺术之美，亦不展现科学之美，不属于文学、艺术、科学领域内的智力成果，所以驳回原告的诉讼请求。因此，如果一个网络主播对着镜头来做广播体操，练瑜伽，那是不可能被认定为表演者的。

有意思的是在我国的第9套广播体操案判决后，大概两个星期左右，美国法院做出了一个类似的判决，美国法院的判决针对的是瑜伽动作，有一个印度老师傅在美国开了一家瑜伽馆，他自己对之前的瑜伽动作进行了一些改革和创新。他带了两个徒弟，结果这两个徒弟后来自立门户，教他师傅独创的这一套瑜伽动作，师傅把徒弟告了。美国法院几乎以相同的理由作出判决，瑜伽动作不构成作品，不受美国版权法保护，所以著作权法原理是放诸四海而皆准的。

因此在我们前面讲的三种情况中，只有网络主播即兴创作并表演作品，或者表演自己之前创作的或他人之前创作的作品，才能取得表演者的法律地位。一旦网络主播成为表演者，就享有表演者权了。《著作权法》对表演者和表演者权都做了规定。我们特别需要注意的是，依现行立法的规定，被表演的必须是作品，表演作品之外的其他东西，不能成为表演者。同时被表演的作品是在著作权保护期内，还是著作权保护期已届满，这是没有关系的。比如说有网络主播唱歌，他唱的歌是一首老歌，已经过了著作权保护期了，这不影响他取得表演者的法律地位。同时我们还要注意的一点是，表演者权是随着每一次表演活动而产生的，哪怕一个人先后进行了内容一模一样的表演，他先后进行的两次表演，各自产生一个表演者权，相互独立。我举个例子，假如有一名嗓音甜美的网络主播，通过直播平台演唱了一首歌，她许可某网络平台对她的演唱进行网络转播。一个月后她又唱了一模一样的一首歌，由于是一个人唱的，所以唱出来的效果是没区别的。这一次网络平台未经她许可，对她的演唱进行了网络转播。请问在第二次转播中，网络平台有没有侵犯这名网络主播的表演者权？回答是清楚的，肯定是侵权的。这个时候网络平台不能说，两次演唱的是一模一样的，而我在之前已经拿过许可了，所以我就可以不再经过你许可去转播。这个说法是错误的，原因就是每一次表演都会单独产生一个表演者权。

3.表演者权的内容

表演者权的内容我这里跟大家简单介绍一下。《著作权法》规定了两类共6项权利。第一类是精神权利，第二类是经济权利。精神权利包括表明表演者身份权和保护表演者形象不受歪曲权。表明表演者身份权就意味着表演者在进行表演的时候，他人如果要利用，应当根据表演者的意愿表明表演者的身份，为他署名。如果表演者要求用他的艺名而不是真名，或者干脆就不署名，他人必须尊重，不得违背表演者的意志，进行错误的署名。保护表演者形象不受歪曲权的意思是，即使表演者已经许可他人利用自己的表演，他人也不能通过一些技术手段去歪曲表演者的形象，使得表演者的声誉在公众中受损。

经济权利有4项，第一个是现场直播权，也就是表演者在进行表演的时候，他人不得未经许可对其表演以各种技术手段进行直播。我们今天的讲座还有另外一个直播室在进行直播，这个直播是经过许可的，没问题。但如果有另外一个平台没有经过我的许可，对这次讲座进行直播，这个行为会侵犯我作为作者的权利和作为表演者的权利。其中我作为表演者受到侵害的权利就是现场直播权。第二项经济权利被称为首次固定权，也有翻译成首次录制权的，意思就是未经许可不得对表演者的现场表演进行录音和录像。第三项是对表演者已经录制在录制品上的表演进行复制和发行的权利。比如说他人不得未经我许可，把我今天的讲课录制下来，做成光盘销售。最后是对录制品的信息网络传播权，也就是交互式传播权，他人不得未经我许可把我的讲课录制下来，然后传到网上供他人欣赏或者下载。

（二）网络主播表演作品与著作权侵权

现在我们讲第二个小问题，网络主播表演作品与著作权侵权。会员单位提过问题：直播翻唱歌曲及短视频使用的背景音乐需要取得授权吗？回答是需要的。为什么？因为对他人的作品进行表演，以及将对作品的表演以某种技术手段向公众传播，包括将对他人的表演录制下来之后，形成录制品，然后对录制品以某种技术手段进行传播，是需要经过著作权人许可的。

1.表演作品与获得授权

《伯尔尼公约》对此有明确的规定。公约规定著作权人享有授权他人公开表演其作品，包括以任何手段和方式公开表演其作品权利。它对应的行为就是我们非常熟悉的现场表演和机械表演。现场表演就是由人对作品进行表演。机械表演指通过某种机械装置在现场播放表演，比如说通过CD机来播放一张音乐唱片，而音乐唱片上是载有音乐作品的录制品，CD机进行播放就属于机械表演。《伯尔尼公约》还规定，作品的著作权人还享有授权以任何手段向公众传播对作品的表演，这就意味着对作品的表演，无论是进行现场的直播，还是说将对作品表演录制下来，然后将录下来的音频或者视频向远端的公众进行传播，都需要经过著作权的许可。

《伯尔尼公约》的规定是需要各个国家自己的立法去实施的。我国权利体系比较复杂，我只做一个简单的介绍。我们是分情况来规定的，以音乐作品为例，如果对于音乐作品或音乐作品表演的录制品进行交互式网络传播，也就是传到网上去之后供公众在线点播或者下载，则适用信息网络传播权来规制。如果是对音乐表演的录制品进行非交互式的网络传播，适用兜底权利。什么是非交互式的网络传播呢？就是公众只能按照传播者事先公布的节目时间表定时去欣赏，而不能自行选时间，也就是不能去点播被传播的音乐或者音乐的表演。假如有一家网络电台或者网络电视台事先公布了节目时间表，上面写着2020年3月20日下午3：00播放某场音乐会的录像，公众只能根据节目时间表在这一天的下午3：00登录网站才能看到网站播出的音乐会录像，登录早了或登录晚了都是看不到的。如果登录晚了半个小时，那么前半个小时就看不到了，因为已经播完了。对于这种行为，目前适用的是兜底权利，也就是《著作权法》规定的应当由著作权人享有的其他权利。

讲到这里，可能有做直播的平台有点着急，他们会说我们的主播每天都在唱歌，要求我们去拿授权我们也愿意，问题是我们如果找音著协拿授权，会有个障碍。音著协说，我可以给你授权信息网络传播权，但是从来没有哪个权利人把什么兜底权利交给我管理，我怎么给你授权呢？这里我觉得需要做一个合理的解释，我们《著作权法》对权利的规定是比较复杂的，权利人不一定搞得清楚，所以当权利人把自己音乐作品的信息网络传播权交给音著协管理的时候，我们要对这个合同做解释，不能认为合同中约定的信息网络传播权仅限于《著作权法》规定的交互式传播权，而是应当理解为权利人是把自己的音乐作品在网络上传播的权利，不管是交互式

235

的还是非交互式的权利，都交给音著协管理。因为从重要性上来说，交互式传播的重要性超过非交互式传播的重要性，既然音乐著作权人都已经将交互式传播的权利交给音著协管理了，不太可能刻意保留非交互式传播的权利。这样一来，音著协就可以对这种非交互式的传播进行授权，我觉得这样解释是比较合理的。

2.谁负责获得授权？

现在我们再来思考一个问题：是由网络主播负责获得著作权人的授权，还是直播平台方负责获得授权？要回答这个问题，我们先看一个案例。大家可能都知道沙宝亮，他是一个著名的歌手，他唱的最有名的歌曲是《暗香》。有一次沙宝亮受邀在某艺术节上演唱了《暗香》作为艺术节开幕式的一个活动，结果沙宝亮被《暗香》音乐作品的词曲作者起诉侵权，理由是他未经许可对作品进行公开表演，事实也是如此。那么请问大家，沙宝亮的行为侵权吗？一审法院判沙宝亮侵权。一审法院指出，沙宝亮在公开表演作品的时候，就该行为未征得《暗香》著作权人的许可，因此侵犯了著作权人的表演权，应当承担赔偿责任。但是这个判决是不正确的，为什么？法院没有注意到《著作权法》对表演作出的特别规定。《著作权法》第37条规定，使用他人作品演出，应当取得著作权许可并支付报酬。这里的许可显然是指作品表演权的许可。但是后面还有一句话，组织者去组织他人演出，由该组织者取得著作权人许可并支付报酬。意思就是说，如果演出是有组织的，那么由谁负责去获得著作权许可，并向著作权人支付报酬呢？不是被组织演出的那些表演者个人，而是组织者有责任去取得许可并支付报酬。

这样一来等于就减轻了参与表演的自然人——表演者个人的义务。因此二审法院推翻了一审法院判决。二审法院指出，虽然沙宝亮没有经过许可进行了演唱，但是就该表演行为取得著作权人许可的责任不在于沙宝亮本人，而在于涉案演出的组织单位。所以谁被认定是侵权者？是组织单位，而不是沙宝亮个人。因此直播平台有责任为自己的这些主播在直播中进行演唱来取得许可，取得许可的责任并不在于各位主播。

二、家庭娱乐与著作权侵权

现在我们来看第二个大问题，家庭娱乐与著作权侵权。

（一）表演与公开表演

会员单位问了一个非常有意思的问题：民众在家的互联网娱乐可能涉及哪些版权问题？回答是：只要大家在家里娱乐，不进行传播就不会侵权。为什么？因为表演权控制的行为只能是公开表演。《著作权法》明确规定，表演权控制什么行为呢？公开表演作品，也就是在现场面向公众的表演，如果表演不是公开进行的，表演就不受表演权的控制。

那么什么是公开呢？我们《著作权法》对此没有做明确规定，但是根据对《伯尔尼公约》等国际条约的权威解释，以及各国著作权法的规定和判例是有一致意见的——排除两个特定的圈子，向不特定的多数人传播就是公开传播。哪两个圈子？第一是家庭圈子，家庭圈子被认为具有高度的私密性，家庭内部的活动对著作权的影响很小，法律不予干涉。哪怕一个家庭四代同堂，人比较多，如果开一个家庭聚会，又唱又跳，对其中的演唱以及跳舞的行为，尽管涉及了对作品表演，但也是不需要获得许可的。第二个要排除的是相互之间有密切联系的朋友圈子，有的国家和地区的立法将它称为正常的社交关系。比如说大学里一个班的同学，一共就30个人，朝夕相处，相互之间联系非常密切，他们在班会上表演节目唱歌跳舞也不需要去获得著作权许可。在家里进行娱乐，比如说放音乐、唱歌或者跳舞，只要不进行现场直播，那是限于家庭圈子的，就不构成公开表演。

有人问：如果在家里放的是盗版音乐或盗版电影侵不侵权？要回答这

个问题，我们先思考另一个问题，如果有人明知路上的小贩卖的书是盗版书，但是为了贪便宜，还是买了一本来看，请问这名故意买盗版书的人的行为有没有侵犯著作权？回答是不侵权，为什么？我们首先要看这个行为有没有受到《著作权法》规定的某一项专有权利的控制，《著作权法》为著作权人规定了很多专有权利，每一项专有权利都用于使著作权人能够规制他人未经许可利用作品的特定行为，比如说复制权控制复制行为，发行权控制发行行为，表演权控制表演行为等。但是翻遍《著作权法》，甚至是翻遍各国著作权法，都找不到一项所谓的"阅读权"。买一本盗版书来看，无非就是未经许可阅读作品，而著作权法中并没有能够控制这种行为的阅读权，所以我们只能说这名故意买盗版书来看的人素质太差，不懂得尊重别人的劳动成果，却不能说他的行为侵权了。在家里娱乐的时候放盗版音乐，放盗版电影和前面的例子也是同一回事，尽管不应该买盗版，但由于播放盗版音乐和盗版电影的场所是家庭，不是公开播放，不构成公开表演或者公开放映，因此这个行为也不侵权。

还有人问了，说如果这个家庭娱乐的时候声音太大，让过路人也听见了，或者讲一个极端的情况，有一名歌唱家在家里练嗓子，他的嗓门大，结果吸引了不少路人来听。路人之间并没有密切的关系，路人之间不能被称为是正常的社交关系，请问这名吊嗓子的歌唱家的行为有没有侵犯被演唱的歌曲的著作权？回答是不侵权。为什么？因为过路人不是他的传播目标，过路人听到他演唱歌曲属于偶然现象，著作权法对这种行为不予规制。欧盟法院在案例中反复指出，要构成公开传播行为，作为传播对象的公众，必须是传播者预设的接收者，而且它能够以某种方式去接收传播，而不是碰巧接收到了传播。因此大家在家里自娱自乐，这是没有什么可担忧的。当然了，前提是只在家庭这个范围之内，不能同时开着摄像头去直播。

（二）在微信群、QQ群与微信朋友圈传播的性质

有人会问，说如果在微信群、QQ群和微信朋友圈中传播，这个算不算公开传播？回答是要取决于这个群和圈的性质。怎么讲？如果这个群是家庭群、班级群就属于著作权法要排除的构成公众的圈子，它属于家庭圈子和正常的社交圈。我家就有一个家庭群，有时候一些消息就发在家庭群里，哪怕发的是别人的作品，也不会构成侵权的。同样，一个班级的30个同学建了一个班级群，在里面传播一些作品，或者说自己对歌曲的演唱，也不会构成侵权的。但是有些群不是类似于家庭群或班级群这样人员特定的且相互都很熟悉的群，而是人员的数量较大，且相互之间没有特定关系的群。比如说我加入了好几个与知识产权有关的专业群，像高校知识产权群，这些群一方面人数非常多，一方面群的人员构成比较复杂，远远超出了家庭关系和正常的社交关系。比如甲和乙是朋友，甲建了一个群把乙拉进来，甲向乙的传播当然不是公开传播，但是乙又把丙拉了进来，甲并不认识丙，丙又把丁拉了进来，甲和乙又不认识丁，以此类推，所以到了最后这个群内的人很多，相互之间并不特别熟悉，在这样的群中传播作品就有可能构成公开传播了。朋友圈也是一样的，朋友圈的范围可以非常大，可能朋友圈的每一个人与用手机的这个人都认识，但是他们相互之间是不认识的，在朋友圈中去传作品，往往可以构成公开传播。这方面也是有司法案例的。在一个案子中法院指出，虽然涉案的QQ群成员有限为600多人，但是QQ群属于开放式群组，面向不特定的群成员，任何人都可以通过购买商品的方式进入，那么这些人就构成了公众，在这个群中传作品就是公开传播了。

三、文字与图片的转载

现在我们来看第三个大问题，文字和图片的转载。问这个问题的人

比较多，尽管问的方式不一样，但是核心内容是一样的，我摘其中两个：一、对时事新闻的转载时，如果转载的新闻内容包含文字和图片，该转载是合理使用还是侵权？二、资讯类平台在非营利性的情况下，未经其他报社公众号等授权转载了他人文章，但注明了出处，那么是否可以认为不承担侵权责任？对于这些问题的回答是取决于时事新闻和他人文章的具体情况的。

（一）不构成作品的时事新闻

首先我们来看新闻的问题。"新闻"这个词我们会在不同语境下使用，不同语境下使用的"新闻"含义可能不一样。在著作权法中我们要区分两种情况，第一是不受著作权法保护的时事新闻，也就是事实，由于著作权法根本就不保护这类新闻，任何人在著作权法领域内都可以自由使用，不存在侵权问题，也就不存在合理使用问题。因为合理使用的前提是未经许可利用了受著作权法保护的作品，在特定情况下不需要经过许可，不需要支付报酬。第二种新闻是指受著作权法保护的作品，也就是与新闻有关的作品。比如深挖某一新闻事件，写出一篇新闻评论，有时候口语上我们也把它叫作"新闻"，但其实它不是第一种意义上的"新闻"，而是作品。对于这类作品，如果要未经许可使用，就要看是不是符合合理使用或法定许可的条件。如果符合合理使用的条件，既不需要经过许可也不需要付费；如果符合法定许可的条件，就不需要经过许可，但是要付费。下面我们分类仔细探讨一下。

我们先看第一个小问题：不构成作品的时事新闻。《著作权法》第5条规定，本法不适用于时事新闻。《著作权法实施条例》又对"时事新闻"做出了解释：通过报纸、期刊、电台、电视台等传播媒介报道的单纯事实消息，对这一条我们要正确理解，了解它是仅仅强调事实不受保护，还是说构成作品的新闻报道不受保护？这个问题之前在国内有争议，但实际上回答是很清楚的，是指第一种情况，仅仅强调事实不受保护，单纯的事实消息并不是作品。

这一点从《伯尔尼公约》中也看得非常清楚，我国《著作权法》第五条也是参考《伯尔尼公约》制定的。《伯尔尼公约》规定，本公约的保护不适用于日常新闻或纯属报刊消息性质的社会新闻。修改《伯尔尼公约》的1967年斯德哥尔摩外交会议明确指出，公约不保护这些新闻是因为它们并不具有构成作品所需要的特征。因此它们当然不是作品，不受到著作权法保护，在著作权法领域可以自由使用。

我们来看一个案子，该案涉及了《经济参考报》上发的一篇文章，标题是《能源资源领跑中国企业海外并购》，然后有一个网站未经许可转载这篇文章，引起纠纷。一审法院认为它是时事新闻。二审法院指出这篇文章表达了作者对相关事实问题的陈述和思考，在结构和言辞上体现了作者的独特构思和表达，不是对某一客观事实的简单陈述，因此它不是一个单纯的事实消息，而是作品。

我们再来看另一个案子，大家可以花半分钟扫一眼涉案的报道。这个报道写的是第36届世界期刊大会，第一段列举了大会第二天的主题，第二段列举了参会的领导和参会嘉宾的数量。有一家网站未经许可转载了这篇报道，请问侵权不侵权？认定侵权的前提就是，这篇报道不是单纯的事实消息，而是作品。法院认为这一篇报道并不是作品，而是单纯的事实消息。虽然它的篇幅也不短，但它只是对大会第二天活动的介绍，其中议题、出席人员、发言人员等都是客观事实，没有明显的思想情感、修辞和评论成分，而且基于新闻报道的真实性要求，报道者也只能按照时间、地点、顺序进行叙述，作者没有多少发挥的余地。而且我们特别要注意一点，连领导姓名的先后顺序都是有讲究的，而且不能把顺序打乱。所以法院认为这篇报道本质上属于单纯的事实消息，不受《著作权法》保护，因此网络平台转载并不侵犯著作权。

我们需要注意的一点是，报道还附了一张新闻照片，是大会期间的一名嘉宾发言时，人民网的一位记者拍摄的。转载者不仅转载了文字报道，同时还转载这张照片。请大家思考一个问题，新闻照片是时事新闻吗？如果是时事新闻，则没有著作权，他人可以随意使用；如果不是时事新闻，那显然构成摄影作品，他人不得未经许可转载。法院在这个判决中认为新闻照片也是事实新闻，因为它是以图片形式表达发言人的身份形象、现场等客观事实，所以不受《著作权法》保护，任何人都无权主张著作权。我个人并不赞同这样的判决，我们要搞清楚为什么单纯的事实消息不是作品，因为它不是智力创作的成果，它仅仅是对事实客观的反映。在符合新闻报道要求的前提下，写刚才那样一篇对第二天会议的介绍，换别的记者写出来的内容都是大同小异的。但是照片不一样，嘉宾在台上发言，摄影师要拍照片，可以选择不同的地点、不同的角度、不同的焦距拍摄。我相信我们会员中有一些摄影高手，讲得能比我深入全面得多。照片会反映拍摄者个性化的选择，当然我们不能说得太绝对，但至少在拍这个发言人演讲场景的时候，照片一定反映了摄影者独特的选择和判断，所以照片不应当被认为是时事新闻，更何况单纯的事实消息一定是文字，不会是图片。好在后来的司法实践中，大家逐渐达成共识，认为新闻图片并不等于时事新闻。

我们再来看一个案子。这个案子涉及了一位著名的摄影师，他拍摄了很多我军展示新型装备时的精彩瞬间，有网站未经许可转载了他所拍摄的照片。法院指出，这些照片从取图的画面、取图的角度、画面的亮度、局部的光彩等都凝聚了创造性劳动，属于有独创性的作品。虽然它配的文字是单纯的事实消息，但照片本身是有独创性的，所以应该把文字和照片分开，文字不受保护，但照片是受保护的。因此法院认定未经许可转载照片的行为侵权。

（二）对时事类文章的合理使用

现在我们来看对时事类文章的合理使用。《著作权法》和《信息网络传播权保护条例》都规定，对某些时事性文章可以进行播放或者转载。《著作权法》的规定针对的是电台、电视台等媒体已经发表的关于政治经济宗教问题的时事性文章，除非作者声明不许转载、播放，其他媒体可以转载、播放。《信息网络传播权保护条例》规定，向公众提供在信息网络上已经发表的关于政治、经济问题的时事性文章，他人可以通过信息网络转载。

这里我们需要搞清楚一件事情，什么是"政治、经济问题的时事性文章"，这一点非常的重要。我们要理解它的立法目的，立法目的是保障公民对重大政治、经济问题的知情权。民众只有搞清楚现实生活中有哪些重大政治、经济问题，以及各方的主要观点是什么，才能够在充分知情的情况下做出自己的选择和判断，从而行使自己的民主权利，充分地参与民主生活，这就意味着相关的时事性文章一定是涉及较为重大的话题。

我们来看一个案子，这个案子涉及一篇文章，标题为《国产手机乱象》，这篇文章被未经许可转载，转载者在被诉侵权之后就抗辩说，这篇文章是经济类的时事性文章，所以在作者没有做出不得转载声明的情况下就可以转载。法院正确地指出，时事需要具备时效性和重大性，这篇文章的主要内容都谈不上时效性和重大性，你可以说它是一篇关于经济问题的文章，但是不能认为它是一篇重大经济问题的文章，所以它不属于时事性文章。在另一个案子中，涉案文章的名称是《能源资源领跑中国企业海外并购》，法院也指出，只有当文章涉及对当前政治、经济生活中重大问题的讨论，且有很强时效性的时候，才能被认为是《著作权法》允许的无需经过许可和付费转载的文章。这篇文章只是财经问题的一般看法，算不上关于政治、经济问题的时事性文章。所以我们从司法实践就能看出，对这一条要做严格解释，如果做出的解释太宽泛，会损害作者的利益。

那么哪些文章才属于典型的政治、经济类时事性文章呢？比如《人民日报》的社论和《人民日报》的评论员文章。比如习近平总书记视察武汉，在全国人民中引起强烈的反响，《人民日报》评论员写了一篇文章讲述习近平总书记视察武汉的重要意义，这就属于关于政治问题的时事性文章，其他报刊转载就被允许。

（三）报刊转载法定许可

下面我们看第三个小问题：报刊转载法定许可。我们前面讲了，如果某个报纸刊登了单纯的事实消息，就不构成作品，其他报刊当然可以随意转载。我们前面又讲了，如果报刊登载的是有关政治、经济、宗教问题的时事性文章，属于合理使用的范围，报刊也可以不经过许可转载，当然前提是作者没有做出不得转载的声明。如果不属于这两种情况，其他报刊要转载构成作品的文章，唯一的合法渠道就是利用报刊转载法定许可的规定，但适用报刊转载法定许可有严格的条件限制。

我给大家举个例子，《人大复印资料》是学者和学生们经常要看的刊物，《人大复印资料》作为学术性刊物，从来不接受投稿，只从其他学术刊物中找出认为优秀的文章，然后进行转载。《人大复印资料》，顾名思义就是直接复制。还有一份报纸叫《报刊文摘》，《报刊文摘》也不接受投稿，而是转载其他报刊中的精彩内容。请问这一份期刊和这一份报纸为什么能够存在？其原因就在于，我国规定了报刊转载法定许可，而这本期刊和这张报纸的转载符合《著作权法》的规定。《著作权法》规定，作品刊登后，除著作权人声明不得转载、摘编的外，其他报刊可以转载或者作为文摘、资料刊登，但应当按照规定向著作权人支付报酬。这条规定有条件限制，如果著作权人做出了不得转载摘编的声明，其他报刊就不可以转载。这里需要我们探讨的一个问题是，如果不是作者，而是报刊社作出不得转载的声明，这个声明有效吗？这个声明是无效的，《著作权法》规定的"著作权人声明不得转载摘编"，这个著作权人应当是指作者，如果作者把著作权转让给他人，那么著作权的受让人就成为著作权人，应该由这两类人作出声明。报刊社只不过是被作者许可刊登作品，只是复制权和发行权的被许可人，本身不是著作权人，所以报刊社本身不能做出这样的声明。那么著作权人能不能委托报刊社做声明呢？这是可以的。大家有兴趣可以买一份《环球时报》，《环球时报》在这一点上做得非常聪明，大家看一看它第一版最下方的一行字："本报驻外特派记者授权本报声明，本报所刊其撰写之作品，未经本报许可不得转载、摘编。"这个做法非常聪明，利用了民法上代理的规定，"本报的驻外特派记者"就是著作权人，"授权本报做出声明"，这个时候《环球时报》就成了这些记者的代理人，代理人在被代理人授权范围内所做的声明对被代理人有效，相当于被代理人自己做出声明。在这种情况下，其他报刊如果再要转载《环球时报》刊登作品就属于侵权行为，不符合法定许可的条件。

《南方周末》有一年登出了一项声明：未经授权转载本报文章是侵权行为，侵犯媒体的权利；目前本报未授权任何纸质媒体转载本报文章。《南方周末》发起了"维权风暴"，请读者们告诉他们哪些纸质媒体转载它的文章，他们会予以维权。但其实《南方周末》的声明有些问题。首先，因为《著作权法》并不阻止其他报刊转载已经在报刊上发表的文章，除非著作权人做出声明。第二，即使要做出声明，也应当是由著作权人做出声明，而不是由报社做出声明。所以《南方周末》如果不希望其他报刊转载，可以学习《环球时报》的做法，要求作者授权报刊做出这样的声明。

有一次有学生问我为什么把"报刊转载法定许可"归为"对著作权

当前形势下版权保护面临的问题

的限制"。他的问题在于，法定许可的规定要求转载者向作者付费，作者拿到钱不就行了嘛，许可不许可就是另外一回事。因为许可的目的就是为了拿钱，既然法定许可要求转载者向作者付费，我们为何还要把它称为是"对著作权的限制"呢？要理解这个问题，请大家来看这个例子。有一次《解放日报》约我写了篇1000字小文章，后来被另一家报纸转载。不久之后我收到报社给我的一张汇款单，50元。我都没好意思去邮局取。我等了一阵子，等到其他学术刊物向我汇稿费的时候，我才一起去取，50元真的是很少。大家要知道，尽管法定许可规定使用者要向作者付费，但是通常而言，法定许可费是低于双方自由协商、基于市场规律约定的许可费。《解放日报》给我付的稿费可远远超过50元，所以法定许可费一般比市场价格要低，这就是法定许可被称为是对著作权限制的原因之一。

我当时在国家版权局办的一个媒体班里讲了这个例子，我讲的时候就发现有两名记者始终深深地埋着头不敢看我，我感到很奇怪。后来我发现，原来他们俩就是转载我文章的报社的记者，我赶紧澄清，我说：千万不要误会我的意思，我不是说这家报社做得不对，反而它是应该受表扬的。因为我的文章被转载的也不少，这是我收到的唯一一张汇款单。再说了，当时报纸转载我1000字的文章付了50元法定许可费，是符合标准的。现在付费标准涨了，《使用文字作品支付报酬办法》规定，报刊转载法定许可的许可费按每千字100元计算，也就是提高了一倍。虽然这与市场价格相比，还是偏低。

现在我们要搞清楚一点，报刊转载法定许可的范围是什么？报刊转载报刊是可以的，那么报刊转载书籍行不行？网络转载报刊行不行？网络转载网络行不行？后三种都是不行的。按照《著作权法》的规定，只有报刊转载报刊中的文章才是法定许可的范围。

我们来看一个案子。在这个案子当中，有一本杂志未经许可把一本书上的部分内容登了出来，被这本书的作者就起诉了。杂志社抗辩说，我们的行为符合报刊转载法定许可的条件，我最多支付法定许可费。法院指出，报刊转载法定许可的前提是转报刊上登载的作品，转载书籍中的内容不在此范围。所以无论原告是否在作品上作出了不得转载、摘编的声明，被告都无权将作品从书籍中摘出来作为文摘资料刊登。对于网络转载，我们要特别注意，最高人民法院曾经通过司法解释设定了网络转载的法定许可，当时的规定是，已经在报刊上刊登或网络上传播的作品，除著作权人声明，或报刊、期刊社网络服务提供者受著作权人委托声明不得转载、摘编的以外，在网络进行转载、摘编，并按照有关规定支付报酬，注明出处的不构成侵权。但是在2006年《信息网络传播权保护条例》实施之后，该条被废除。这就意味着对于网络转载报刊、网络转载网络不再适用法定许可。因此，除非网络转载属于我们前面说的两种情况，也就是被转载的是单纯时事消息，又或者是转载有关政治、经济、宗教问题的时事性文章，否则网络转载报刊上已经发表的作品都应当事先经过许可。

我们来看一个案子。今日头条现在做得很规范，但是当年它的做法引起了很大的争议，因为它声称自己是"新闻的搬运工"，它的APP上有大量的其他报社的新闻报道，一点击就能看。当时国家版权局对此立案调查，后来发现今日头条是把其他报刊的内容放到了自己的服务器上，这样一来它的行为就属于我们前面所说的网络转载。时任国家版权局副局长的阎晓宏副局长接受记者采访的时候指出，经调查确认，权利人投诉的部分新闻作品及相关图片均由该网站存储和传播，构成侵犯著作权人信息网络传播权的行为。国家版权局也出台了《关于规范网络转载版权秩序的通知》，其中明确指出，互联网媒体转载他人作品应当遵守著作权法法规的相关规定，必须经过著作权人许可并支付报酬，并应当指明作者姓名、作品名称及作品来源，法律法规另有规定的除外。为此，国家版权局曾经约谈了不少网络媒体，要求其规范其转载行为，起到很好的效果。

另外，我们大家千万要注意，免费传播不等于合理使用。大家千万不要认为，只有营利性的传播、商业性的传播才可能构成侵权，凡是免费的传播都不侵权。一定要去除掉这样的想法，它是非常有害的。我举个最简单的例子，有人把正在档期内上映的一部电影传到网络上供他人免费下载，既没有广告，也没有其他潜在商业目的。请问这种行为有没有侵犯电影著作权？答案不言而喻，当然侵权。绝不要认为只要免费的就是合理使用。

下面我们再来看一个问题。有会员单位问，供读者免费阅读的电子书如果被电子阅读类APP转发，是否需要经过出版单位授权？司法实践中法院也判过这样的案子，是一个比较著名的案例，涉及了字库。叶某自己制作了一个字库放在网上供大家下载，提供下载时注明了这是一个免费的软件，后来肯德基觉得字库不错就拿去用了，于是叶某起诉肯德基侵犯他的著作权。法院指出，叶某以免费软件的方式发布他的字库，而且他在以免费软件的方式提供下载时没有权利声明，这就表明他自愿将字库作为公共产品供公众免费使用，而且他应该知道相关公众下载后使用的方式和后果，他就不能等到他人实际使用了之后再告他人侵权，所以判决肯德基的行为不侵权。这个案子用的就是默示许可的原理。当然，结合具体案情，这样判是否合适还可以探讨，但是它反映了默示许可原理的存在。

四、在线教育与合理使用

下面一个大问题，我们来谈一谈在线教育与合理使用问题。会员单位问得蛮多的，我摘取其中的一个问题：在线教育视频中的教材、PPT、音乐之类的合理使用范围是什么？如今，网课成为大家提升自己的新渠道，该如何避免网络教材的侵权问题？这个问题蛮复杂的，我的建议就是将他人的作品用作教学示例，而不是教学材料本身。

我下面会给大家比较详细地分析一下。所谓教学性使用是指将作品作为教学材料来用，对此《著作权法》是有规定的。一类规定是针对课堂教学的，有一个范围极其狭窄的合理使用的规定，另外一类是针对网络教学的，有一个条件极其严格的法定许可。除此之外，《著作权法》还规定了合理引用，这种合理使用也可以适用于网络教学，它针对的情况不是把作品作为教学材料来用，而是把作品作为示例来用，只要引用的范围、方式是适当的，就可以构成合理使用。

我们先看一下课堂教学使用，《著作权法》对此有相关规定，《信息网络传播权保护条例》也有类似的规定。很多人知道有这两个法条存在，但是没有仔细看过，他们很主观地觉得只要是为教学而利用他人作品的行为，都是合理使用。这个想法恐怕在很多情况下是不正确的。

先请大家来思考两个问题。第一，著作权法是否允许教师将作品片段复印后发给学生，供学生在课堂上讨论？假如有一位大学教著作权法的老师，看到了我在学术期刊上发表的一篇论文，他觉得这篇论文写得太不靠谱了，于是把论文复印下来，按照学生的人数发给学生，供学生在课堂上边讨论、边批评。我知道了，我说："你未经许可复制我的作品。"然后再查到这个班上有50名学生，我说："你未经许可把我作品复制了50份，侵犯了我的复制权。"我去起诉这名老师侵权，请问能否成立？法院是会判他侵犯复制权，还是会判他合理使用？如果是合理使用，法律依据是不是我们刚才看到的《著作权法》那一条，也就是课堂教学合理使用？大家可以先思考一下。第二个问题，我们来思考《信息网络传播权保护条例》是否允许学校将教材制作成电子版，在校园网内供学生下载？

（一）课堂教学使用

我们先回答第一个问题。对于第一个问题，我们一定要仔细看法条，《著作权法》和《信息网络传播权保护条例》对于课堂性教学使用是有严格规定的。第一，它要求是为学校课堂教学；第二，我们要看仔细，是供教学或者科研人员使用，不说供教学或者科研使用。同时，它有没有说供学生使用？没有的。它的用语是供教学或者科研人员使用，也就是说供老师使用，它没有说可以供学生使用。所以，如果我们严格地按法条的规定来看，刚才我说的第一个假想例，有老师未经许可把我的论文复印50份发给学生，让学生在课堂上阅读、讨论，这个行为是不符合这条合理使用的要求的，是可能构成侵权的。

有一次我在一个论坛上讲了这个观点，有学生给我发了一条截屏，是网络上的评论，评论说："王迁的语文不会是体育老师教的吧，教师的教和学生的学当然构成教学，王老师连'教学'是什么都搞不明白，这课没法上了！"我完全欢迎他人的批评，但是我觉得有个前提，得搞清楚我说了什么。我不是说老师把文章复印50份发给学生，这个行为不构成教学，它构成教学，而我是说主体不对，《著作权法》规定"供教学和科研人员使用"，不是"供教学和科研使用"，同时只允许向教学人员提供，没有说允许向学生提供。

有人很有意思，又对这个法条做了一个语法上解释，他说《著作权法》的规定是"供教学或科研人员使用"，"人员"是跟在"科研"后面的，应该这么断句："供教学（使用），或者供科研人员使用。"大家觉得这样的解读正确吗——"供教学使用或者供科研人员使用"。教学是包括教与学的，这样解释的话，向学生发材料也是可以的。我觉得如果这么去断句，语文才没学好。"供教学或者科研人员使用"的意思很清楚，教学和科研是并列的，"人员"既是教学人员，也是科研人员。所以，严格地说，《著作权法》是不允许将材料复印之后发给学生的。当然，这样规定是否合理，那是另外一回事。我相信，如果像我刚才说那样，我真的去起诉一个大学老师把我的作品复印成50份，发给学生去讨论，法院也不太会判那名老师侵权的。法院会用《著作权法》合理使用一般原理来认定这个行为不构成侵权，但是它不应该适用这一条，因为这条的范围是有限定的，只能供"教学或科研人员"使用。

我们再来看一个案子。这个案子涉及了一部电影——《冲出亚马逊》。它讲的是中国特种兵在亚马逊丛林中参加了特种兵的训练和比赛，最后在残酷的竞争中胜出，为国争光的故事。有一家教育电视台未经制片方许可，就播出了这部电影，制片方起诉电视台侵犯其著作权。被告抗辩说，这部电影是党和政府有关部门确定的爱国主义影片之一，播放电影是贯彻党中央和政府的精神，属于教育教学经历部分，应当适用合理使用，所以不侵权。大家觉得能够成立吗？

我们再回顾一下《著作权法》的规定，说得很清楚，"为学校课堂教学使用"。为什么要限定课堂教学呢？因为课堂教学是有围墙的，学生的人数是限定的，即使是将他人作品当作教学材料来使用，涉及了未经许可的复制，这个影响是很小的，所以《著作权法》允许。但一旦超出了学校课堂教学的范围，由电视台播放，即使电视台的名称是教育电视台，播放作品之后接收的对象也是全国所有的人，这个影响就大了。所以法院指出，教育电视台播放这部电影不属于课堂教学范围，所以不构成合理使用，属于侵权行为。因此可以看出《著作权法》规定的课堂教学性合理使用的范围是很窄的。

（二）网络教学使用

第二个小问题是网络上的教学使用。对于网络上的教学性使用，《信息网络传播权保护条例》规定，为了学校的课堂教学或者科学研究，向少数教学科研人员来提供少量已发表的作品，属于合理使用。但是我们一定要搞清楚，它还是做了两个限制。第一，只适用于学校课堂教学；第二，只适用于少数教学科研人员。也就是说，原则上不能向学生提供。现在各个大学，包括我们华东政法大学，都有网络教学。网络教学和现场教学的唯一区别是把班级搬到了网上。那么根据《信息网络传播权保护条例》的规定，我作为一名老师，也就是教学人员，为了备课未经许可的复制作品，或者学校为了让老师备课，把一部分作品数字化，做成电子版放到网上，让教学人员来做参考，这是可以的。但是如果超出了这个范围，那就不属于合理使用范畴之内的事情了。

我们来看一个案子，在这个案子当中涉及著名的英语教材《新概念英语》。《新概念英语》的作者去世之后，他的遗孀起诉了一家英语培训学校，该学校提供了《新概念英语》的网络教学课程，报名和付费的用户可以下载学习课件。课件其实就是视频文件，其中包含了教师对《新概念英语》全书的朗读，还包括了部分或全部课文中的句子。被告抗辩说，这属于教学性合理使用。法院指出，这不属于教学及合理使用，为什么呢？原因之一，它不属于课堂教学，而且它提供给了学生。同时，法院指出，由于视频文件包含了对几乎全部内容的朗读，还有许多课文的原文，学生只要买了课程，下载了视频文件，就不需要再去买《新概念英语》的课本了，由此影响了对作品的正常使用，也就是损害了作者的经济利益。所以法院认为，这个行为并不构成合理使用，是侵权行为。

刚才的问题中也提到了，现在不少网络教学也是免费的。在免费的情况下，我把电子版提供给大家，这个行为是合理使用还是侵权呢？我们要再次强调，免费传播不等于合理使用，这个观念是错误的，我们一定要破除，并不是说只要是免费传播，就一定是合理使用。

之前有一个图书馆把我的教材《著作权法》做成了电子版，放在图书馆中供该校的师生下载。大家觉得这个行为侵权吗？它把全书都数字化了。这个事情我们得好好考虑，我这本书可是《著作权法》，对《著作权法》都这样，图书馆对其他书更是会进行这种电子化的处理和提供下载了。这个行为是有问题的，它超出了《著作权法》和《信息网络传播权保护条例》所允许的范围。如果是为老师备课仅向老师提供是没问题的，但是如果它也向所有学生提供，导致的直接后果就是学生不用去买这本书了，从而影响了作者的利益，这个行为就不符合合理使用的条件了。

这方面法院也是有案例的，我们来看这么一个案子。有一家高中把著名作家毕淑敏的一本书做成了电子版，然后放在学校的网络上。从案情来看，应该是内网，也就是只有学生和老师输入密码之后才可以去阅读和下载。毕淑敏起诉这家高中侵犯其著作权，学校就抗辩说这是教学性合理使用。法院指出，如果是根据《著作权法》的规定，应当是限定学生和老师在课堂上进行现场教学，如果是根据《信息网络传播权保护条例》来进行网络教学，只能是供老师来使用。而这个行为是放在学校网络上，供学校的全体师生来阅读下载，超出了《著作权法》和条例允许的范围，这个行为就是侵权的。

《信息网络传播权保护条例》还针对网络教学规定了一种法定许可，但是条件是非常严格的。大家来看一看，第八条规定，为了通过信息网络实施九年制义务教育或国家教育规划，可以不经著作权人许可，使用其已经发表的作品的片段或短小的文字作品、音乐作品或单幅美术作品、摄影作品制作课件。它还不是允许把整本书做成电子版，而是说可以把作品的片段拿出来放到课件中作为教学材料，但是是法定许可，不是合理使用，也就是说这么做是要向著作权人支付报酬的。同时第十条还要求，如果这么做了，还要采取技术措施，防止学生之外的人来获得。要求是极其严格的。据我所知，这一条在现实中基本上没有得到很好的执行，至少据我所知，还没有哪个机构为此向著作权人支付报酬。这样一来我们就能看出，我们的立法对于网络教学直接把他人作品用作教材来使用，限制是极其严格的。立法者担心的是以合理使用为名，导致在网络上广泛地向学生分发电子版，从而影响作者利益。

我们现在要讨论一些非常实际的问题。在网课期间，出版社免费提供中小学教材的电子版下载。这个行为是不是合理使用呢？我们应该承认，它不属于《著作权法》明文规定的合理使用的情形，《信息网络传播权保护条例》对此也没有做规定。但是，我们确实要考虑到网课的特殊情况，以及中小学教材的特殊性。首先，由于义务教育的政策，中小学生本身就可以免费获得纸质版教材，中小学生是不用为教材付钱的，是由国家来提供教材的。其次，我们要考虑到，中小学生和教师之外的人很少有兴趣去获得中小学生的教材，中小学教材的受众太局限了。当然了有人会说，有些培训机构也需要。没错，但是培训机构的老师的数量与中小学生、教师数量相比太少了，再说他们一般手上都有纸质版。最后，要考虑到由于我们对九年制义务教育的教材编写实施作品的法定许可，作者本身就获得了法定许可费，出版社免费提供中小学教材的电子版下载，和作者的收入之间没什么太大的关系。我们看一看《教科书法定许可使用作品支付报酬办法》，它明确规定是按照作品使用的数量和篇幅来付费的，而且是每年付一次费，和有没有制作电子版，或者教材印了多少册，是卖得多还是卖得少，没有太大的关系。所以我个人的看法，虽然《著作权法》和《信息网络传播权保护条例》没有明文允许这种在网课期间免费提供中小学教材电子版下载的行为，但这个行为应当是被允许的。

我们再来看另外一种情况。网课期间有出版社免费提供——注意是大学教材，而不是中小学教材——电子版下载。大家觉得有问题没有？提供大学教材电子版下载，和提供中小学教材电子版下载有区别吗？首先，要肯定的是我们前面讲的两点仍然存在。第一，它不属于法律明文规定的合理使用情形。第二，我们得搞清楚一件事情，大学生本来是需要购买纸质教材的，因为大学教育不属于义务教育的范围，义务教育是免费发教材，高等教育阶段，大学生是要付钱去买纸质教材的。同时，大学生和大学教师之外的其他人是有获得教材的意愿的。比如以法律教材为例，除了大学生和教师之外，律师、公司的法务、法官都需要购买教材，而把教材做成电子版、免费下载，会导致作者收入下降。因为作者的收入是和纸质教材的用量和销量挂钩的，纸质版印得越多、卖得越多，作者收入就越高。如果把大学教材做成电子版，提供免费下载了，一定会导致纸质版销量下降，作者的收入会受影响的。

（三）教学中的适当引用

我们通过前面的讲解就发现，要直接在网络教学中把他人作品当教材来使用，风险是比较大的，无论是合理使用还是法定许可，范围都很窄。那么应该怎么做才能降低风险呢？我的建议是，在教学当中把作品的片段作为示例来引用，这样的风险相对来说是比较低的。《著作权法》规定，为了介绍评论某一作品或说明某一问题，在作品中适当引用他人已发表的作品。也就是说，用他人的作品不是让大家学习这个作品本身，而是用作品片段去说明某一问题，讲解某一个情况，或者仅仅是对这个作品进行一个介绍而已。

我们需要说明的是，怎样才能达到"适当引用"的要求呢？首先，引用的部分应当与介绍评论、说明的需要相适应，也就是要遵循所谓比例原则。用人家作品中100个字就足以说明、足以评论的，就不要引用1000个字。其次，这种使用不能去替代对原作品的利用，从而实质性地影响权利人的利益。

我们来看几个例子。亚马逊网站有一个功能，可以对作品进行免费试读，哪怕读者还没有买这本书，也可以点击免费试读去读前几页。那么大家觉得这个行为侵权吗？首先我们要承认，作品的前几页也是作品。所以未经许可用这前几页是有侵权风险的。但是我们要考虑到，网站提供前几页试读的目的和作用是什么？它的目的和作用是让读者大概了解一下这本书的内容是什么，这本书的写作风格是什么，是不是符合读者要求，从而为读者是否购买的判断提供依据。大家可以回忆一下，在没有当当、京东这类网络书店的时候，大家要买书要去实体书店，而在买之前我们也一般会先拿一本下来翻阅一下，看看是不是我想要的书。觉得是，我就买，觉得不是，就不买了。网上的书因为不是实体书，通常是没法翻的，通过在线试读的这种方式，可以起到一个类似于读者在实体书店翻阅纸质书的效果。所以这个行为是有合理性的，更何况仅仅是这本书的前几页，只是这本书很小的一个部分。如果这个书是一部侦探小说，前几页刚刚说一个神秘的杀人案，一个人被杀了，究竟是怎么被杀的？还想看就没了。在这种情况下，读者反而会愿意去买这本书。因此法院指出，提供作品的前几页的在线试读的目的是便于读者大概了解作者的表达风格。由于试读的部分占整个作品的比例很小，不太会影响作者的利益，这就属于为了介绍作品而进行的适当引用。

我们再来看一个例子。这是我读过的一本书，它介绍了物理学的一些原理，写得非常好，我发现他有一页用了两幅漫画，来自《丁丁历险记》。《丁丁历险记》有没有过保护期，我没有去考察过，假设没过保护期，放两幅漫画进去，属于未经许可复制，这个行为是侵权还是合理使用呢？我们要知道这两幅画放在这是有意义的，它的意义是配合下面的文字，下面的文字讲的是失重现象，而这两幅漫画是来自《丁丁历险记》中的一集《飞向月球》，讲的是在飞向月球过程中的失重现象。由于两幅画的画面大幅缩小，与我们在市场上看到的漫画尺寸是不一样的，它仅仅起到了一个说明问题的作用，所以我觉得这种使用就是一种合理使用。

我们再来看一个案子。《环球时报》曾经登了一篇文章，题目是《〈大众电影〉不确定的未来》。不知道大家对《大众电影》这本杂志有没有印象，可能跟我年龄一样大，或者比我年长的人都知道。我们那个时候还没网络，如果想看美女，《大众电影》最好了，因为它经常在封面或者封底登出电影明星的照片，现在年轻人都不知道这本杂志了。这篇文章介绍了这本杂志辉煌的历史、衰落的过程和不确定的未来。同时，它旁边有插画，是6本《大众电影》杂志的完整封面或封底。这些照片的摄影师起诉了《环球时报》，认为报社对照片的使用是侵权的。那么各位觉得侵权吗？法院判决不侵权。为什么呢？因为现在的年轻人根本就不知道《大众电影》杂志是怎么回事，用这6本《大众电影》杂志作为配图，是为了让人大致对《大众电影》有一个大概的了解，所以它的作用就是配合文章的内容来进行说明。由于照片是杂志的封面和封底，所以要把杂志放在那儿就不可避免地会显示出来，但是由于插画的篇幅很小，也看不太清楚，只是大概知道这是当年的封面人物。所以这个行为是出于介绍和评论的目的，那就不侵权了。

现在有一个问题，"速读原著"等原著解说视频是否构成侵权？我的回答是，要看情况的，取决于作品的类型，使用了多少表达，以及使用的方式是什么。曾经有一家电视台设了一个栏目，内容是对现在热门的电影进行一个介绍和评论。其中有一部电影它是这么来用的，第一部分为主持人介绍，时长51秒，第二部分是经过剪辑的这部电影的精华，长度接近半个小时。各位觉得这个行为是合理使用吗？这也是一种速读电影的方式，半个小时可能就把原长度一个半小时电影看完了。这个行为显然不是合理使用。为什么呢？因为它用的量与介绍的目的明显不相符，只介绍了51

秒。如果解说员在介绍评论的时候配上一些画面，比如解说员说这部电影有的地方拍得是不好的，比如说它有穿帮镜头，这个时候电视机上显示一个穿帮的镜头，这是没问题的，因为这种对电影的使用是为了对电影进行评论。但是只说了51秒，播放了半个小时电影，明显超出介绍或评论的需要，所以是侵权的。

当年陈凯歌导演推出了电影《无极》之后，有一个电脑高手叫胡戈，觉得电影拍得不好，于是他经过剪辑和配音，做了一个小短片——《一个馒头引发的血案》。那这里对电影画面的使用是侵权还是合理使用？我个人看法显然是合理使用。因为他用电影的画面是为了对电影进行评论，来说明前后矛盾。电影前面明明有一个镜头，馒头被吃了，结果后面又有镜头，把馒头又拿了出来，明显是矛盾的。这样的使用与评论的目的相适应，那才是合理使用。有的博客上或者是网站上的速读电影是怎么回事呢？是用很多电影的截图，然后再配一些文字，这些对截图的使用侵不侵权呢？法院在不同情况下做了不同的判决。

我们先看这个案子，这个案子是用截图的方式来配合评论。法院指出，用户用截图是为了在介绍和评论电影的时候，更加形象和直观地告诉大家他评论的内容是什么，而且由于截图并不连续，数量也没那么多，用户不可能通过截图前后连贯地欣赏电影、了解作品的完整情节。所以法院认为这个行为仅仅是为了评论的需要进行合理使用，并不侵权。

但是在另外一个案子当中，情况就不同了。这个案子中，被诉侵权的网站用了300多张影视剧的图片，而且是连续地展示，同时没有多少评论。法院指出，被告用这些图片的目的不是介绍和评论，而是在当今快餐文化的背景下，通过300多张图片集的连续展示，满足用户在短时间内获悉剧情主要画面和内容的需求。法院认为这样的使用已经超出了介绍、评论、说明的合理需要，构成了对原作品的替代。也就是说那些不

中华文化：特色与生命力◎

太想去电影院看电影的人，通过对这300多张图片的快速浏览，大概就能搞清楚电影是怎么回事，他就不需要去电影院看了，这会影响权利人的利益，这就不是合理使用了。

所以我觉得在网络教学的时候是可以用他人作品作为示例来解说问题的，但是这种对作品的利用程度要合理，要与说明、评论、介绍的目的相符合，这样才能降低著作权侵权的风险。

当前形势下版权保护面临的问题

开展版权工作的基本思路和主要做法

◇ 于慈珂

各位朋友，大家好，我很高兴有机会和大家分享交流版权工作的有关情况。协会安排这样一项活动，对广大会员特别有意义。王迁教授开了第一讲，针对会员关心的具体问题，在法理上进行了讲解，相信大家都很受启发，很有收获。

进入新世纪以来，特别是近十几年，我国的版权事业不断地发展、繁荣，版权实践越来越丰富多彩，如果说进入新世纪伊始还是小桥流水涓涓细流的话，那么经过这些年的挖掘、整合、汇聚，现在已经是大江大海、波澜壮阔。如此丰富多彩、波澜壮阔的版权实践，就是我们开展版权工作的根本和源泉，取之不尽、用之不竭。我们甚至可以讲，脱离这种丰富壮阔的版权实践，版权的规则、理论以及管理工作等都会成为无源之水、无本之木。

我们协会的会员都在不同的程度、不同的角度上属于版权实践的主体，都是这丰富多彩、波澜壮阔版权实践的参与者、推进者、见证者。在此我作为一个版权行政管理的工作者，向大家表示感谢。

今天和大家分享交流两部分的内容，第一部分是开展版权工作的基本思路，第二部分是简要介绍今年版权管理局的主要工作。

一、关于开展版权工作的基本思路

我们都知道，做任何事情，开展任何工作，思路非常重要，可以说思路决定出路，想法决定办法，这个思路应该尽可能得清晰、明确、科学合理、符合实际。开展版权工作，做好版权行政管理当然也得这样。这些年我们开展版权工作，特别是我这里讲的开展版权工作的基本思路，主要指的是"十三五"期间，也就是近五年来的版权工作的基本思路。这个基本思路主要体现在国家版权局的《版权工作"十三五"规划》当中，开展版权工作的基本思路归纳起来有五个方面。

（一）围绕一个中心

这个中心就是建设版权强国。建设版权强国这个提法从哪来的，体现在什么文件当中？首先体现在国务院印发的《关于新形势下加快知识产权强国建设的若干意见》。版权作为知识产权非常重要的一个组成部分，如何建设版权强国？这就体现在国家版权局印发的《版权工作"十三五"规划》当中。

根据国务院若干意见的要求，国家版权局《版权工作"十三五"规划》指出，"十三五"时期，版权工作要坚持实施版权严格保护、推动版权产业发展、健全版权工作体系三大原则，实现"加快版权强国建设、为建成中国特色、世界水平的版权强国奠定坚实基础"这一战略目标。到2020年，版权法律制度体系更加完备，版权工作法治水平进一步提高；版权执法监管力度不断加大，版权保护环境明显改善，版权社会服务体系更加完善；版权产业又好又快发展；版权创作、运用、保护、管理和服务能力显著增强，全社会版权意识大幅提升；版权国际交流合作不断拓展，我国在国际版权体系中的话语权和影响力进一步提高，基本实现版权治理体系和治理能力现代化，初步建成中国特色的版权强国。

这是"十三五"规划对建设版权强国提出的具体化要求。当然了，什么是版权强国？怎么建设版权强国？国务院的文件和《版权工作"十三五"规划》里面还有具体的要求和措施，这里我就不再重复，大家有兴趣可以在网上搜一下进一步学习。这是围绕一个中心建设版权强国，这是第一个方面。

（二）构建两个格局

版权严格保护格局和版权产业快速发展格局。版权严格保护这个提法从哪里来？在版权领域我们应该怎么讲？首先这个提法是国务院若干意见里提出来的，这个意见明确要求：实行严格的知识产权保护。为什么要实行严格的版权保护？我们基于一个基本判断，我国版权保护仍处矛盾和纠纷高发期，侵权盗版行为比较普遍，版权环境有待进一步优化。在这个基础上实行什么工作原则，"十三五"规划明确提出：将版权保护放在版权工作的突出位置，继续加大版权执法监管力度，实行严格的版权保护，维护良好的版权环境和秩序。怎么样理解版权严格保护格局？特别是怎么理解版权严格保护？我这里提出四个方面，或者从四个角度上去理解版权严格保护：在保护原则上是依法保护，在保护力度上是加强保护，在保护范围上是全面保护，在保护程度上是适当保护。

首先要理解严格保护版权的基本原则、基本的立足点和出发点是依法保护。这种依法保护既是依法治国的根本要求，也是依法行政的具体体现，同时也是版权保护的内在逻辑。我们在工作当中面对任何的热点、难点的版权问题，都要坚持这样一个基本原则，不能动摇。这是对依法保护的理解。

在保护力度上是加强保护，为什么我们要加强保护？就像刚才我们谈到的一样，我们对版权保护得有一个基本的判断，首先我们经过各方面的、全社会的、持续不断的努力，我们国家的版权秩序和环境应该是越来越好，持续优化的，这一点大家都能感受得到，社会各界也有正面积极的认同。但是我们也要看到在版权保护方面我们的问题和短板依然存在，体制机制的问题、法律制度的问题、工作措施的问题、管理水平的问题等。同时新课题、新挑战也层出不穷，特别是新技术的发展、信息网络技术的发展带来的版权新挑战是越来越多，可以说是应接不暇。我相信大家在这方面都有不同的体会和理解，面对这些问题和短板，应对这些新课题、新挑战，我们版权保护的力度不能削弱，必须加强。

保护范围上要全面保护，那么全面保护该怎么理解？首先我们要认识到版权客体众多，活动的内容非常广泛，活动的链条也复杂多样。从这个方面来讲，我们实行全面保护就要对所有的版权主体、客体和相应版权活动都要依法实施保护，不能顾此失彼。我们既要保护版权创作，也要保护使用和传播；我们既要保护权利人的合法利益，同时也要保护机构、平台依法运用、合理发展。从这些方面来讲是我们理解全面保护的最基本的内容。

怎么样理解适当保护呢？什么是适当保护？首先我认为从世界各国对版权的保护程度和形态上大体有三种：不保护、弱保护、强保护。从我们国家来看，从我们版权保护的发展历程来看，从我们建立新中国，到改革开放，我们对版权的形态是不保护的；从改革开放到进入新世纪到加入世界贸易组织，我们是弱保护；从新世纪到今天，我们又进入了新的保护状况和形态，不断地和国家的经济、文化、科技发展程度相协调，与国家和社会的综合国力和发展水平相一致。我们国家现在仍处于并将长期处于社会主义初级阶段，这是我国的基本国情，现在也没有变。同时我国还是世界上最大的发展中国家，这是我们的国际地位，也没有变。这两个没有

开展版权工作的基本思路和主要做法

变也是我们党在十九大报告提出来的。这是我国的基本国情和国际地位。我们国家走过了不保护的阶段，也超越了弱保护的水平。但是我们还没有达到强保护的水平。这一点就是和我们国家的基本国情和国际地位是相一致、相协调的。跟这个基本国情相一致，当前阶段我们应该在版权保护方面采取一种什么样的政策选择？我认为就应该选择一种适当保护的策略，就是说在版权保护方面要进行适当保护。与我国仍处于社会主义初级阶段和属于发展中国家的具体实际相适应，不能消极保护、弱化保护，同时避免过度保护、滥用保护，注重利益平衡原则，适时调整保护政策，突出保护实际效果，科学合理构建版权严格保护格局。这应该是我们版权保护的一个基本策略，需要综合协调、全面落实，不仅在立法、执法等各个方面体现出来，在我们各项版权工作中体现出来，还要在我们处理版权个案、应对版权的热点问题上体现出来。

这是我们构建的第一个格局，版权严格保护格局。

下面我再来谈谈版权产业快速发展格局。我们要构建版权产业快速发展格局，要根据中央"发展仍是解决我国所有问题的关键"这个重大战略判断，综合运用法律、政策、经济、行政和技术等手段，促进版权创造和运用，加强版权交易中心建设，做好版权示范工作，研究建立互联网版权确权、授权和交易机制，强化版权资产管理，完善版权产业发展的制度研究，发挥版权在文化发展中的基础性、战略性作用，构建版权产业又好又快发展格局。

这段话是《版权工作"十三五"规划》里的一段话，对如何构建这么一种格局，推动版权产业快速发展，提出了具体要求。

经过我们共同努力，我国版权产业在快速发展，我们委托中国新闻出版研究院已经做了多年统计、调研，就是版权产业对国民经济的贡献率到底有多大。从中可以看出我国版权产业的总体规模在全国GDP中的比重到底有多大，特别是我们关心的核心版权产业规模有多大，这个比重是不小的，能成为支柱产业了。

（三）把握三个特点

专业化、社会化、国际化，就是版权工作的三个特点。什么是版权的特点？特点是事物通过与其他相似事物比较而表现出来的不同之处，这个不同之处，就是事物特点。恰恰是事物的独特的意义和价值的体现非常重要，所以把握版权特点就是我们要做好版权工作非常重要的前提和条件。

关于专业化。版权涉及一系列不断发展的法律关系和行为，产生发展了一系列的特有概念、规则、制度以及学说、理论，从事版权活动就越来越专门化、专业化。作为版权工作者，必须学习、掌握版权的专业知识，具备版权专业素质，要充分表现出专业的工作水准。为什么是专业化的体现？版权专业人员实际上在2015年职业分类大典中也被纳入了，这也反映了版权专业化的特点。

关于社会化。我个人认为我们国家的行政管理经历了三种模式：系统化管理、行业化管理和社会化管理。在计划经济时代我们行政管理都是系统化的，是人财物统管。改革开放以后，越来越多的领域和行业通过行政审批建立起来了行业化管理的模式；随着越来越多的行业审批渐少，进入了社会化管理的模式状态。版权没有上下隶属的系统，也不存在审批监管的行业，我们审批的许可目前就有一项，就是集体管理，目前基本上也没有什么新的事项来审批，所以从这个方面来讲，我们不存在通过行政审批形成的行业，就像印刷业，要对它进行审批形成印刷行业，我们版权没有这种情况。所以不存在一个版权系统，也不存在一个版权行业。那么，既不是系统也不是行业，版权是什么？版权属于主体泛化、客体众多、对象不确定的社会化现象，版权的行政管理就属于社会化管理。既然版权的行政管理属于一种社会化管理，我们从事版权工作就要排除系统隶属、行业管理的经验思维和行为习惯性，同时要树立面向全社会的新视野、新思路，整合运用社会资源，建立健全版权社会治理体系。在2013年机构改革中，版权管理司就把版权处改设为社会服务处，恰恰是基于我们对版权工作社会化这么一个特点的理解。我们经常提：行政机关提供公共服务，那么这里为什么提社会服务？实际上没有本质区别，我们对版权工作这么一个社会化特点的理解，就认为版权的社会服务就是版权行政管理部门向全社会提供的公共服务。这些年我们基于这种思路，也在充分地整合运用社会资源，不求我有，但求我用。我们在中南财经政法大学、腾讯公司、咪咕公司分别设立了国际版权研究基地、网络版权产业研究基地、网络版权保护研究基地等。我们也在充分地利用社会资源，大家一起努力，从不同的角度、不同的方面整合社会力量，大家一起努力，繁荣发展中国的版权事业。

关于国际化。有一套国际通行的概念理论话语体系，就是在国际上大家都能理解，大家都能明白的。有一套国际通行的版权规则体系，大家都认可的。有一个大多数国家和地区加入的国际组织，就是世界知识产权组织，当然世界版权还有其他一些组织，世界贸易组织、世界教科文组织等等，但是主要的就是世界知识产权组织。国内问题越来越多地表现为国际问题，特别在互联网时代，这个体现得更为明显。

（四）完善四个体系

四个体系分别为版权法律制度体系、版权行政管理体系、版权社会服务体系、版权涉外工作体系。我主要给大家讲讲前三个。

关于版权法律制度体系。"十三五"规划里面有这样一段话：立足版权实际和中心工作，推进版权法律制度精细化、时代化和特色化，着力解决版权领域法律修订相对滞后等问题，加强版权重点立法，加快完善版权法律制度体系。推进《著作权法》第三次修改，制定、修订有关著作权行政法规，制定、修订有关著作权部门规章，指导地方著作权立法工作。这里特别提出来推进版权法律制度精细化、时代化和特色化，这是完善版权法律制度体系的关键，首先版权法律制度体系，这个版权制度和版权法律是两个概念，我们这里讲的是版权法律制度。怎么样完善？三化：精细化、时代化、特色化。相信大家对版权法律制度有过学习，都了解过这三化有什么含义，这里不展开讲了。

关于完善版权行政管理体系。版权行政管理体系主要两个方面：版权行政执法的主体与版权行政执法的职责，这两个方面这些年来我们国家还是相对稳定的。但是近些年来出现了一些新情况、新问题，这主要是在改革上出现了一些新情况，再一个就是文化市场综合执法体制有一些新的变化，这些都对版权行政管理体系带来了新的影响。怎么样完善行政管理体系？《版权工作"十三五"规划》从四个方面提出了要求：第一，加大版权执法力度，重点突出大案要案查处和重点行业专项治理；第二，突出网络领域版权监管，将网络作为履行版权监管职责的重要阵地，不断净化网络版权环境；第三，强化版权执法协作，有效发挥文化市场行政综合执法中的版权执法职能；第四，充分利用现代信息技术，创新版权监管手段，提高执法有效性和精准度。这四个方面实际上主要指的是版权行政执法的一些具体措施和机制。

关于版权社会服务体系。版权工作有三大特点，其中有一个是社会化，版权工作的社会化这个特点和完善版权社会服务体系有密切关系。从版权社会服务体系角度来看，涵盖的内容还是比较多的，我这里做一个简要的归纳，有这么七个方面：作品登记、版权示范、集体管理、涉外认证、宣传教育、展会授权、创新发展。这七个方面涉及的内容比较多。"十三五"规划要求：全面完善版权社会服务体系，创新工作方式方法，加强版权公共信息服务平台建设，充分发挥版权社会服务机构的作用，进一步提升版权服务与管理能力。这是对版权服务体系的总要求。

关于作品登记。著作权登记大家都知道，这是我们版权行政机关提供社会服务的非常重要的一个方面，包括作品登记、计算机软件登记这两个主要部分。这些年我们著作权登记的数量增加得非常快，表明我们著作权登记工作的快速发展。我们最新的数据就是2019年全国著作权登记的情况，很快就要以国家版权局的名义进行公布，这里先给大家做一个简要的介绍。2019年全国著作权登记总量达到了418万件，相对于2018年的345万件，增长了21%，这是一个总数。其中作品登记270多万件，同比增长了14.86%；计算机软件是148万件，同比增长34.36%。应该说这个增长的速度是非常快的，这几年一直保持了大体相当的增速，说明我国的著作权登记发展确实是很快的。

我再给大家重点介绍一下社会服务体系里面的展会授权。在去年我们国家版权局公布的中国版权十大事件里面其中有一件是，全国版权展会授权体系逐步建立。2018年10月20日至22日，由国家版权交易中心联盟主办的2019年中国北京国际版权授权大会在北京举办，这是国家版权局积极推进版权实际运用和价值转化，着力打造全国版权展会授权体系的重要步骤，全国版权展会授权体系逐步建立。该体系以国家版权局主办的中国国际版权博览会为龙头，以山东青岛、江苏南京、广东东莞、四川成都、上海自贸区等多个地方版权博览会、交易会、授权展为身翼，做到整合资源、彰显特点、相互补充、共谋发展。打造全国版权展会授权体系为贯彻落实新发展理念、促进版权产业发展和版权强国建设发挥了重要作用。这个十件大事发布时对这个事件的描述评估充分体现了国家版权局在打造全国版权展会授权体系的考虑和实际做法。

再一个就是创新发展，也是在去年的十件大事里面的一件叫作：国家版权创新发展基地在深圳前海设立。2019年10月24日，推进中国特色社会主义先行示范区建设工作成果发布会在深圳前海举行，国家版权局宣布在深圳市前海深港现代服务业合作区设立国家版权创新发展基地，基地可充分利用区位优势、政策优势、产业优势，先行先试，打造版权保护与产业发展的高地与标杆，闯出一条全国领先、具有示范作用的习近平新时代中国特色社会主义的版权发展之路。开展国家版权创新发展基地试点工作是国家版权局贯彻落实党中央、国务院决策部署，大力融合创新驱动发展战略，充分发挥版权内在创新属性，全面提升版权工作能级的重要创新举措。这是版权社会服务工作这些年一项创新性的举措，叫作国家版权创新发展基地的试点，这项工作我们今年还要继续做。

（五）协调五个关系

怎样理解协调立法与执法、监管与服务、网下与网上、国内与国际、保护与发展这五个关系？在《版权工作"十三五"规划》里边对此也做了规定和要求。版权工作要注重体系建设，统筹兼顾、整体推进，坚持五个并重。坚持立法和执法并重，既重视版权立法，也要强化版权执法。这句话我们现在怎么理解？作为版权的行政管理部门，我们的主要工作当然还是贯彻落实立法，还是要做好行政执法监管工作，这是我们工作的主责和立足点。这是规划里说的第一个方面。第二个方面是坚持监管和服务并重，既要加大版权监管力度，也要提高版权服务水平。就是要树立版权的执法监管并提供服务，在监管的同时要提高服务水平，把服务放到监管当中，这两个确实要并重和融合，要互相照顾，互相体现。第三个方面是要坚持网下与网上并重，既要重点打击互联网侵权盗版行为，也不能忽视传统形式的版权问题。这里提出的是网下与网上并重，网络和传统形式的版权问题都要重视，但是实际上从客观的情况来讲，网络版权问题已经成为我们工作的主要的领域、主要的职责，所以说打击网络的侵权盗版已经成为我们网络执法监管的主阵地和主要内容，这是一个客观情况的要求，而不是想不想做的问题，是必须这么做的问题。所以说这些年在实际工作中，我们已经把互联网版权作为工作的一个主要职责和主要战场。第四个方面是坚持国内与国际并重，既要加强国内版权工作，也要提升国际应对能力。两手抓，两手都要硬，国内版权工作和提升国际应对能力同样重要，要相互促进。第五方面是坚持保护与发展并重，既要强调加强版权保护，也要注重版权产业发展。这里大家一定能够理解，关键是从哪个角度、哪个层面来讲，从具体的层面来讲，保护应该是目的，但是从宏观的、全国的视野角度来说，保护也是一种手段，发展才是最终的目的，但是在工作上这两者都要重视，都不能忽视。这是协调五个关系，规划里有了这么一个要求。

我归纳一下，关于版权工作的基本思路就是五句话：围绕一个中心，构建两个格局，把握三个特点，完善四个体系，协调五个关系。这就是我给大家讲的第一个大的方面。

二、版权管理局今年主要工作

版权管理局今年的主要工作体现在我们的工作方案当中，这个工作方案已经印发到各省局了。下面我给大家做一个简要的介绍，就不具体详细地进行讲解了，只是让大家对我们工作有一个大概的了解。

首先，今年的版权工作要明确一个指导原则和总体要求。在这个指导原则和总体要求统领下、指导下，我们才能开展好具体的工作。这个指导原则和总体要求有一段话：2020年版权工作要以习近平新时代中国特色社会主义思想为指导，积极落实中共中央办公厅、国务院办公厅《关于强化知识产权保护的意见》，认真贯彻中央宣传部2020年宣传思想工作要点关于做好宣传思想工作的总要求，加强党对版权工作的全面领导，将版权工作纳入党和国家工作大局、战略部署谋划安排，努力构建版权现代治理体系、提升版权现代治理能力，坚持守正创新，突出工作实效，不断提高版权工作水平，为确保全面建成小康社会和"十三五"规划圆满收官、建设版权强国作出更大贡献。这是我们今年版权工作的指导原则和总体要求。

根据这么一个指导原则和总体要求，我们今年的主要工作内容有五大项：加强版权执法监管，深化软件正版化，推进版权社会服务，强化版权涉外工作，做好宣传培训和调研工作。

（一）加强版权执法监管

版权的执法监管是版权行政管理工作的一项主要职责，是我们做好版权管理工作的立足点。今年这项工作具体体现在五个方面：实施版权严格保护，加大案件查办力度，深化版权专项整治，完善综合执法机制，加强长效机制建设。下面我给大家展开说一下。

1.实施版权严格保护

把严格保护作为版权工作的主基调，强化保护力度、拓展保护范围、突出保护重点、讲求保护实效；把网络版权保护作为主战场，不断完善版权保护体系，综合运用法律、行政、经济、技术、社会治理手段严格保护版权；充分发挥行政执法的特点和优势，加大惩处力度，提高违法成本，发挥威慑作用，保持高压态势，促进版权保护能力和水平整体提升。这是实施版权严格保护。

2.加大案件查办力度

加强技术监测和主动巡查，及时发现侵权线索；在重点地区推广集中办案模式，提高案件办理数量和质量；探索新业态新领域中新型版权案件查办；完善案件的挂牌督办、督导检查等制度；加强跨地区线索移转、案情会商、联合办案等；充分发挥查办案件奖励机制的作用，建立典型案例的指导机制。

3.深化版权专项整治

专项整治一直是我们工作中很重要的措施和创新的方面。（1）开展第16次打击网络侵权盗版剑网行动2020专项行动，加强了对院线电影、电商平台、网络游戏及网络直播、自媒体、知识社区问答等新媒体的版权整治。这一点我相信大家都应该了解，剑网行动是我们版权工作的著名品牌，也是针对网络侵权盗版的一个专项整治行动。今年开展的是16次，是我们联合公安部、工信部和网信办四家一块开展的，一项行动连续开展16次，就是每年一次。坚持了这么多年，久久为功，对整治网络版权效果明显。每一次都要有亮点、都要有创新，这个难度越来越大。再一个方面，随着影响加大，社会关注度也越来越大，权利人等等有关方面要求也越来越高，每年开展一次这个活动，每年都要抓住这一年的网络版权的典型问题，要抓得准、抓得对，每一次都要把这个重点突出出来确实是符合实际的，而且还要效果明显，确实很不容易的，越来越难，但是我们也要做，而且也要做好。让我们大家一起努力，进一步净化网络空间，进一步规范网络版权秩序，来维护良好的网络版权的生态环境，这是剑网行动，是第一个大的专项整治。（2）深入开展对大型网络服务商的版权重点监管，扩大监管范围和监管对象，落实两个所有要求，夯实网络企业主体责任。（3）深入开展打击侵权假冒活动，加强重点市场监管，加大执法办案力度，严格落实市场主体责任，公布违法问题的检查情况。这等于说我们是深入开展"双打"工作，根据国务院和全国"双打办"的工作要求和部署。

4.完善综合执法机制

深化文化市场综合执法体制改革，会同有关部门制定完善文化市场综合行政执法运行机制的规范性文件和执法事项指导目录，深化文化市场综合执法体制改革；明确直辖市、地市文化市场综合行政执法机构作为版权执法主体，加强版权行政部门对文化市场综合行政执法的指导监督，明确权限职责，强化执法保障，完善工作机制，不断提升地方文化市场综合行政执法中版权执法效能和履职能力。

5.加强长效机制建设

适时修订著作权行政处罚实施办法，制定发布规范摄影作品、网络音乐版权秩序的规范性文件。这两个文件我们正在制定和发布。制定发布《版权行政执法证据审查和认定指南》，探索建立打击侵权盗版两法衔接研判中心，推进行政执法和刑事司法标准协调衔接，完善案件移送要求和证据标准，建立健全与司法机关信息共享、案情通报、案件移送制度。整合运用社会力量，推动社会共治，充分发挥行业协会、权利人组织、研究单位和第三方版权监测机构在调研、维权、评估、监测等方面的作用，设立版权保护新技术研究推广站点，建立重点地区、重点领域版权问题快速处理通道，完善版权纠纷多元解决机制。

（二）深化软件正版化

软件正版化也是我们非常重要的一个执法监管的工作，这项工作开展了20年了，今年的工作主要有四项：强化制度引领作用，创新拓展工作思路，加大督促检查力度，推进两化融合发展。

（三）推进版权社会服务

1.规范著作权登记工作

规范作品登记审查标准，相关登记信息公示、查询和发布，涉外著作权合同登记备案，以及著作权质押登记事项；结合《著作权法》修改进一步健全著作权登记制度，充分运用国家版权监管平台，完善著作权登记机制。

2.加快著作权集体管理监管

结合著作权法修改，推动调整和完善集体管理相关制度，进一步规范和加强对集体管理组织的监管，推进著作权法定许可特别是教科书法定许可制度的贯彻落实；规范卡拉OK领域包括VOD版权授权机制，强化相关企业依法经营意识，提升集体管理组织服务水平，加强集体管理活动规范化建设，探索构建适应中国国情、符合国际惯例的授权体系和机制。

3.推进版权示范和创新发展基地工作

在版权示范核查的基础上，严格标准和程序，继续评选版权示范城市、园区、单位；示范城市、园区、单位进行培训，充分发挥其示范带动作用，推动示范工作向纵深发展。最近国务院正在清理示范的事项，我们版权示范这个事项是国务院在名单里保留下来的，这项工作我们还要继续开展，向纵深推进；融合国家发展战略，发挥版权创新属性，继续开展国家版权创新发展基地试点工作。

4.继续打造全国版权展会授权交易体系

调动各省区市积极性，组织更多有关企业、单位参加，重点办好第八届中国国际版权博览会。第八届中国国际版权博览会目前已经定在浙江杭州举办，时间初定在10月份。这个博览会也是以中国国家版权局名义主办的，唯一一个全国性的版权博览会，两年一届；按照整合资源、彰显特点、相互补充、共同发展的原则，继续支持有关地方和组织举办版权交易会、博览会和授权展会；规范、支持国家（国际）版权交易中心、贸易基地有效开展版权交易，进一步发挥国家版权交易中心联盟的联合、组织和协调等作用。对交易中心、贸易基地怎么更有效地开展版权交易？我们要规范、要支持，同时对这些版权交易中心贸易来组建的国家版权交易中心联盟的作用要发挥出来；设立版权展会授权、数字版权交易研究推广基地，好的经验和做法要推广。

5.开展中国版权金奖的评选

和世界知识产权组织密切合作，组织进行中国版权金奖的评选，对在版权创造、保护、运用、管理、服务等方面作出突出贡献的个人和单位进行表彰。中国版权金奖前身是世界知识产权组织版权金奖（中国），是国家版权局和世界知识产权组织开展的合作项目，2008年是第一次评选，之后是每两年评选一次，是中国版权领域唯一的国际奖项，也是国内版权领域最高奖项。

（四）强化版权涉外工作

加强版权多边、双边合作；提升版权国际应对水平；开展版权海外风险防控项目；举办国际版权论坛。

（五）做好版权宣传培训和调研工作

1.做好版权重点宣传

版权的宣传工作是我们这些年非常重要的一项工作，特别是我们这些年工作都有创新，就是利用我们新的宣传手段，新的媒体形式来开展宣传。（1）做好国家版权局官方网站、微信、微博、头条号等日常宣传工作，重点开展4·26知识产权周相关宣传活动，这个希望大家关注我们国家版权局的媒体矩阵，如果大家要了解我们的工作，了解我们的一些动态，了解我们的政策和规定，及时地上这些网站和媒体的公众号，就能了解到。（2）组织评选2020年中国版权十件大事，开展大学生版权征文活动，结合《著作权法》颁布三十周年和著作权法修订开展有针对性的宣传活动。今年是我们《著作权法》颁布30周年，这是一件大事情，这部法律对于版权领域的影响是最大的，颁布30年了，我们有一些纪念活动，要搞宣传。（3）以《视听表演北京条约》生效为契机，在国内外开展系列主题宣传活动。2012年的6月下旬，世界知识产权组织在北京召开了保护音像表演外交大会，在外交大会上成功签署了视听表演北京条约，在之后通过各方努力要推动这个条约的生效，这个条约本身生效的条款规定是30个国家批准加入就生效，现在据我们了解，已经有31个国家批准加入了，条款规定是从第30个国家批准加入之日提交批准书那天开始三个月后正式生效。第30个国家是印尼，是1月28日批准加入的，也就意味着《视听表演北京条约》生效时间是今年4月28日。这是在北京签署的条约，以北京命名的条约，也是新中国在知识产权领域诞生的第一个国际条约，所以说非常重要，我们要开展一系列的主题宣传活动，现在正在组织进行当中。

2.举办中国网络版权保护与发展大会

这个大会主题是这样的：强化网络版权治理，优化网络版权生态。跟往年一样，大会还将以主论坛、分论坛等形式，聚焦版权重点热点问题进行研讨，同时也要发布版权保护、产业发展权威报告。这个大会已经成功举办了四届，应该说影响是越来越大，已经成为宣传版权保护政策、引领产业发展的风向标，也是扩大版权工作影响、提升社会版权意识的助推器。

3.积极开展版权调研

开展版权调研也是按照版权工作社会化的特点，一方面我们自己开展版权调研，另一方面我们也委托有关的公司、社会机构等等开展版权调研。我们会继续开展中国版权产业经济贡献、中国网络版权产业年度发展、中国版权保护年度状况等调研，同时还要开展重点领域和作品网络版权监测分析等调研，并适时发布调研的报告。这些报告也是国家版权局对版权领域相关方面一些权威性的分析报告。希望大家继续关注。

中华文化：特色与生命力◎

新时代下科技企业
创新布局的一些思考

◇ 葛珂

今天这个话题相对具有行业性和宏观性，这是我第二次站在远集坊的讲坛上，上次来是讲金山的创业过程，因为金山在中国软件行业是一个标志性的企业，我们从1988年创业，这些年的发展历程蕴含了我们自己的拼搏、奋斗、坚持、创新以及成功失败的经验教训。我作为业务的实际参与人，后期带领业务一步一步走向成功，我是深有体会的。所以上次讲公司内部的事情，讲公司的历程，讲公司面临的机遇和挑战，我特别有信心，但是这次安排的话题不是讲我们公司的，更多希望我作为行业的参与者，能够脱开公司层看一些行业、产业的发展，这样一个大的话题我其实没有特别多准备。

我曾经请几个同事帮我整理了一下，什么是创新，什么是发展，想做一个系统性的梳理，后来发现这不是我所擅长的，我的能力、我的经验、我的过往、我对行业的看法还是扎根于金山过去的历史中。所以后来我把这个题目稍微改了一下，不谈行业布局与思考，更多的是说科技企业对创新布局的一些思考。以这样一个话题或者以这样的角度切入创新与发展时，我心里稍微镇定了一些，毕竟我是实际走过来的，我处理WPS业务大概16年时间，我有很多体会，我也经常会跟我身边的朋友，跟我公司同事甚至业界的精英们沟通、交流行业的变化，沟通交流创新对于我们新的软件公司和高科技公司背后的实际意义是什么，所以在这样一个话题下讲起来更轻松一点。

第二，我不是教授型人才，我的经验来源于自己的实干，我的实干经验来自整个公司的发展过程。所以我在看创新发展的时候，这个话题是有聚焦性的，我不会泛泛地谈创新的宏观定义，我更多讲的是在民营软件行业，创新与企业发展过程密切的相关性，这个是我比较擅长的。今天讲创新一定要加引号，这个引号是跟企业息息相关的创新，不能放在跟科研创新、基础创新或者更宏观创新去匹配，这个不是我擅长的，这样今天话题相对会聚焦一些。

总的来说，就是讲一讲跟我们公司相关的创新，以及跟我们软件技术相关的创新。今天话题我是稍微做了一个限定，这样谈起来比较方便。

当然，我想创新与发展是我们整个产业、行业都特别关心的一个话题，因为最近有很多事情，突然把创新这个词凸显了出来，媒体、大众都非常关注创新这个事情。有几个潜在的因素或者市场影响：第一个热点是大家比较关注中美贸易纠纷的问题。中美贸易纠纷从关税壁垒到对实体公司的限制，最终核心还是在中美科技脱钩。因为今天这个时代跟过去时代不一样，我们从农业时代进入到工业时代，又进入到信息时代，今天国与国的竞争可能不是制造业的竞争，不是简单的农业生产竞争，更多地聚焦在高科技行业或者技术上的竞争，所以中美之间的很多问题、很多纠纷最终体现在一些关键的技术领域。大家都知道，华为被美国商务部和国务院做了很多技术性的限制，包括使用美国的产品、使用美国的技术都会受限制，对于华为的很多业务会产生很大影响。但是华为只是一个代表，中美科技上的纷争，还有很多延展性的话题。我以前经常去硅谷，每年会去几次硅谷做很多技术交流和商业性合作，但是这几年去得越来越少，在比较高端的论坛方面中美之间确实慢慢脱钩了，尤其在云计算、人工智能、大数据、芯片设计、芯片制造的领域，中美之间密切的沟通越来越少了，这是我切身感受到的。这种状态会对未来中国的高科技产业造成什么影响，很多人非常关心。很多网民说，我们其实应该更早关注创新，而不是在今天因为中美之间的贸易问题、国与国之间产生科技纷争的时候才后知后觉。

举个例子，到底是贸工技还是技工贸，华为路线还是联想路线，网上争议很多，说我们应该从早期走技工贸，技术路线为主，我们应该发展自己的核心技术，以这个为出发点，从20世纪90年代末期到今天2020年，20多年发展下来，也许今天就不惧怕中美贸易争端了，也许我们就有更加足够的底气。

第二个热点，跟我们公司相关。我们是一家1988年成立的，32年的企业，2019年11月18日，我们在科创板开板上市了，得到了股民和投资机构的认可，我们目前市值大概在1000亿以上，这个其实超出了我们的预期。我能看到很多投资机构在看到金山办公这样一个公司的本质性因素之后，他会把你标记成创新的龙头企业，或者他会从你的财务表现、业务表现以及业务布局，认可你是一个创新的代表。这个创新代表最根本的数据是什么呢？我从来没有意识到。在进行到上市路演这个环节的时候，我突然发现，非常多的投资人都在关注我们的一个财务数据，不是大家想象中的利润或者收入增长，不是，他们非常看中我们研发费用占整个收入结构的比例。我当时没有完全意识到，我觉得每家公司不都是这样吗？我们的研发费用占收入的比例在37%到40%之间，这不是某一年，在我印象中，我们一直是这样一个持续的研发投入比例，没有任何特例，我们就是这样一家公司，我们很多费用是用于研发人员和研发费用的投入，我们WPS一直就

新时代下科技企业创新布局的一些思考

是这样一个技术为主的团队，所以我并不觉得有什么特别。但是这些投资人看到我们的招股说明书和2019年财报时对这个数据非常吃惊，这个数据超出了他们的想象。后来我就跟他们聊，我说，为什么你们这么看重这件事？他们说，我们很少看到一家上市公司尤其是A股上市公司的研发费用占比这么高，并且持续占比这么高，而且在研发占比高的同时，利润还有所保证。我说，那难道中国的软件企业、中国的互联网企业不是这样吗？我在想这个问题。

所以这个问题带出一个话题，就是什么是真正创新的企业，是不是研发技术投入就能够带动创新。上市时，我们公司荣誉董事长，就是整个金山集团的创始人，实际控制人雷军发了篇文章，用了金山式的致敬和表述。20世纪80年代末期，90年代初期，作为第一拨中国风起云涌的民营创业公司，迎来的是一个创业非常好的时代，但是我们用了30年时间，走到今天，目前仍然处于一个高速成长期，并在科创板上市成功，这是一个非常不容易的事情。当年跟我们一样创业的公司，很多都已经消失在茫茫的市场环境里去了，你可能都记不得了。所以反过来说，可能金山这种高研发投入，这种30年不变的坚持，恰恰代表了一种高科技公司的创新精神。

中国改革开放40余年，中国高科技企业成长也就是30年，这只是漫漫历史长河中很短暂的时期，我觉得未来还会继续发展。但是恰恰是这30年，中国高科技从零起步，到今天可以跟美国形成一些科技上的平衡，我觉得这30年路程一定代表一种独特的路径，一定代表中国独特的创新思维。

如今中国高科技确实进入了一个新时代，是随着中国改革开放以及中国经济快速成长达到了今天的体量，达到了世界第二。我们的专利数据、研发数据其实也慢慢达到了世界顶尖水平。中国高科技行业处于最热闹、最红火的时代。

举个例子，2000年的时候，有一个世界20大高科技行业的公司排名，我看过这个排名，大家耳熟能详的一些公司，像谷歌、微软、IBM、ORACLE都在，但是没有一家是中国公司。但是到了2018年，我看到了同样一个榜单，那个时候20大高科技公司里有9家是中国公司，将近占了一半。这20年的变化，从0到接近50%的比例，这一定是行业发生了翻天覆地的重大变化，所以走到2020年这样一个时间点，绝对是一个值得我们总结和思考的过程。

我曾经跟很多朋友说，2018年5月份我去过一次泰国，大家都认为它是旅游业国家，但是泰国政府其实对本土化的产业支持力度很大。在泰国有一个很重要的科技展或者信息化展览，那次去的是泰国类似经信、科技口的几位领导，我们也是参展单位。当时泰国政府说一个观点，对比以前泰国的信息化展览，你会看到特别明显的变化，以前最重要的展位、最好的展位、A级展位或者双A级展位都是日本公司，因为日本的经济发展比中国更早一些，他们对东南亚的扶持和输出更多一些。所以泰国的汽车制造业基本都是由日本公司、日本品牌垄断或者控制的。像富士通、索尼等日本公司在泰国的影响力非常强。但是到了2018年，我去那次，离最主要的会馆最近、最大的展位几乎都是中国公司，有华为、中兴、小米、阿里巴巴、摩拜单车等很多中国的高科技公司，以及中国互联网的新兴公司开始在泰国崭露头角，而且取得了最主要的位置。

随着经济的发展，中国对外输出的产业除了传统的制造业、生产链输出之外，你会发现中国已经慢慢上升到了一个新的台阶上，中国的商业模式、中国的高科技公司成熟之后，也开始走向世界了。所以新时代高科技公司真的是一个标志性事件，这个标志性事件就是随着中国的经济成长，中国出现了顶尖的世界级公司，随着这些公司一步一步成熟壮大，他们从中国迈向了世界市场。这种能力和表现就是代表着一个新时代的到来。

这个新时代也有另外一个含义。我现在讲一下风险危机。当我们达到这个体量时，如果真的出现中美的科技脱钩，我们未来高科技怎么走，大家非常担心。今天的科技不是像过去简单的单独某一个公司或者科研院所做技术创新就可以了，今天技术是全球化的，一旦出现中美脱钩，中国的高科技公司到底怎么走，蕴含着巨大的风险。我们也看到，不管是产业界、中国政府、中国的大公司都意识到这种风险，都意识到未来有潜在的压力，都在做一些前期的布局。比如阿里巴巴、腾讯已经开始做2B互联网，开始做芯片制造，包括华为在5G上前期的所有的技术投入，形成了今天世界第一的技术能力以及全球竞争力。很多公司都已经开始做这个准备了。

其实今天所有中国的科技公司都面临着一个新的时代，这个新时代跟过去又有一些不一样，我们过去是借助于整个全球的科技发展，我们是享受科技发展的红利，同时又扎根在中国经济成长的市场上，我们在加速、加快做强。未来真的要回看一个问题，除了看一些表面的、数字上的经济成长、体量的成长以及公司排名的成长之外，还要看我们整个技术基础是否足够扎实。在这种情况下，既然高科技产业面临一个新时代，中国高科技从前是取决于全球化的技术能力的组合，从而形成中国高科技公司的优势地位，但在未来5年、10年、20年可能要扎根于自己原创性的技术基础和准备，特别是在关键的领域，比如说芯片制造、人工智能、云计算这样一些前沿领域，我们需要做自己的东西。也许5年、10年之后，回看今年的时点，也许就是个分水岭，随着中国经济总体量进一步成长，还是有一定信心的。但是，如果没有意识到这个创新的动力，没有意识到创新对中国高科技公司的影响，没有意识到高科技对整个中国经济成长的重要作用，其实是有风险的。

讲创新的时候，我分成了几个关键要素，这不是一个系统性的梳理，只是我能够理解一些关键因素。

第一，创新的主体是企业。科研院所是创新主体，高校是创新主体，很多国家的研究机构也是创新主体，这些我都认同，因为我是处在企业的立场，我特别理解企业对于科技创新，对于产业最终所取得的定位的价值和作用。前段时间海淀区政府请我去参加了一个研讨会，讨论中关村进一步的升级改造，就是新中关村计划。中关村面临什么问题呢？我不知道大家有没有去过中关村西区的海龙还有电子E世界，里面很多攒机的柜台，有很多小铺面，也有很多旗舰店，但是你会发现，随着互联网经济包括新兴经济的形态越来越不一样，这种传统店面以销售和零售为主的传统店面其实慢慢全部落伍了。我跟园区领导说，我讲个例子，我去的硅谷比较多，你会发现一个特点，就是硅谷的城市建设或者它的城市规划、区域规划，都是围绕高科技公司来做的。美国每个地区都有标志性的互联网公司，比如说苹果公司，比如说谷歌公司，比如说Facebook公司，我们经常去硅谷不是为了看风景，我们是去这些公司参观。

硅谷的整个机制是围绕大公司来做的，它整个城市规划、区域性建设甚至配套的服务性经济体系都是围绕这些大公司来布局。但是在中关村你会看到另外一个特点，中关村是一种集约式的，是以电子商品的零售百货、传统店面形式为主。所以重新做科技规划的时候，我认为中关村园区、海淀科技园在考虑下一阶段园区建设的时候，首先应该回看企业需要什么，一个高科技企业从零创业到做大做强，需要什么。也许它需要的因素可能就是我们园区或者新中关村建设过程中要考虑的问题。

我们金山园区在上地园区，上地地区是一个很有意思的地方，集中了很多有名的高校，比如说北大、清华，还有很多科研院所，但是整个地区的布局有着很大的局限性，虽然有很多写字楼，但是不符合大公司的需求。苹果公司、谷歌公司是从小创业开始，可以租办公室，但当公司大到一定程度的时候，为了保证公司的发展，满足公司内部员工需求，其实慢慢可以考虑独栋建筑，围绕一家公司做成很大的园区。但回看整个上地地区是做不到这一点的，上地地区的整个物理结构和街道结构全部已经布置完成了，很难说我选一块地方，就能符合企业发展，从小做到大，做大做强，而且园区规划是围绕企业来走，现在我做不到。园区领导们真的要考虑这个问题。

小米科技园是在上地地区最后一块地方，那个园区的位置还是可以的，但是它的问题在什么地方呢？它周边的交通非常复杂，进也难、出也难，上地地区是西北五环之外的一块地方，平均房价接近10万，为什么上地地区房价这么贵呢？是因为那里确实聚集了中国最好的高科技公司，而且他们的员工的工资薪酬是很高的，他们每天工作强度非常高，早上九点钟去，可能晚上九点钟才能下班，一天工作12小时，如果因为交通问题出入很麻烦，路上花一小时，来回来去俩小时，这个程序员是不接受的，只能在周边买房，所以导致上地地区非常拥挤，交通非常复杂，导致当地房价高涨，程序员也是怨声载道。比如西二旗和西三旗的地铁站，经常里三层外三层地排队，这是物理交通问题。由此可见，大中关村园区的建设其实早期不是以企业发展为主。

看硅谷模式和中关村模式，其实创新主体应该是企业，当把企业放到整个创新路径过程中最重要的因素时，很多配套的想法和思路就会变得不一样。

在中国的科技发展过程中，美国觉得华为在5G这个市场上已经占了领先地位，他们非常害怕，并不说因为5G是中国移动、中国联通、研究院做出来的，他们认为5G的代表就是华为，华为有极强的集约能力和全世界的推广和部署能力，会在未来进一步领先，在竞争过程中，美国看的是中国的头部公司。我们在整个资本市场评估世界级的技术对比时，前20大中有9

家是中国公司，中国和美国的基础平衡度越来越高，这些表现性的行为告诉了大家一件事，要重视企业在整个发展中、在整个创新过程中以及在未来中国高科技发展过程中的重要作用。

金山也是个企业，我们这家企业走了30多年时间，它有很多自己的历程和故事，我们还没有达到可以代表中国高科技的位置，但是可以在整个发展过程中看到企业创新的核心价值。

下面我来说一下金山的故事。金山的创业是以WPS1.0发布为核心元年，是在20世纪80年代末期。改革开放开始后，在计划经济向市场经济转型过程中，市场上我们能看到的公司基本上都是国有公司，很少有民营公司，大部分的民营公司都是从20世纪80年代末期一步一步起步的。为什么这些民营公司以金山为代表？晓军、UC、中国龙等一大堆民营公司突然出现了并创业成功了，为什么有这批公司？为什么有那么一个风起云涌的时代？就来源于技术创新，那个时间点背后的技术创新点在什么地方？是电脑开始进入中国的普及性市场。以前计算机只在科研院所，所以没有中文没有关系，当电脑用于企业办公，甚至进入个人领域时，发现原有的电脑上所有软件都是英文的，因为PC软件都是以美国公司为主，比如像微软，比如说像ORACLE，全是英文的。所以计算机在进入中国后有个巨大的需求，就是中文化、汉化。所以民营公司全部看到这个机会杀进去了，我们把电脑进入中国市场作为第一拨创业元年。就是在那个年代，一大批民营公司都因为创新而生。

当然同时还有很多其他公司，那个时候还有更热门的行业，就是做对外贸易。1991年到1995年我在上大学，我是南京大学毕业的，我们学校最热门的学科不是计算机，是国际贸易，甚至外语系都比计算机系、数学系要热门，因为那个时代全是在对外开放、进出口。当时，恰恰有一些技术人员关注到电脑中文化巨大的市场需求，所以大家瞄着创新去走，求伯君、雷军都是这样的人才，创新就是这些民营高科技企业的生命命脉，是本质，是骨子里的东西，他们是为创新而生的，为创新而活的，为创新而发展的。在这个创新过程中，他们其实思维是很简单的、很精准的、是坚持的。WPS走了30年，没有被其他因素影响、垮掉或者转行，就是因为那拨创业人才。我们的诉求就是创新，就是要解决电脑的中文使用，就是要解决中文信息化的问题，就是这样一个发展路径。

像今天很多互联网公司，百度、阿里、腾讯等，它们骨子里就是中国高科技的代表，骨子里就是在做技术创新，以创新为自己的前导性力量，在面向世界的竞争过程中，也在抓住所有的创新机会去走。所以如何能够鼓励中国创新的持续发展，关键是要鼓励这些高新技术企业寻找更合适的生存空间，坚持关注有没有更合适的产业、法律、市场性的规范性的政策，保证他们持续发展，这样，创新动力就永远不会熄灭。我愿意多讲讲企业在创新过程中的能动性，因为它们跟科研院所不一样，跟高校不一样，不是为了发表论文，不是为了某一个人成就，创新就是企业核心的生存动因，所以在面临任何创新机会时候，这些企业都有极强的欲望和愿望做这件事。

在创新过程中，这个创新指的是什么？有人讲叫创造一个新的领域、创造一个新的材料或者创造一个新的商业模式，其实创新的本质是在更快速、更好、更高效地创造价值，这件事是很多人理解不了的。

很多人觉得企业是围绕收益，围绕利润，围绕产值的，其实企业背后是需要有不断发展的核心动因，保证企业收入和利润的持续增长，那创新就是最关键的因素，所以在抓住创新的本质时，尤其是围绕企业创新这个细节性话题时，我觉得创造价值这件事是至关重要的。

金山在1988年的第一波创业浪潮里非常成功，WPS解决了桌面排版，解决了通用表格排版中文化问题。1989年10月发了WPS1.0版本之后，红遍大江南北，甚至说学电脑就是学WPS，不会WPS怎么操作电脑呢？街上有很多培训机构都在教怎么使用WPS，所有的新华书店都有介绍怎么使用电脑，怎么使用WPS的书。这样一个创新其实也创造了一个产业和行业，形成了一些巨大价值。

很多像金山的早期创业公司都有一个非常成功的过程，他基于电脑进入中国市场，需要中文化的这个需求，创造了很多产业公司，同时也催熟、带动了产业化的巨大发展。今天大家觉得有个电脑是很正常的，除了电脑还有Pad和手机，可在那个时代，电脑对很多人来讲是非常昂贵的东西，如果要花钱去买它用于企业办公或者家庭学习，大家心里是打鼓的，而中文化的解决其实就是一个让电脑快速进入中国经济、进入中国企业、进入中国家庭的根本因素。

我们有个小产品叫金山词霸，词霸这个产品是在1997年发布的，词霸产品也有特定的历史环境，跟WPS解决中文排版是一样的。早期大家开始接触电脑的时候，除了基础软件被中文化之外，我们看到网上的所有内容都还是英文的，所以词霸当年发布的时候有一个非常好的功能叫即指即译，就是鼠标放在屏幕的某个位置上，如果是个英文单词，马上就会翻译出来一个中文。2007年、2008年的时候，词霸用户开始下滑了，下滑很重要原因就是因为电脑上没英文了，不管是我们的资料、文件，还是互联网内容，全都是中文内容了，所以这种翻译需求就下降了，纯粹的翻译市场慢慢没落了。

第一拨创新公司塑造了产业性价值，出现了很多优秀的创新公司，同时另外一个产业价值是电脑迅速进入了中国经济企业和家庭生活、工作学习，无形中加速了中国信息化的过程。所以创新的本质就是创造价值，如果没有创造价值，这条路其实是坚持不下去的。

大家可能会觉得，我们创造这么大的价值，以金山为代表的早一拨创始人、程序英雄或者创新公司创造了这么大价值，应该是挣了很多利润，有丰富的资产回报或者收益回报，但其实不是。我们创造这么大价值同时，以金山为代表、以WPS为代表的核心产品从市场回报上得的并不多。关键问题就是，当产业环境不匹配时，盗版问题非常严重，我们拥有90%以上的市场占有率，这么高的用户使用量，却没有形成很好的利润点。这就导致当年创业成功的这批企业没有继续做创新，创新脚步在那个时候有点停。我们感到最后悔的一件事是，当时金山WPS是软盘装的，那个时候是1.44寸的软件。后来我们说这个软件太容易被盗版了，我们就做了很多加密，但仍然很容易被破解，后来做成汉卡，插在插槽上，就是做成硬件，硬件就不能盗版了。就叫金山汉卡。这个产品应该是从1992年、1993年就开始了一路研发。汉卡没有任何创新，它只不过把以前软件介质变成一个硬件介质，不容易被盗版。这件事是为了利润而努力，做了大量的工作，涉及兼容性的问题，还有生产和发货问题，都需要一点一点克服，花了很长时间，也确实对企业收入有了一定效果。

我们是在20世纪80年代末期创造的WPS，其实微软当时的Office产品比我们早不了多少年，当我们在为了版权问题放弃了核心技术性创新，转成防盗版创新时，微软没有停下脚步，还在大踏步往前走，从原来的Word，后来收购了Excel，后来又收购了Power Point、E-mail，而且从DOS版升到了Windows版本，微软的创新从来没有停。但是因为产业环境问题，我们的创新停了。

这个时候怎么办？我们的创新不能停，所以我们做了汉卡，做了很多微级的创新，还有到了今天依旧很有名的一些创新举措，但是这些创新都不是核心创新。当有一天Windows代替了DOS，我们其实在技术层面上就是一个落后状态了。当创新没有创造价值的时候，没有带来用户体验的时候，这种创新是无效创新。什么叫创新？创新是我们骨子里的使命。金山有个特点，我们是程序员文化，我们是以技术立业的公司，以创新为核心命脉的时候，也要注意，不是什么都叫创新。简单的防盗版不叫创新，那是被市场和环境所迫，还有一些微创新解决不了根本问题，当在整个战略视野上落伍的时候，这些微创新是不能创造价值的，会慢慢被边缘化，被市场所淘汰，被用户所放弃，就是这么一个简单的过程。

为什么今天我们在看一些创新企业的研发投入这么高的时候会持续关注，是因为你持续在做创新时，才能保证这个企业长期存在竞争力，这件事是非常重要的环节。所以第一个创新的本质就是创造价值。

第二，创新应用扎根于服务用户。整个WPS发展过程中最困难的时候是2003年到2011年，就是移动互联网战略取得成功之后，以及重启用WPS之后这段时间，是用户对我们支撑让我们走到今天的。所有大型国有企业、大型央企都在用采购经费，虽然给我们不多，但是在支撑着WPS，希望能把微软的替代品做好，能够一步一步做成熟，能够做得更好用一些。用户在网上下载WPS，通过使用支撑我们，给我们提意见，这也是支撑我们的产品不断地迭代和发展。所以用户用鼠标、用有限的采购经费支持了WPS走过最困难的七年。那七年时间让我们明白一件事，就是创新、企业发展、技术路线千万不要脱离开用户，不要去盲目创新，今天很多科研院所，甚至很多特别大的教授，他们的创新或技术研究是为了发表论文或者拿一些国家的基金。这个诉求是对的，但是这些只是手段，但创新的核心动力还是要看你服务的用户是否真正受益，这是非常关键的。我们当年正是因为WPS从早期DOS版到Windows不成功，我们发现很多用户在抛弃我们，核心原因是我们的创新路线走错了，或者我们技术路线是有问题的。回看这些问题的时候，我们意识到，用户需要什么，用户真正关心什么，这是最重要的事情。

在互联网用户、企业用户给我们反馈的时候发现，兼容性问题必须解决，现在文件标准是一统，这个创新必须要做到，这个核心技术必须突破。在此期间，我们就是因为抓住了用户的实际需求，用户量又从零开始一步一步上升，用户对我们的满意度越来越高，到今天已积攒了5亿用户。很重要的原因就是我们从来没有放弃创新，同时，我们创新是围绕用户需求和用户体验去做的。

什么叫服务于用户？2011年之后，我们抓住了移动互联网的机会。跟很多公司不一样，我们在移动上投入的决心特别大，而且确实抓住了移动互联网爆炸性成长的机会，我们在移动互联网走出了不一样的路线。回看2011年，为什么我们当时有决心做这个创新，有动力做这么大的努力，投入所有力量赌一下移动互联网的机会？这也是因为创新背后的核心动力。

移动互联网来了之后，最早爆炸性增长的首先是智能设备，CPU的能力在成长，屏幕的分辨率和大小也在成长，但是软件体系中间也是经历过很多波折的。移动互联网上的软件体系大部分是从PC端向移动互联网移植过去的，我们拿Office举个例子，我们在一个PC上用Office，微软也好，WPS也好，你在写一篇文档的时候，有鼠标、有键盘，需要调整格式，需要大量、密集地输入。这个工作在手机上是不可能的，这么小的屏幕，在输入又受限情况下，这是不可能的。所以如果只简单地把程序从PC向移动设备移植，这条路是不成功的。只有针对移动设备的互联网用户使用情况，针对移动场景做开才能真正取得成功。

诺基亚、黑莓等传统移动手机公司慢慢没落了，黑莓曾经的优势是什么？是全键盘输入。微软原来有个政策，10英寸以上的屏幕是收费的，10英寸以下的屏幕是不收费的。他们的所有的做法都是在延续过去的成功，在移动互联网也是产品形态、商业模式的自然延展，它的创新核心动力是围绕自己优势的进一步巩固去做，是围绕他们的利润增长去做，是围绕整个行业垄断优势去做的。他们没有静下心来，甚至没有弯下腰去看看用户是怎么做的，用户在拿手机干什么，当他放弃这个问题的时候，便会发现他的创新真的出了很多问题。

最近很多媒体都在问我一个事情：微软有个版本在发生改变，移动端原来叫几大组件，一个程序组，他的Word、Office、PP是分别在移动端安装的，现在还有这样装移动应用的吗？往往一个超级应用就可以解决所有需求，2011年WPS就做到了这一点，我们在移动计算设备上的资源非常有限，所以尽可能在较少的资源下把用户的需求问题解决掉。我们从设计第一版开始就跟PC版脱离开，从引擎、设计、功能、延展全部是针对移动的特殊化。所以围绕用户、服务用户才是创新的本质，如果创新的本质只是围绕自身企业的发展，围绕自身利润增长，甚至围绕一些资本力量，这个创新是不足的，甚至没有极强的动力进一步向下延展。

另外一个就是技术创新应该扎根于用户。不要在意太多纷纷杂杂的因素，因为创新从来不是一蹴而就的，创新需要过程、时间、需要大量投入，在这个过程中。如果你把握不住创新的本质，就很容易被一些纷纷扰扰的社会机会所淘汰。如果你是为了收入去创新，你会发现做软件不如做房地产，那做房地产是不是更好的事情？如果你是为了资本的力量，资本说今天要上市，或明年要上市了，你的创新是不是会先停一下，先保证收入和利润上来，得有一个很好的市值表现？只有像我们扎根于用户，围绕技术立业、围绕程序员文化、围绕创造价值、围绕用户体验、围绕用户服务能力做出的创新才能持久，才能在这个过程中真正做到坚持，做到30年不为所动。我认为这是创新的本质，就是要服务用户。

我们唯一的成就就是做出了一款感动人心的好产品，有很多用户使用我们的产品，这是创新本质下最好的回报和体验。

当然创新发展也没有那么容易，抓住本质的创造价值和服务用户的这个过程中不是一帆风顺的，是跌宕起伏的。我们需要从战略上看创新，在不同阶段怎么处理好这个战略性创新问题，我们要顺势而为。当然这个词最早雷总在提，在看金山办公发展过程中，我们做到了顺势而为，当我们非常弱小的时候，2003年之前，WPS用户量越来越少，但国家还有一些政策的支持，比如说政府愿意采购使用国产软件，但是当时那个产品并不兼容，大家买回去只是支持一下，而且用起来用户也怨声载道的，老的文档兼容不了，操作又不习惯。那时候我们面临一个重大选择，就是到底要不要继续做？这个用户需求怎么办？

正好当时我们拿了一笔不高的经费，800万是国家科技部的经费，我们企业账上还有3000多万元人民币，那时候金山规模还比较小，雷总找我商量这个事怎么做，我们最后还是决定赌一把。从1988年创业到2003年这15年时间，我们已经完成了从创业兴起，到很红火，慢慢走向衰落过程，要不是雷总为人很有理想，很重追求，可能我们早就放弃了。甚至我们内部都在说，如果从纯粹的企业经营管理来说，做WPS不是特别正确的选择，因为投入的成本非常高，需要的技术人员非常多，耗费的能量和资源也是巨大无比的，而且又面临着与世界最强的软件公司竞争，好像是不可能战胜的，从一个股东的角度看，投入产出比是不合理的。那时候我们就是面临着这么多抉择。

我们今天回看，因为WPS的坚持，因为WPS的不断创新的过程，确实耗费了整个金山的资源，让我们错过了早期的门户机会，甚至延缓了我们进入网络游戏、电商、社交网络的机会，所以2003年我们决定最后试一下，尽我们所有资源试一下，把我们账上的钱全部投入进去了，把我们最好研发人员全部投入2005版开发上面，去解决兼容性问题，而且那个时代跟我们同期创业的公司该走的已经走了，该转型的已经转型了，该关门的就关门了，就剩下我们一家做基础软件公司，这个时候我们就重写WPS，这是很难的决定。

一方面是用户还在支撑，另外还有国家对软件和集成电路的支撑政策，希望中国有自己一系列的基础性软件，所以我们用了两年时间重写了WPS，2005年我们突破了兼容性问题，取得了成功，这是顺势而为的过程，顺了国家产业政策的势。中国这么大的体量，需要一些关键技术上有突破的公司。求总用了一句话：国家没有吹响集结号，我们就不能轻易放弃这个产品，还要全力以赴，如果全力以赴实在不行，就是给所有用户也是一个交代。但是恰恰我们的产品做得还不错，技术突破了。2005年我们还抓住了两个关键的势：一个是中国企业信息化快速提升，以国有企业、以政府机构，以金融机构的信息化快速提升为主。在这个过程中，我们的产品慢慢进入了一些国家的宏观大型信息化公司，比如说国家电网、工商银行、农业银行等大型机构也开始陆陆续续在使用，虽然还没有到支撑性作用，但是已经开始了。这个过程的收入确实保证了在2005年到2011年可以坚持下来。另一个就是电脑进入个人家庭使用，变成很普及了，每个人都在使用电脑和软件，但是我们做了一个很重要的决定，WPS针对个人非商业使用永久免费，到现在也是。正是这样一个举措，让我们抓住了中国互联网人口红利爆炸的关键机会。在创新过程中，你的产品、技术、形态要符合大势的发展，所以创新发展需要顺势而为。

2011年又一个大势来了，移动互联网来了。从乔布斯举起第一代Iphone开始，就已经开始酝酿着移动互联网时代的来临。今天很多人说很多公司没有抓住机会，比如说像诺基亚、摩托罗拉，其实不是的，当年他们对移动互联网都有充分的认识，但是因为他们过去体量太强了，传统功能手机太强了之后，他们投入智能手机的研发相对来说占比并不高，他们永远想做一个平衡，传统业务做得很好，新兴业务也抓得住，但是态势不如你所料。

我们用了七年时间卧薪尝胆，用兼容替代微软，其实从一个程序员、

新时代下科技企业创新布局的一些思考

293

一个技术人员的角度来讲，他们其实是不愿意追随的，他们永远想做一些创新的东西，但是没有办法，在当时那个时代，标准是微软制定的，我们需要学习它，需要借鉴它，需要兼容它，还要模仿它，这是没有办法的。

但我们还是想找一个属于我们的机会来超越这个模式，我们不要追在别人后面，我们要有自己独立创新、独立发展的机会。2011年，微软在移动互联网中的步调比较慢，给了我们金山和WPS很好的战略缓冲期。为了抓住这个机会，为了顺应移动互联网的势头，我们真的是全力以赴。正是因为这样一个顺势而为、全力以赴的过程，我们又把创新这条路坚持下来了，而且走到了世界前沿。

今天我一直在讲，我们过去那七年，前面有个世界级的公司可以学习借鉴，但是当我们走到世界前列的时候又会发现，前路是无人的。像金山一样的很多高科技公司，包括国内一些很多非常有名的科技公司、互联网公司跟我们一样的。随着中国经济的体量越来越大，随着中国互联网公司越来越强，已经进入世界第一梯队的时候，每个企业都会把创新当成自己最重要的事情，因为前面没有可以借鉴的，没有成功的例子可以学习，只有不断创新，不断试错，才能找到最正确的发展路线，创新一直都是高科技公司骨子里的东西。

中国的移动互联网技术发展到今天，美国对华为什么这么大的压制，为什么5G让美国这么害怕？正是因为在移动互联网的态势下，成长速度最快的不是美国公司，而是中国公司。

我跟很多人聊过这个话题，中美科技脱钩是有背景的。我2013年、2014年去到美国，那时候我们在中关村创业的人都有一个习惯：Copy to CHINA。就是把美国的商业模式学到手，或者产品形态学到手，带到中国来，在中国找投资，找创业团队赶快创业，也许五年后就成功了。我们认为这是创业和创新的路径和脉络，这个成功的概率很高。但到了2013年、

2014年，我们发现环境有些不一样了，比如2013年的时候，中国移动和中国联通的4G非常普遍了，我们那个时候觉得虽然网络带宽稍微有一些贵，但速度已经很快了。然而当你去美国，到了旧金山、去洛杉矶这些重要的科技城市，你登录的是ATNT等最主要运营商的网络，你转个街角、换个位置，4G信号都是不通的，在中国的4G高速连接、实时连接的情况下，美国的4G还时断时续，而且还是在美国的大城市。

我再举个例子，二维码支付，大家觉得是特别普遍的一件事了，然而二维码支付看似轻松，但背后必须保证实时在线，没有实时在线怎么支付呢？正是因为中国4G的领先或者基础建设的普及已经变成一种优势，正是因为这个优势，使它形成了产业优势，也形成了整个中国高科技的率先优势。还有一些大数据、云计算、人工智能都是这样的，中国很多的商业模式或者产品形态都是实时联网的状态，我们的大数据是慢慢积累形成的，而且中国是人口大国，这种消费行为或者消费数据，或者基于大数据产生的势能甚至比美国还要强，所以美国特别害怕我们在5G、人工智能等方面进一步领先。这种行业趋势和行业变化，这种创新路径其实已经让中国和美国在底层慢慢脱开了，出现了像移动支付、共享经济等很多新兴的业态形态，包括最近像今日头条等APP在国外的发展速度非常快，正是因为2012年、2013年中国在4G加强投入之后，4G已经变成了我们的基础性建设。

中央领导人提到新基建时依然把云计算、5G、数据中心放在开头，这是很关键的因素，因为在这个路径上我们已经领先了，而且基于我们现在的能量，我们会继续领先。

中美科技脱钩的背后，本质上有核心因素的，我们中国公司发展出了一些独到的商业模式和形态。什么叫Office？文字、表格演示吗？不是了，这些都是一些很基础的组件，这些不是用户真正关心的，用户关心的是

新时代下科技企业创新布局的一些思考

Office产品能不能做出最漂亮的文档和文章，做出最好的协同工作的成果。所以我们在谈新的Office概念时，我们用了多屏、内容、云、人工智能，跟微软的形态完全不一样，今天不是叫Copy to CHINA，是Copy from CHINA。所以创新就是大势，中国有自己独立的势能，这个势能是不可阻挡的，虽然中美的科技纷争会影响我们，但是我们已经具备了足够坚实的基础。

WPS这个团队是特别典型的自主创新的团队，自主创新核心是创新，不是自主，因为这个世界其实是充分组合的。很多早年的科学家都是20多岁、30多岁、40多岁就获得了成就，他们可以创造出世界上顶尖的定律，变成世界上顶级的科学家。今天的知识丰富到什么程度，你想完完整整将博士读下来，往往毕业时都是三十五六岁了。今天是一个知识爆炸的时代，很少有一个单独的创新是靠自身就能做的，都需要产业组合，需要供应链的组合，甚至跨国的组合。创新就是这样一个复杂的过程，在自主创新这个过程中，是以创新为目的，不是以自主为目的，自主只是一方面，代表一种可控。

中美之间有很多需要政治层面去解决的问题。我依然认为，脱钩绝对不是一个最好的选择，对美国和中国都是很尴尬和困扰的事情，因为这个事情不是谁想就能脱的，脱钩一定对双方都有损害，这是一个负向的博弈。所以我们认为以公司创新来讲，核心命题就是以创新为核心，集合更多的资源。比如说中美沟通可以暂时少一些，多去一下日本、德国等其他国家，或者我们内部做一些联合创新，跟高校、技术院所、多公司之间形成一些合作。创新动力不能因为纷纷扰扰的政治环境和经济环境左右了创新的本质因素，还要把创新当成中国经济发展的最核心的动力来做，不管是从产业升级，还是从未来核心竞争来讲，创新都是我们最主要的动力。这中间从来不会一帆风顺的，如果因为这些分歧放弃了创新，或者忽略了创新的作用，反而中国经济的未来会变得比较令人担忧。

我认为，其实过去的经济增长是取决于人口的红利，比如说生产效率的提升，离不开我们的人口优势，但是未来，包括我们看国家发布的文件都是在做产业升级，未来的技术不光是高科技公司所关键的核心命脉，甚至是整个产业结构的升级，整个中国宏观经济继续高速成长的最关键因素。所以永远不要放弃创新这个词，再困难也要把创新坚持下去。

这次中美的科技脱钩，你会发现都聚焦在了几个关键技术领域里面，比如说人工智能，这些关键领域被封锁掉了，还有一个就是中国高科技公司在美股上市受到了很大的压力，审计、提供数据报表等强制性条款都来了，是从资本层面对中国高科技公司或中国创新有所制约。赴美留学也受到了限制，尤其是理工科专业，比如说材料制造、芯片设计等。美国对中国的这些封锁和压制，恰恰也是创新的很关键因素。

2019年11月18日我带领金山WPS团队上市，很多记者问我对科创板有什么感知。因为科创板是去年刚开板的，科创板的标志性事件是注册制，注册制和审核制有什么差别？我说注册制时间是可控的，从申报开始所有流程是网上透明的，一年时间就可以审核下来，对于高科技公司来讲，这种可控性非常关键，三五年就是一个新技术大浪潮，一两年就是小浪潮，如果在这个过程中，上市本质上是个融资环节，在这个过程中你都不知道你这个企业未来的上市过程什么时候可以结束，什么时候可以拿到那笔融资。我是现在上市呢，还是坚持自己做，再通过其他PE方式融资？这种上市的不可控制约了行业快速的变化，对充分饱和竞争的高科技行业也是一个绝对的制约。所以注册制最关键的优点就是可控性。注册制绝对是对中国高新技术企业吹响了集结号，鼓励创新，鼓励这种投入。而且注册制还有一个很好的特点，不盈利企业也可以上市，创新需要海量投入，不管是人员投入、技术投入、设备投入，都是巨大投入。当创新产生了商业价值后，中间还有一个时间段，这时企业往往是最脆弱的，创新能不能持续，关键在于资金链能不能坚持住，企业外部环境能不能坚持住，所以这种保证是跟资本力量挂钩的。

为什么这么多中国公司去美股上市？原因是中国投资人不愿意投创新型企业，因为他觉得风险不可控，中国投资基本以PE为主，上市前投一笔，或者已经盈利的情况下把投资放大。往往创业型公司都是很小的公司，是VE风险投资，这些风险投资以美资为主，他们的投资理念非常清晰。你会发现很多中国创新公司都会去美国上市，阿里为什么在美国上市？京东为什么在美国上市？小米为什么在中国香港上市？就是因为早期的中国资本愿意投成功企业，而风险投资更愿意投创新型企业，这种资本结构的不同，就会导致中国的创业结构是被很多外资或者美元基金所创造出来的。结果美国一不让上市，这些创新型公司怎么办？这里存在一个巨大压力。美股锁死从资本层面来讲只是代表了一个信号，美国要从资本层面制约中国经济的发展，尤其是创新企业的经济发展。中国政府意识到了这个问题，开始了注册制，开始进一步放活资本层面，只有资本层面放活才能鼓励更多创新型企业愿意创业，做大做强，能够得利，有一个长期发展。

所以创新这件事其实是挺复杂的一件事。以前我们是上市审核制的时候，我觉得是对的，企业的资质有好有坏，要保证上市公司的质量足够高，所以要严审，但是创业公司的核心业务是以创新为主，是以业务发展为主，往往对资质各方面要求偏低，这个时候就需要市场判断，所以原来的审批制不适合创新型公司。

人才是创新非常关键的因素，一些研究人工智能的公司，一些国内顶尖的互联网公司，它们的核心技术人员都有海外背景，有的是从国外很著名高校毕业的，甚至有人在国外大型互联网公司做过，回国再加入大型公司，持续地在国内做创新，带领整个中国技术持续创新的能力进一步发展。当美国在这个层面制约我们以后，我们自己培养的人才是否能补足这块，其实是有一些隐忧的。过去，中国互联网核心人才的培养有些是靠美国的高校、美国的技术交流或者美国大型互联网公司人才反向引进，当人才竞争到达一定程度时，断掉技术交流确实会对我们创新产生很大影响。反向来说，我们今天重新提创新，重新看新基建，面向中国未来30年，教育是很关键的因素。

我们谈产业价值，短期可以用企业自身的动力去克服困难，但是真正影响创新，真正影响整个中国经济未来30年、50年、100年，归根到底还是要回到人才和教育上，所以这是非常关键的因素。

时间有限，还很多跟创新相关的话题想讲，未来也会借助其他更多机会交流，希望给大家一些指引或者参考。希望大家多关注中国的创新能力，创新的发展，创新是中国的未来，中国的希望。谢谢各位。

创建世界一流出版企业

◇ 刘伯根

　　21世纪以来，我国出版业的发展有两条重要的路径，一个是体制改革，另一个是"走出去"。这两条路径的汇合之处，是创建世界一流的出版企业。

　　对内改革、对外开放是邓小平同志主持确定的基本国策。在这一国策指引下，我国的经济企业早在20世纪80年代就已经大刀阔斧地进行改革，并且开始勇敢地迈向世界。目前，我国已有一大批实业类、金融类企业跻身世界一流。

　　出版界乃至文化界的改革开放相对较晚。2000年党的十五届五中全会第一次明确提出"走出去"战略，2002年文化部提出相应的文化"走出去"战略。2002年党的十六大正式提出文化体制改革的要求，接着，2006年在《国家"十一五"时期文化发展规划纲要》列出了文化"走出去"的重大工程项目。2007年党的十七大进一步把增强中国文化的国际竞争力、国际影响力，与提高国家文化软实力，实现文化昌盛、民族振兴结合起来。21世纪头十年，出台了一系列推动文化体制改革和"走出去"政策和法规。2012年党的十八大以来，习近平总书记倡导"四个自信"，把讲好中国故事、传播好中国声音作为文化自信的题中应有之义，把创建世界一流企业作为实现中国梦的题中应有之义，把"举旗帜、聚民心、育新人、兴文化、展形象"作为文化界的使命任务，要用中华文化的核心"和"文化构建人类命运共同体。文化体制改革和文化"走出去"迎来了更加有作为的新时代。

文化体制改革方面，目前已经基本完成，出版业走在前列，取得了明显成效，表现为出版单位企业化；出版企业集团化、专业化、公司化、资本化，出现了一批企业集团、一批上市公司；出版产品和服务市场化、数字化、网络化、国际化，出现了一批民营出版文化机构、网络发行机构、专业版权代理机构、海外出版机构；出版人员相对社会化，人才流动、自主创业比较普遍，职业经理人制度、期权制度有所推行。

文化"走出去"方面，产品贸易、版权贸易、国际书展与交流、国际合作出版、跨国经营、网上交易与翻译平台等取得较大进展，支持"走出去"、国际化的产业政策基本到位。但相对而言，包括出版在内的文化"走出去"的路子还很长，我国出版企业距离世界一流企业还有差距。

从产品和服务的辐射范围看，现代企业的演进发展规律是：区域性企业—全国性企业—国际化企业—跨国企业—世界一流企业。能够做到跨国经营、国内产业链领先、世界产业链举足轻重的跨国企业，才是世界一流企业。

中国经济已经从高速增长阶段转向高质量发展阶段，实现高质量发展、成为世界一流企业，事关国家的强大、事关中国能不能走向世界舞台的中央。2012年，国资委提出了"四强、四优、四个特征、十三项要素"的世界一流企业标准。2019年3月，国资委在确定航天科技等10家企业为创建世界一流的示范企业的基础上，公布了创建世界一流企业的三大标准。概而言之，有以下四个特征：主业突出，拥有自主知识产权的核心技术；公司治理良好，拥有国际知名的产品和企业品牌；跨国经营能力强，规模在国际同行业领先；有全球影响力，综合指标世界领先。

世界一流企业是强国的标配，世界一流文化企业是文化强国的标配。我国新时代"两个一百年"的战略目标是：全面小康—中等发达—社会主义现代化强国。这个强国的标志是：富强、民主、文明、和谐、美丽。我们正走在强国路上。世界强国意味着经济发达、社会富足、科技领先、军事强大、制度优势、文化优势。而文化优势又意味着文化企业、产品、服务具有竞争力、辐射力、影响力、主导力。这样的优势，要靠世界一流的文化企业来表征和支撑。

出版在文化产业中具有基础性地位，体现在产品内容广泛、传播方式多样兼容、企业化运作具有普适性、受众普遍、影响持久。相对于信仰、制度等意识形态层面，文学艺术、科学技术等精神创造层面，新闻广电、网络等传播层面，出版是存续、传播文化的基础平台、基本方式，出版产业是文化产业的支柱产业。

因此，创建世界一流出版企业，是建设文化强国乃至社会主义现代化强国的标配工程。

下面，我从产品贸易、版权贸易、国际书展与交流、国际合作、跨国经营、网上交易与翻译平台等六个维度，进行分析。

维度之一：产品贸易（出版物进出口贸易）

（一）进出口企业

我国政府鼓励出版物出口和创办出口企业，进口企业因为承担着内容把关的任务则需要进行资质审核，2019年通过年检批复的有进口资质的出版物进出口企业有39家，其中，比较大的有5家，属于中国出版集团的有8家。

中图公司是最大的出版物进出口企业，综合实力最强，每年进出口各类出版物70多万种，进口和出口分别占全国的62%和30%；1986年创办并连续承办的北京国际图书博览会，目前是世界第二大国际书展。

国图是最大的出版物出口企业。出口出版物占全国的58%左右。书刊出口在全国一直居于主导地位，业务网络遍及180多个国家和地区；2008年出口的全国份额达57%。2004年国图出口贸易首次突破1000万美元，2008年出口300多万册近2000万美元，当年全国书报刊出口801.81万册3487.25万美元，约占57.35%；全国首家在国外设立分支机构，目前驻外机构26家。

（二）进出口规模与比例

2004年，全国各类出版物出口896万册（份、盒、张），2766万美元，进口2038万册（份、盒、张），18391万美元。出口和进口比例的数量比是1：2.3，金额比是1：6.6。2018年，全国各类出版物出口1701万册（份、盒、张），10094万美元，进口4097万册（份、盒、张），74222万美元。出口/进口比例，数量比是1：2.4，金额比是1：7.3。经过15年的发展，进出口规模有很大提高，但是逆差仍然较大，仍然是出版物输入国、文化输入国，这与我国的大国地位极不相称。

（三）进出口统计数字的解读与启示

启示之一，1949年至1978年的30年间，我国出版物"走出去"取得过惊人成绩。毛泽东著作是20世纪中国出版最多、发行量最大的图书，海外翻译出版和发行也达到惊人程度。

比如，1952年至1967年，世界各国以65种文字翻译出版《毛泽东选集》等毛泽东著作853种，国图的前身中国国际书店对外发行毛泽东著作1162万册。1957年的时候，包括英文、法文、日文等12种文版的《中国画报》每期能够发行26万册。毛泽东著作在非洲、拉美等地影响尤其广泛，成为"超级畅销书"。委内瑞拉前总统查韦斯曾在电视上说："我整个一生都是毛泽东的崇拜者。"他在不同场合提起"军民鱼水情""军民团结如一人，试看天下谁能敌"，甚至能说出毛主席某段语录出自《毛泽东选集》的第几卷。毛泽东著作等中国书刊在第三世界国家中形成了"学习中国"的思潮，塑造了新中国的国家形象。学者何明星认为，自明末西方传教士传播中外文化以来的近400年间，毛泽东著作的对外传播是中国文化第一次主动向世界传播。

这其中有重要的历史原因，当时我国的主流意识形态契合了二战之后第三世界中强大的国家独立运动和反抗殖民主义的思潮。应当指出，改革开放前，我国的出版物出口完全由国家驱动，商贸特点不突出。

启示之二，1978年至2001年年间，中国迅速对外开放而又尚未加入世贸组织，出版物"引进来"的需求迫切而又旺盛。

对西方出版物的旺盛需求，突出表现在科技信息、外语学习等领域。除了进口之外，也影印出版了一些出版物。随着外部环境条件的不断变化，我国1992年加入伯尔尼公约，原则上不再影印出版，版权贸易开始补充进口的不足。此后，进出口贸易逐渐接轨国际惯例，1997年起，新闻出版署才开始规范统计出版物进出口情况。

启示之三，2001年中国加入世贸组织以来的20年间，在进口保持需求驱动的同时，出口主要是"走出去"战略下的政府驱动。

"十二五"规划开始，进口受到数字化影响较大，以贸易金额统计的数字出版物（包括数据库等）进口快速增长，增长率一直保持在两位数，直到现在；同时，导致传统出版物进口一直保持在个位数的低增长，也直到现在。

启示之四，在改革开放以来的40多年里，由于缺乏完整统计资料、中国出版物定价水平低、版权贸易兴起对于进出口的替代作用、数字化转型传统出版物的影响等多种因素的叠加，我们实际上无法表面化地理解出版物进出口的增长和逆差，更无法简单地通过进口与出口的比较来衡量"走出去"的效果。

换句话说，先是版权贸易的兴起，后是数字化产品的崛起，对冲了进出口贸易。

维度之二：版权贸易

2004年，全国版权贸易13108项，输出和引进的比例是1∶8.6。15年间，输出版权增加到原来的9.38倍，版权贸易总量增加到原来的2.26倍，规模增加很大，逆差减少很多，几乎拉平。

（一）版权的概念诞生于18世纪，是经济权利，也是精神权利

1710年4月10日生效的英国的《安妮女王法令》，它废除了王室给书商颁发印刷许可证的封建垄断制度，承认作者有权支配和处理自己的作品，作者是自己作品的版权主体。法令规定：凡已经出版的图书，自法令生效之日起21年内作者有权重印该书；尚未出版的图书，作者享有28年的出版权。《安妮女王法令》标志着现代版权概念的诞生。

18世纪末法国资产阶级革命胜利后，"天赋人权"的口号给版权注入了新内涵：作品是作者人格的延伸，是作者的精神权利。1791和1793年的法国版权法，承认作者既享有经济权利又享有精神权利，丰富和发展了现代版权概念。

（二）现代版权贸易发端于19世纪的"两个根本法"

19世纪法国及西欧涌现许多大文学家、大艺术家，他们创作的大量脍炙人口的作品流传到世界各地，这些作者、这些国家开始重视版权的国际保护。1878年，法国大文豪雨果在巴黎主持召开文学大会，建立了国际文学艺术协会。这个协会经过多次讨论，1883年向瑞士政府递交有关版权的国际公约草案，这个草案1886年9月9日经瑞士政府在伯尔尼通过，定名为《保护文学和艺术作品伯尔尼公约》，并于1887年12月5日生效，这个公

约是世界上第一个国际版权公约。1992年10月15日，中国成为该公约成员国。之前的1990年9月7日，中国制定了与该公约相配套的《中华人民共和国著作权法》。

《保护文学和艺术作品伯尔尼公约》与《保护工业产权巴黎公约》一起，并称为保护文化"软实力"与保护经济硬实力的"两个根本法"。两个根本法是现代版权贸易的发端。

1955年9月16日生效的《世界版权公约》，是《伯尔尼公约》之后的又一个国际性著作权公约。中国于1992年10月30日成为该公约成员国。

（三）20世纪90年代之前，中国没有加入国际版权公约，没有所谓的版权贸易，只有不受国际版权保护的影印出版

中国最早翻译国外图书的是严复，他将英国生物学家赫胥黎的《进化论与伦理学》翻译成《天演论》，1897年12月在天津出版，宣传了"物竞天择，适者生存"的观点，引起了巨大的社会反响。康有为称"严复译《天演论》为中国西学第一人也"。那时候，没有购权出版的观念。20世纪50年代，百废俱兴，将国外优秀作品影印出版的业务应运而生，多家出版社从事影印出版。1964年，科学出版社承担的书刊影印业务分离出来，成为专门从事影印出版的光华出版社，隶属国家科委。1973年，光华出版社与中国外文书店（也是1964年成立）合并，成立中国图书进出口公司，对外称中图公司，对内是一个机构、两块牌子。可见，早期的出版物进口与影印出版是连在一起的。

（四）为了加入国际版权公约、适应国际版权保护规则，必须由影印出版转型到版权贸易

转型的标志之一是1986年7月成立的世界图书出版公司。世图公司成立后，逐步替代原来光华出版社的影印出版业务，转而从事购权出版。这个转型直到2002年结束。

1980年，中图总公司成立中国学术出版社，副牌为中国科学技术翻译出版社；1986年7月，副牌社更名为世界图书出版公司；1988年，光华出版社与世图公司并为一个机构、两块牌子；1991年，光华出版社在北京、上海、广州、西安的四个分社，变更为世图公司的四个分公司。世图公司隶属中图公司，2002年随中图公司并入中国出版集团，2010年从中图公司析出，在集团单列。

（五）中国1990年颁布《著作权法》、1992年加入《伯尔尼公约》《世界版权公约》后，国际版权贸易取得快速发展

1990年之前我国没有对国际版权贸易做过统计。1995年国家版权局开始正式统计图书版权贸易。有正式统计以来至今的25年里，贸易数量总体保持增长，引进输出比总体缩小，其间出现过很大波动。

中国的版权贸易总量，1990年至2006年为105446种，2007年至2016年为209268种，2017年为27824种，2018年为26944种。

2002年引进数量为11532，首次破万种。输出数量破万种，是在2015年。

2003年版权贸易的品种逆差达到历史记录，15.43∶1；2007年引进输出比突然从"6多"降为3.98∶1；2008年迅速恢复为6.46∶1；2009年开始引进输出比稳步下降，多个年份达到1.5∶1以内。

近年来总的贸易情况稳定在总量近3万种，引进输出比2∶1。

（六）版权贸易中多语种版权、高额版税的图书版权输出，提升了中国的文化影响力

代表性图书有习近平总书记的相关著作，如《习近平谈治国理政》，第一卷翻译出版33个语种、38个版本，第二卷12个语种、15个版本，全球发行量突破2500万册。

文艺类图书（虚构类），如美籍华人女作家艾米的《山楂树之恋》累

计输出33个语种、海外出版40个版本、海外销量36万册左右；作家刘慈欣的科幻作品《三体》在全球出版19种语言版本，销量突破2100万册，其中海外销量超过150万册，仅英文版就超过100万册。

社科人文图书（学术类），如《于丹〈论语〉心得》，到2009年输出30个语种、36个版本的国际版权，涉及30多个国家和地区，累计销售38万册；《中华文明的核心价值》2015年至2019年版权输出语种20个，已出版14个版本。

（七）重要启示

启示之一，文化创造能力越强，越需要版权保护。

启示之二，经济文化相对落后，多需要引进版权；相对发达，才可能输出版权。

启示之三，我国版权贸易逆差的缩小，特别是版权输出的迅速扩大，与文化走出去战略的强力推动分不开，也与出版企业的国际化意识与经营能力的提高分不开。这是中国出版国际化的重要亮点。

维度之三：国际书展、论坛等国际出版交流

成规模的国际出版交流是20世纪90年代后期的事情。

（一）20世纪90年代后期开始，广泛参与国际书展、论坛等国际出版交流

新中国首次参加的国际书展是1953年9月的莱比锡展览。首次参加法兰克福书展是1956年，中国展台50平方米，展品几百种，版权输出为零。1975年起，国图公司（中国国际图书贸易总公司）代表中国组织国内图书参加法兰克福书展。2001年起，由国家新闻出版总署牵头，中国国际出版集团承办，组织国内出版单位参加法兰克福书展。

13年间经历的三次法兰克福书展的巨大变化：1996年9月，我参加法

中华文化：特色与生命力 ◎

兰克福书展，我们是早期的一批国际出版交流者之一。那时中国只设了一个国家展台，50平方米左右，而不是出版商展台。2006年10月，我作为代表团团长参加法兰克福书展，代表团由80多人组成，规模很大，参展人员许多是版权经理，相对专业化，达成的版权贸易数量可观。2009年，中国以主宾国身份参加法兰克福书展，272家中国出版机构参展，其中，由内地196家出版单位组成的中国代表团就超过1000人，展品总计上万种，规模空前，中国展台面积1200多平方米，输出中国图书版权2417项，创历史新高。

（二）国际出版交流已经常态化、规模化

中国常年参加全球30多个重要的国际书展，分别由新闻出版署的环球公司、中图公司、国图公司、中科公司、厦门外图公司等专业机构组团承办。每年的版权贸易多数是在这些国际书展上达成的。

（三）国际书展中由中外领导人出席的"中国主宾国"活动，凸显了中国在国际出版交流中的主动作为

1994年5月的第8届日内瓦国际图书沙龙我国被邀请为主宾国，活动由中图公司承办。15个省区市的52家出版单位、78名代表参展。

2004年，作为中法文化年的一个重要项目，中国在法国巴黎图书沙龙担任主宾国，向世界展示了中国图书出版业的状况、展示了中国文化的魅力，中国图书受到前所未有的欢迎，很多读者专程从瑞士、德国等国家赶来。

2005年，北京国际图书博览会参照国际惯例，首次设立主宾国，法国成为BIBF首个主宾国。

2009年，中国出版首次在有着"书业奥林匹克"之称的法兰克福书展担任主宾国，举办了612场文化活动、达成了2417项版贸协议。主宾国活动成为国际文化交流的高端平台。

截至2019年底，中国在22个国家举办过主宾国活动，其中21次由中图承办，1次由国图承办。

（四）北京国际图书博览会看齐法兰克福书展，成为第二大国际书展

首届北京国际图书博览会于1986年9月举办，参展国家和地区35个，参展商228家，展览面积7800平方米。经过34年，已举办了26届，至2019年，参展国家和地区达到95个，参展商2600家，展览面积10.68万平方米（含国际图书节面积），成为全球第二大国际书展。

北京国际图书博览会创办之初主要由国家科委主办、中图公司承办，属于订货型展会。后来改由新闻出版总署等8部委主办、中图公司承办，是国际化程度甚高的版权贸易与国际交流型展会。

比较北京国际图书博览会与法兰克福书展，两者版权贸易情况无法直接对比，展览面积、参展国家数量存在差距但并不大，参展商的数量则差距较大，我们的参展商是法兰克福书展的三分之一。

2019年第71届法兰克福书展：展览面积达17万平方米，共有104个国家和地区的7450家参展商，参观人数达30.2万人次。

2019年第26届北京国际图书博览会与第十七届北京国际图书节、第九届中国数字出版博览会，同时、同地举办，展览面积达10.68万平方米，共有来自95个国家和地区的2600家参展商，展出30万种图书以上，达成版权贸易协议及合作出版意向5996项，引进输出比为1∶1.78。北京国际图书博览会期间，共举办1186场文化活动，参观人数达32万人次，其中专业观众近17.5万人次。

（五）国际书展的功能定位

国际书展一般具备展览展示、文化交流、专业研讨、商务洽谈、版权贸易、出版合作、专业培训、现场销售、新闻发布等功能。概而言之，是国际文化交流舞台和版权交易平台。

启示之一，大的国际性书展，如法兰克福书展、伦敦书展，版权贸易为主要功能；北京国际图书博览会，版权贸易、专业交流、图书采购与现场销售、观众参与功能兼而有之。

启示之二，国际书展是国际出版市场的风向标和文化波动的晴雨表，尤其是法兰克福书展，其次是北京国际图书博览会。

启示之三，顶级国际书展能同时展现人类文化多样性和各国出版发展的不平衡性。

启示之四，发展北京国际图书博览会这样的国际书展，能有效扩大中国语言、中国文化的世界影响，是走出去的重要平台和国际化的重要舞台。

维度之四：国际合作出版

产品贸易、版权贸易一般是对已成型出版物而言的，交易各方中包括出版社、供货商、进出口销售商、作者、版权代理人等；国际合作出版是国际出版交流的产物，主角是出版社和作者，是出版社推动"走出去"和国际化的主动作为。有国际组稿、国际合编、国际互译、委托编写、国际编辑部等方式。

（一）国际组稿

国际组稿源自20世纪80年代，当时主要是为了解决国内对于科技、教育、经济管理类图书需求大而原创不足的问题，比如清华大学出版社曾聘请莫宗坚等著名海外华人数学家编写《数学丛书》，以满足国内数学教育需要。后来发展到通过国际组稿形成国内、国际同期出版，宣传中国文化，比如1989年，解放军画报社社长杨绍明推动与美国哈珀·柯林斯出版社合作，通过国际组稿共同开发出版了《中国一日》大型画册。

再后来，主动面向国际作者组稿，为的是开发较高版权价值的国际产品。比如人民大学出版社曾经引进出版《经济科学译丛》和《工商管理经典译丛》，进而通过国际组稿对经管教材进一步本土化，请澳大利亚华裔学者王缓、张新胜和澳大利亚其他著名学者共同策划编辑，推出了《国际管理学——全球化时代的管理》。

国际组稿在高质量"引进来"的同时，也在推动中国内容"走出去"。比如2018年，上海译文出版社"国际组稿，全球发行"出版计划中的第一种图书《中华复兴管窥》首发，该书凝聚了西方著名国际问题专家高大伟多年来研究中国问题的心得，高大伟的国际影响力带动了这本书的影响力。

（二）国际合编

中外编辑团队合作编写书稿始于20世纪80年代初，原国家出版局领导王子野推动云南人民出版社与日本NHK电视台出版社合编《云南山茶》《云南杜鹃》《云南植物》中日文版画册。近期中外合编的典型案例有《中印文化交流百科全书》。

国际合编中，需要就编辑内容取得共识，这种国际共识促进了中国主张的传播和国际知识体系的构建。最典型的案例是中美合作编译出版中文版《不列颠百科全书》——1986年出齐中文版《简明不列颠百科全书》10卷，收录71000多个条目，5000多幅图片，约2400万字。至1997年在国内外共发行17万套；1999年出版《不列颠百科全书（国际中文版）》20卷，收录81600多个条目，15000多幅图表，约4300万字。至2000年10次再版；2011年出版《不列颠简明百科全书（修订版）》4卷，收录28000多个条目，2000多幅图表，170多幅地图，约900万字。

《不列颠百科全书》中文版本的翻译出版，是改革开放以来中外出版、文化交流史上的重大事件。1979年1月中美建交，同年11月，以不列颠百科全书公司编委会副主席吉布尼、公司副总裁阿姆斯特朗一行应中国大百科全书出版社邀请访华，洽谈翻译出版中文版《不列颠百科全书》事宜。11月16日，邓小平同志在人民大会堂接见吉布尼一行。小平同志发表了两条十分重要的意见，第一条是关于出版中文版《不列颠百科全书》的，邓小平同志说："外国的部分搬你们的就是了，中国的部分我们自己来写。"邓小平同志一锤定音，确定了翻译出版的基本方针。照此方针，双方成立"中美联合编审委员会"，主持翻译和中国内容条目的编写。1986年出版的中文版《简明不列颠百科全书》10卷本中，中国内容条目比英文原版增加了10%，共达到2000多个条目。更重要的是，这些条目后来被修订的英文版《不列颠百科全书》照搬照用，借助《不列颠百科全书》的巨大国际影响力，在全球宣传、维护了中国的观点和主张。

邓小平同志在这次会见时，提到了"文化大革命"、四个现代化、吸收外国先进技术和资金、找好接班人、市场经济等问题，发表了另外一条重要意见，就是"社会主义也可以搞市场经济"，这是一句石破天惊的著名论断。这件事情也说明，文化问题与经济问题、发展问题，在国家领导人那里是同样重要的，是相辅相成、相互促进的，也往往是统合在一起考虑的。

国际汉语教材也是国际合编的主要领域，国外使用较为广泛的一些汉语教材，很多都是中外合作编写的，如何碧玉、吴勇毅联合编写的《汉语入门》（法语为媒介语），白乐桑、张朋朋合著的《汉语语言文字启蒙》（法语为媒介语），马西尼、梁冬梅合作编写的《意大利人学汉语》（意大利语为媒介语）等教材，在当地都有较大影响。

（三）国际互译

国与国间互译其经典著作是新时代合作出版的一道新风景。在"一带一路"倡议的背景下，国际互译发展很快。

创建世界一流出版企业

目前，我国已与阿联酋、阿曼、印度、伊朗等18个亚洲国家签订图书互译出版协议，互译出版了70多种精品图书。

2013年5月启动的"中俄经典与现代作品互译出版项目"，总计100种图书，中俄各自翻译出版50部，目前已翻译出版92部，其中俄方翻译出版的42部中国作品包括《红楼梦》《水浒传》《三国演义》《儒林外史》等古典文学作品，《阿Q正传——鲁迅作品选》《子夜——茅盾作品选》《家》《围城》等现代作品，张贤亮、何建明、张炜、阿来、方方、黄蓓佳、盛可以等当代名家名作，这些作品分别在北京国际书展和莫斯科书展上展出。

（四）委托编写——"外国人写作中国"

《红星照耀中国》（《西行漫记》）是最早的外国人写作中国的成功案例。美国记者埃德加·斯诺成功讲述了20世纪30年代中国共产党人在延安的故事，在世界范围内产生过巨大影响，至今影响犹存。该书翔实地展现了中国共产党的理想、主张、发展历程和救国行动，让全世界人民看到了一个与国民党专制统治下的"白色中国"全然不同的另一个中国的存在。《红星照耀中国》由伦敦格兰茨公司出版以后，短短一个月内重印5次，发行数超过10万册。此后又被美国兰登出版社翻印，还被相继翻译成法、德、俄、西、葡、日等十几种语言文字出版，一时风靡全球。世界舆论由此开始真正重视中国共产党和工农红军的力量，并将其视为世界反法西斯战争的盟友。美国总统罗斯福成了一个"斯诺迷"，曾三次召见斯诺询问情况，这对后来美国在抗日战争中对中国，尤其是中国共产党的援助产生了直接的影响。《红星照耀中国》还激励了白求恩等一大批国际友人支援中国革命。《红星照耀中国》在中国之外的成功甚至让斯诺自己都感到意外，因为他估料不到这本书在遥远的国外会这么流行。

组织当代的外国人写作中国，旨在重现《红星照耀中国》那样的辉煌。针对海外汉学家的"人际交流新模式"，在中国政府推动，有关出版社实施了成规模、成系列的"外国人写作中国计划"，这也是新闻出版业唯一进入国家"一带一路"倡议的"丝路书香出版工程"框架下的重点项目。2016年10月，国家新闻出版广电总局倡导，中译出版社与印度、土耳其、格鲁吉亚、波兰、埃及、越南、罗马尼亚、捷克、法国、拉脱维亚等国的10位汉学家签约，启动写作计划。目前，已有部分图书陆续推出，以英文版本向全球发行，并以汉语版和作者母语版同期出版。这个计划整合"中华图书特殊贡献奖"获奖人等各方资源，能够让海外汉学家、作家、翻译家和出版家帮助我们更好地对外讲好中国故事。

（五）国际编辑部

国际编辑部是国际合作出版的充分发展，能够综合全部合作出版的实践。2016年开始，中外合作的国际编辑部大量出现，中国国际出版集团先后成立了十几个，中国出版集团先后成立了24个国际编辑部，外研社等也有涉及。

国际编辑部侧重业务环节上的多国合作，混编编辑团队，共同策划选题、组织翻译和出版，有利于提升选题的针对性和产品的国际化水平。

国际编辑部与海外分社相比，国际编辑室的业务相对单一，投入少、风险小，易见成效；海外分社的业务相对综合，投入较多，但分社在人员管理、渠道建设上都有更大的主动权，有利于长远规划海外发展。

维度之五：跨国经营——海外出版机构的设立与并购

据不完全统计，到2018年底，我国出版企业海外分支机构达到400多家，其中中国出版集团及中图公司29家，中国外文局及国图公司25家。这些海外出版分支机构，构成了跨国经营的基础。大致分为四类。

（一）海外代表处、办事处、分公司

主要服务于母公司的进口、出口业务，或者中国图书和期刊的海外出版发行。通常不是独立经营实体，也有的是全资子公司。

（二）海外书店、网店

中图公司在美、欧设有8个合资的海外书店。外文局及国图公司除了在境外开展图书零售，还开展批发业务，其常青图书（美国）有限公司与美国近百家出版发行机构有长期业务往来。这些海外的书店及相应的网上书店，一般由母公司统一管理，在境外实行"跨国连锁"经营。

（三）海外出版社

海外出版社的设立是为了在海外从事本土化出版。现代最早在海外设立出版机构的是商务印书馆——20世纪三四十年代，商务印书馆鼎盛时期，曾在新加坡、吉隆坡及国内重要城市设有80多处分馆。改革开放后在海外设立分社，最早的是1990年科学出版社在美国纽约设立的分公司。此后，一批海外出版社相继设立——2002年，中国外文局（中国国际出版集团）收购美国的中国书刊社，成立长河出版社。2002年6月，上海外语教育出版社在纽约成立北美分社。2007年4月18日，中国青年出版社成立伦敦分社。2007年9月20日和10月3日，中国出版集团成立中国出版（巴黎）有限公司、中国出版（悉尼）有限公司。先后有8家国内出版机构，在海外设立了几十家海外分社。

在国有出版社向海外扩张的同时，也有个人在海外创建出版社的。比如，原浙江大学的英美语言文学讲师叶宪赴美留学后，于1997年在美国新泽西州创办美国海马图书出版公司，是集中文图书出版、英文图书出版和国际版权贸易为一体的文化机构。浙江民营书商黄永军的新经典出版社，2008年11月在伦敦注册成功。

海外分社曾经是境外投资、跨国经营的主要形态。

（四）并购的海外出版机构

并购海外出版发行机构，就是以资本运作方式开展跨国经营。2010年以来，并购案例迭出，反映出我国出版业的走出去步伐和跨国经营能力进入新的阶段。

成功的案例已经有十几例。比如，2010年7月，人民卫生出版社投资500万美元成立人民卫生出版社美国有限责任公司，并收购加拿大BC戴克出版公司全部医学图书资产。收购以后，人卫社即刻拥有了一批国际著名医学专家作者群，拥有一批最多长达20年的不断修订再版的国际医学图书精品，特别是肿瘤、口腔类专业的图书。2014年7月，广西师范大学出版社集团有限公司以200万美元收购澳大利亚视觉出版集团。视觉集团与来自世界各地2000多家建筑师设计室和发行商皆有密切合作，70多个知名建筑事务所或设计师选择视觉公司来出版他们的作品集，集团拥有1000种图书版权资源，其中300种拥有数字版权，拥有覆盖亚洲、大洋洲、欧洲、北美洲的销售渠道。2016年5月，凤凰传媒同美国童书生产商Publications International，Ltd.（PIL）及其实际控制人韦伯签署了资产购买协议，确定凤凰教育以8000万美元现金收购卖方拥有的全部童书业务资产及其位于德国、法国、墨西哥的海外子公司100%的股权和权益。

海外代表处、办事处的发展，侧重满足进出口这样的国际业务的需要；海外书店的发展，更多体现了出版产品走出去的意志；海外出版社的发展，反映立足海外，培育、开拓当地市场的国际化经营信念；而海外并购，则是跨国经营的直接体现。

维度之六：国际出版物网上交易平台、翻译平台

前面提到的五个维度，主要基于传统的出版产品和出版机构。在出版数字化时代，情况有了很大变化，国际出版物的网上交易、翻译、服务渐

成气候，成为出版国际化的重要形式，甚至有可能成为主要形式。这里主要介绍两个案例。

（一）"易阅通"数字资源交易与服务平台

21世纪以来，尤其是最近十多年来，从欧美发达国家进口的出版物特别是报刊，越来越多的是数字产品，包括电子报纸和期刊的数据库，而传统的纸质报刊则萎缩甚至停止出版；电子书、在线阅读的趋势也很明显。中外数字资源交易与服务平台"易阅通"平台，就是在这个背景下产生的。易阅通平台由中图公司自主研发，2013年正式上线，7年来已迭代升级至五期。易阅通定位于"一个平台、海量资源、全球服务"，为机构客户和个人用户提供阅读、荐购、管理、整合一站式服务解决方案。

资源聚合方面：已聚合海内外全文正版电子书、刊200余万册，有声书13.4万集，大型数据库12个，涉及100个语种，来自国内550余家出版社以及海外70余个国家和地区的1700余个出版品牌，实现了全学科覆盖。同时，已累计聚合OA资源70余万篇。同时，2017年推出"易阅通"海外平台——中国电子书库，聚合国内电子书刊近40万册，有声书1000余种，系统地向海外传播推广。

市场拓展方面：至2019年12月，"易阅通"已覆盖海外85个国家和地区，服务海内外900余家图书馆用户，其中包括哈佛大学燕京图书馆、加州大学九所分校图书馆等。基于"易阅通"而打造的"数字图书馆"，已进入了土耳其、老挝、摩洛哥、南非、秘鲁等国家，直接推动了中国数字出版资源走进海外主流市场。

2018年2月，商务部、中央宣传部、财政部、文化部、新闻出版广电总局（原）共同评定"易阅通海外平台"为"2017—2018年度国家文化出口重点项目"。

技术研发方面："易阅通"平台采用微服务架构，在版权管理、数据存储、授权管理、搜索引擎、全文阅读、智能推荐、订单管理、知识发现等方面，有效地保障了图书馆和个人用户多样化的馆藏、采选需求。

按照3个"1+N"，即1个入口、N个产品；1个集群，N个平台；1片云，N个数字图书馆的构想，"易阅通"平台积极开发衍生产品，以技术驱动创新服务，目前已开发中图教育平台、中图审读平台以及易阅通APP，初步形成易阅通平台集群，实现易阅通+升级。

"易阅通"平台始终坚持本地化存储的理念，2018年中图公司成为继中国科学院文献情报中心、中国科学技术信息研究所、北京大学图书馆后第四个国家数字科技文献资源长期保存节点。

（二）"中译语通"图书出版领域机器翻译服务平台

将多语种翻译业务与互联网及大数据产业深度融合，形成机器翻译服务平台，整体架构包括图书出版领域多语言平行语料库、机器翻译训练平台、机器翻译引擎平台、机器翻译API接口平台和辅助翻译平台，涉及中英、中俄、中法、中西、中阿五个语言对、十个语言方向。

用户可通过中译语通平台，实现在线的自动翻译、人工在线编辑、语料入库管理等功能，极大地改变出版流程、出版效能和出版国际化进程。中译语通平台的翻译速度是1.68万字每秒。一本几十万字的英文原版图书，可以在3分钟内完成纯机器翻译，加上人工快速排版校对、按需印刷成书的时间，总共不超过3个小时——其中大数据语料起到了很大作用。

中译语通平台的运用及创新发展，将对全球出版产业链产生广泛而深远的影响。

结论："世界一流"出版企业前景可期

中国出版"走出去"的路子虽然还不长，但已经走得很远；出版企业距离世界一流企业虽然还有差距，但差距正在缩小。国际化经营已经成为

创建世界一流出版企业

共识，跨国经营已经在少数企业有所实践和收获。局部而言，易阅通、中译语通这些基于数字化新技术的平台已经是世界一流甚至世界领先水准；总体而言，创建世界一流企业的基础正在逐步形成。然而，要在短期内走完西方国家用250年才走过的国际化进程，我们还任重道远。

数据智能走近未来

◇ 于洋

为了这次演讲，我非常细致地把过去七年的中译语通的发展梳理了一遍。我今天一方面代表中国对外翻译有限公司，另外一个角度代表中译语通，这家拥有了历史传承、语言的基因的公司。中译语通从某种意义上代表着今天最先进的数据智能，我们看一下历史传承、语言的基因，加上今天人工智能大数据能够为我们带来什么样的发展未来。

有两个历史背景不得不提，首先是中国对外翻译有限公司，成立于1973年，这是中国第一家翻译公司，第一家带国字头的，发展到今天，中国对外翻译都是目前中国唯一一家为联合国提供语言服务的机构。

另外一家是中译语通科技股份有限公司，最早的时候叫联合国资料翻译小组，在全国高校选调了18位专家组成了联合国资料翻译小组。近些年里，从2008年开始，从北京的奥运会、上海世博会、亚运会、深圳大运会，到2014年世园会、上合峰会，再到2022年的北京冬奥会，中国对外翻译有限公司经历了这些年所有的国际赛事，以及所有重大的国家外交的场合，一直到今天都扮演着非常重要的角色。

基于这个历史，大家可以看到，中译语通，看到这个名字的时候又是带翻译，又是带语言，语言基因深深植入到了中译语通的血脉当中，中译语通的英文叫Global Tone Communication Technology，中译语通最早在2013年的时候，是叫多语言呼叫中心，一直到今天，即便是语言板块在我们整体的占比当中依旧占到20%至25%的比重，仍然传承着语言和科技，语言基因贯穿到了所有技术的发展路径中。

我细细梳理了一下，2005年，我进入到中国对外翻译有限公司，有了中译语通这么一个发展的起因。中译语通2013年1月1日开始正式运行，发展到今天，我有非常多的感慨。我们先是成立了一个多语言呼叫中心，因为我本人是做翻译起家的，同声传译专业毕业，所以有这么一个情结。今天各位手里边每个人用的银行卡，只要上面携带有中国银联标志的多语言呼叫中心，全球的呼叫都是由我们的座席人员来完成，从2013年一直持续到今天，包括滴滴、携程、亚马逊这些多语言呼叫中心都是我们支持的，这是中译语通的起始。

七年间，我们从一家翻译公司、语言服务公司，转身到了语言科技，转身到了大数据，又转身到了今天的金融科技公司。这七年是非常感慨的七年，中国对外翻译从1973年开始传承，2013年中译语通成立，发布了译云多语言呼叫中心。2014年，人工智能大数据兴起，我们启动了机器翻译的研发。2015年，我们拥有了庞大规模的全球机器翻译的语料库，10月份的时候，互联网上出现了一个词，名为跨语言大数据，而这个词正是中译语通提出来的，这是我们发展变迁的过程。2016年，我们发布了译见大数据，试图借助机器翻译，能够对于全球的数据进行快速地翻译、分析数据。阿里云发布的时候，王建国说过，杭州的数据如此之庞大，对于阿里来说，计算这么庞大的数据是要非常大的算力。但是当我们放眼去看跨语言大数据的时候，当我们试图去计算全球产生的跨越语言、不同的数据的时候，无论是文本、语音还是图像等数据的时候，其实它是一个比想象中更为庞大的数据。在某种意义上来说，中译语通发展的变迁，还要回归到其语言基因里边。2017年，我们开始进入到金融量化和金融科技、金融监管的领域。2018年，我们开始发布了科研数据，我们还拥有了全球最大的专利的数据，通过对于这些专利、论文、文献分析，去发现全球最新的科技，对每项科技、每项专利技术、产业发展进行评价。直到2019年，我们发布了金融量化的品牌。这些就是中译语通发展的历程。

在中译语通的发展过程当中，我们也算完整地经历了互联网大数据和人工智能。经过了七年的发展，我们也不断在反思自己，在某种意义上来说，是从语言科技转换到大数据，从大数据转换到人工智能、金融科技。大家也会问：为什么转呢？首先，我们需要适应市场发展，再坦白一点说，还是要生存下去，使自己在市场上有一席之地。其次，我刚才提到了，我们在中译语通里边的核心语言基因中找到了自己的节奏，找到了属于我们的一个特殊路径，找到了适合自己的定位，我们试图通过对于语言的理解，不仅仅是用机器将数据翻译过来，还涉及很多自然语言的处理。

所以今天我会围绕着语言科技，金融科技、金融监管和打击犯罪，城市大脑这三个方向延展开来，阐述一下数量、算法、认知以及智能的话题。

2013年、2014年最早发布机器翻译的时候，当年的发布会在我印象里特别清晰，当时我非常骄傲地宣布，中译语通在今天已经拥有了300万句对的机器翻译的语料，在2014年，这是何其庞大的一个数量。可今天呢？我们有了超过了50亿句的高质量语料，这仅仅跨越了六年的时间。我们的数据，包括它的数量，它的量级的发展，以及在这个过程中我们对于算法的认知，对于真正的数据智能的认知，其实是一直在发生变化的。坦白地讲，从最早开始，我们仅仅是想我有了机器翻译了，是不是可以把这些数据都能够翻译过来，做几份咨询报告，写几份有深度分析的文章，这可能是一个赚钱的方式。当我们把这些数据收集起来，试图去翻译、整合的时候，发现并不是那么容易，还真不是我想象的那样，差得非常远。2013年、2014年、2015年的机器翻译和今天的机器翻译还是有天壤之别的，当年百度机器翻译也不过是那样，百度机器翻译的语料也不过是那么多数据。

即便是到今天我们讲的数据智能，仍然面对着非常多的未知领域和可探讨的话题。我们讲到数据智能也好、人工智能也好，我们现在经常讨论到AI到底能不能取代人，以前讨论机器翻译能不能取代人工翻译，这是不停被追问的。但是当我们讨论这个话题的时候，我们对于智能的理解可能是错误的，某种意义上来说，当我们讨论人类能不能被机器取代时，我们出发点和我们最终达成的目的是有差异的，我们讨论的路径和话语体系和标准也是不一样的。阿尔法狗在没有下那盘棋之前，大家争论还是非常多的。但实际上到了今天，无论是人工智能，还是计算机的算力、数据的规模，都已经不是人类能够企及的。我经常把数据智能、人工智能比作是关二爷的那把刀，关二爷那把刀是数据和智能的集合。大家经常发：预测股价涨到什么时候？大家经常说：你能不能算算那只股票今天明天能不能涨？美国最大的对冲基金都是用高频交易、量化、拥有庞大的算力，庞大的数据可以计算出来这个趋势、未来的发展，何况算一只股票呢？所以关二爷的那把青龙偃月刀是什么意思呢？它既能剁肉、剁菜，也能横扫千军。这是我对数据的比喻。

最早开始认知到人工智能的时候还是源自于阿尔法狗，还有一个叫机器翻译。以前每一次有关于机器翻译、翻译器的新闻，领导们都会经常看，再将新闻推给我看，每一次都问，怎么样，咱们这个能不能生产一个翻译器？我们机器翻译到底怎么样？机器翻译真的是有那么神奇吗？这个机器翻译某种意义上也代表着大家对人工智能的典型理解和认知。

讲到机器翻译，有的人知道，有的人则不太清楚，在机器翻译里面我们得了非常多的奖。2017年在全球大赛上，总共有20个比赛项目，我们有16个拿了第一；2018年的国际机器翻译大赛上，我们英中方向自动评测第一名；2019年算是最辉煌的一年，我们跟Facebook、微软并列拿了第一；2020年我们又有了三个方向拿了全球第一。为什么我们可以拿奖呢？我们在哪些方面比别人做得好？

刚才讲到了大数据、人工智能，智能的算法某种意义是依赖数据的，我们可是中华人民共和国的第一家翻译公司，我从多年前就开始做翻译，没有做翻译之前那些数据是沉睡的，没有什么价值。但是今天有庞大的算力，我们有了统一的机器翻译、神经网络的机器翻译、人工智能，这些沉睡的数据已经不是沉睡的数据了，而是一种永远存在价值的数据资产。通过算法、算力、通过人工智能的技术可以爆发出巨大的潜力来。

我们实现了多年以来人们对于机器翻译的想象，某种意义上也是自己的想象。许多人提到机器翻译，每次都会想到，除了翻译机，耳机有没有？其他的翻译设备有没有？这些今天都有了，我们从2014年开始，从网页翻译到字幕翻译、文档翻译，从机器辅助翻译的工具、到硬件设备，一一都实现了，某种意义上来说，机器翻译已悄无声息地渗透到了我们生活当中的每一个地方。比如说大家看到的美剧大片、电影，大概有超过85%以上的字幕，是用我们的翻译工具字幕通完成的。在这之前，大家肯定听说过字幕组，这是一个相对复杂的工作，大概需要四五个人来协同，先要听译，我是做同声传译的，五分钟的BBC的新闻，你要把字基本上都听出来，至少需要半个小时把这五分钟的内容听完，那一两个小时的电影要听多长时间呢？听完了之后还需要翻译，一个人工的翻译大概一天工作量也就是3000字到4000字。把这些东西翻译出来以后，还需要技术工种的人员把字幕和他的音轨合到一起去，这是一个非常庞杂的工作流程。但到了今天，这些工作其实已经非常智能了。

我们先看看网页翻译，网页翻译需要一个网页插件，2014年就有这样的插件了，在国内我们公司是最早的。今天我们机器翻译在一些垂直领域里，比如说新闻，每一句的完成度质量已经非常高了。这是一个什么概念呢？最早2014年的时候，我们有3000万句对，但今天已经有了50亿，这五六年之间到底发生了什么？要知道新摩尔定律，每18个月，全球的数据会翻一倍，目前这个新摩尔定律在某种意义上来说已经远远不只翻一倍的数量级了。所以今天存在着大数据和小数据之分，当这些数据被我们用来训练出了来高质量的机器翻译，一秒钟时间内，一台硬件的机器翻译服务器可以翻译16800字，还是让我们颠覆了很多认知。

2014年我们就有了这些工具，我们还可以随便打开一段视频，无论是看所有的新闻也好，看电影也好，既可以离线的，也可以是实时的。语音识别会把视频的原语言识别在机器翻译中，同步就将它翻译过来了，如果觉得这个地方机器翻译得不好，点一下，时间会停在这里，把认为更好的翻译输入进去，会很好地还原到字幕中去，这个机器翻译的盒子就回答了刚才到底机器翻译到底能不能取代人的问题。

中译语通在2019年里承担了大大小小的同声传译，会议口译场次有2500场次，我们派出的人工的译员有4500人次，在这2500场次的会议当中，大概有300场次是完完全全用那个盒子去完成的，没有任何的人工的干预，这个盒子是一款面向企业级用户打造的会议同声传译产品，当我在进行表述时，系统会实时进行翻译，一句话结束以后，系统对整句话重新进行语意理解，最后再将翻译结果呈现给大家。这个盒子还有一个重要的功能，可以把这个盒子放家里边，插上以后，电视上字幕就有了。大家开会的时候，把这个盒子打开、接上，会议结束，您的会议纪要也已经完成了，所以可以看到今天我们的人工智能，特别在语言科技里面完全非常好地实现了场景化的一些应用了。再给大家讲一讲另外一个很重要的工具，看看从机器翻译还能衍生出来什么。

比如一段十分钟左右的英国议会的实时辩论视频，大家也可以想象成一个一小时视频，也可以想象成一个100小时的视频，以往这种视频需要看很久，但是机器翻译几秒钟就处理完了。视频内所有的讨论内容都在里面了，我们点一下，全部就都可以翻译过来。但这样的技术不是最重要的，我们不仅仅要检索每一段内容，我们更需要知道是在哪一帧视频里面讲到了这段内容，更重要的是我们还需要图像技术去理解是谁在这帧图像里面讲了这个内容，还存在于什么别的场景。

所以今天讲的大数据，是基于文本、跨语言文本，是基于语音内容、图像内容的多模态的数据分析。

在今天，机器翻译的发展也好，大数据技术的发展也好，真的是实现了我们对于机器翻译的所有的想象，并且这些工具已经非常成熟，进入到商用阶段里面了。同时也带来了智能的耳机，是我们同声传译的智能耳机，跟苹果耳机是一模一样的。我戴一个，对方戴一个，可以实时地进行交流，37种语言。我们对于机器翻译的应用，在每一个场景里面都已经得到了非常好的体现。

耳机、翻译机、盒子，还有刚才提到的两个大家伙，是我们离线的机器翻译的硬件，每秒钟可以处理16800字。我们不需要将它们连接到互联网里面，就像当你在百度里面搜索的时候，百度大概知道你的每个互动、每个动作，当你使用机器翻译的时候，在线的机器翻译可能知道你每一个要翻译的内容，这是满足另外一种需求的、离线的、企业级的机器翻译，我们可以在企业内部部署，他的翻译效率要比线上高得多。这种定制化的机器翻译，可以针对金融、法律、医疗、科技、专利等垂直领域对它进行训练，这是满足于我们不同行业里面的应用，他的翻译质量是非常高的。

所以我们刚才讲了，在统计的机器翻译里面，大概在2014年、2015年

数据智能走近未来

我们数据达到了一亿句对，我们线上的机器翻译基于统计的机器翻译的语料库使用了两亿句对，谷歌中英文使用了一亿句对，所以我们机器翻译明显优于谷歌的机器翻译。但是要知道，在算法迭代、算力的迭代和数据的迭代之后，会产生一个颠覆性的效应。到了2016、2017年产生了神经网络的机器翻译的时候，大概一千万句对高质量的数据集制作出来的语言模型，或者神经网络的机器翻译，可以达到统计机器翻译用一亿句对的数量，两个机器翻译的质量是相近的，其意义在于什么？一亿句对的语料库大概需要几百G去存储它，这1000万句对神经网络的机器翻译它只需要几百兆，也就意味着可以存储到非常小的芯片里面，那它就可能便携了，可以到我们终端设备里面了，可能这个在未来也不需要去联网了，也可以离线地使用了。所以，我们在今天看到的人工智能也好、大数据也好，对于算力、存储、芯片是何其重要。

刚才讲到了网页、文件、音频、视频、图片所有都已经实现了，我们在今天提出来的机器翻译，在跨语言交流或者跨语言大数据的全球化背景下，是一种新型的语言基础设施，到了2020年我们已经拥有了超过52亿句对、52种语言的机器翻译。

再分享一下对于机器翻译的几个不得不说的事实。这是我在过去两到三年里面总结的几个观点。机器翻译最大的意义是扩大了人类对于信息的认知的广度和深度，我们董事长经常问我，说这个机器翻译真的能取代人吗？我举个例子，这个机器能不能翻译《红楼梦》呢？如果说我把最好《红楼梦》译本做成语料，机器翻译每当出现《红楼梦》的时候，这个地方永远出来是这个版本，那它比99%的人翻译得都要好。所以当讨论机器翻译是否替代人的时候，要看比对的标准是什么样的。

新摩尔定律是什么？就是每18个月全球新增的信息量是计算机有史以来全部的信息量的总和。刚才我说的翻一倍有点不准确，如今每18个月产生的数据量是过去的总和，这个数据量非常庞大。某种意义上来说，今天99%以上的机器翻译处理的内容都是以前人类力所不能及的。要知道中国对外翻译、中译语通每年大概要翻译四亿字到五亿字，但是机器翻译每天要处理几十亿字的处理量。所以说今天人力翻译和机器翻译讨论的问题其实不在于同一个维度上。

高质量的机器翻译引擎，在单位时间内的翻译速度和质量可能都是人力无法比拟的。培养一个人类翻译，差不多要研究生毕业，还要翻译专业、英语专业毕业，到了公司里面至少工作三年以上，才能够达到比较基础的水平，而机器在今天你知道它学习了多少知识？中国对外翻译从1973年开始到现在积累下来所有的数据，它已经学会了，还是熟练掌握了，那么人类如何比拟呢？但是并不妨碍，我2005年进入到公司里面，我每天大概翻译3000字，然后慢慢后来稍微多一点，大概5000字，但是其实是非常累的，但是通过机器辅助翻译的工具软件，我们的译员的工作效率，至少提高了50%。大家记得乔布斯传那本书吗？当年中信出版社出的《乔布斯传》，这本书还是有典型意义的。当时这本书我印象里，大概有70多位译员参与，翻译了一个月，那么一本书，那么多人翻译，一个月就出版出来了。今天的机器翻译呢？我后面有一个数据，我们前面翻了一本书，要达到出版水平，不仅仅机器翻译跑完一遍就出来结果了，如果拿一本18万字的图书进行翻译，首先机器翻译跑第一遍，然后同时四个人作为一个团队去协同，如果每个人在机器翻译辅助软件下每天能够处理一万字，大概18万字的图书只需要一周就能达到出版水平，可以交付到出版社的出版流程里去了。这是我们在实践当中摸索出来的，某种意义上来说，其实是机器翻译也在朝着这个方向训练，当然机器翻译也有它擅长的领域，也有不擅长的领域，关键在于数据的训练。

所谓机器替代人类，谁优谁劣要有比较的对象和对比的标准，高质量的机器翻译如果不考虑消耗的时间，仅仅评比它的翻译质量，机器翻译超过90%以上的人类是完全可能的。有人提到坚决不相信机器翻译，不相信是因为你没有见到更好的，因为大家使用的是线上的引擎，无论是谷歌还是百度，质量确实有差距。但是如果只针对某一个领域，我们把所有数据归集到里面去训练它，当然训练的成本和代价是很高的，但是先忽略这个成本，先专门针对不同领域进行训练，比如金融领域、法律领域、知识产权领域，最后的翻译质量是非常高的。

关于C端机器翻译的市场，我最近做了一个思考。每次大家见到我的时候都说：你们不考虑做一个大平台吗？你要知道全国的翻译市场多么庞大，线上线下，提交到线上这个平台非常庞大的。我打了一个比喻，好比德国大众到底要不要上电动车，德国大众厉害还是特斯拉厉害，如果我是德国大众，整天哗啦哗啦地赚钱，我也不愿意倒腾电动车。无论产与不产，其实作为一家新兴的业态，这是适用于所有创新企业的或者创新的技术。就是你要长成德国大众那样子，要有这种想法，还是要有非常大的勇气。其实要表达的是：机器翻译是一个C端市场、是平台性质的，阿里、百度要不要做它，只是取决于这个事情对于他有多大的价值。百度最大的收入来自广告，腾讯最大收入是来自游戏，阿里最大收入是来自电商，阿里也有机器翻译，阿里的达摩院也是汇集了全球最好的专家，也有最好的机器翻译为阿里国际的电子商务来提供支持。所以在这个领域里边，我要回答所有人向我的提问：可以搞一个大的语言服务平台，但在某种意义上，流量和平台有的时候可能是你不能企及的。当然，机器翻译的市场在当前是一个非常重要的市场。

再看一下大数据，也叫数据智能。这里不得不提一下这家公司，大名鼎鼎的Palantir。江湖传言，大概2018年，它的估值超过200亿美金了，后来传言已经达到410亿美金了。它是2003年成立的，抓过本·拉登，也抓过美国纳斯达克前主席，包括庞氏骗局。也就是这家公司为美国政府构建了HH Srotect这个系统，美国医院所有疫病数据都直接跳过了CDC，归到了系统，这个系统就是Palantir建造的。为什么要提Palantir呢？某种意义上，Palantir这家大数据公司以军事安全起家，有可能是最早的一家真正的数据智能公司。传闻在抓本·拉登的时候，它通过分析所有的开放数据、社交数据、新闻数据等寻找到了蛛丝马迹。直到今天，这家公司一直服务于CRA、FBI、美国军方。它在金融监管、金融风险里面也扮演着非常重要的角色。

要知道，所谓开源数据分析的所有数据都是文本数据。我之前介绍中译语通时都会说：我们每天有超过5000万的数据、数10亿条数据需要处理，但今天可能有些时候我们真的不需要那么大规模的数据，有时候仅仅需要找到那条线索，那一条数据，某些时候数据越多、越大，可能都是"噪音"。所以，今天讨论的已经不是简简单单的大数据了，大数据业务还分成了传统业务和新趋势业务。

再谈谈另一个话题，叫真数据、假数据。真相有那么重要吗？这是我经常说的，换一个话题，我们叫假新闻和真新闻。当一条假新闻出现的时候，它产生的影响、损害是实实在在存在的，这种存在可能存在一天，可能存在三天，可能存在一年，可能存在很多年，当一个事实、当一个真相不足以强大的时候，可能这条假新闻就会被当成真的。

所以当我们在讨论数据的维度时，我们更多考量的是不同数据之间的一种状态。中译语通提出了三种状态：一是数据的本体；二是镜像数据，就是和事实相关联的，能够反映它的、相似的、有联系的；三是另类数据，就是我们从另外一个维度里面去能够证明它的。举个典型的例子，特斯拉说，我们今天拿了特别大的订单，我们每天夜以继日地加班。当美国投资基金准备投资的时候会调研，特斯拉真拿订单了吗？我们讲的数据本身，就是订单的交易数据或财务数据，但是美国获取不到特斯拉公司内部的数据。这就要靠另类数据了，就是他们可以通过卫星数据看特斯拉的工厂里的停车场有没有停了那么多车，是不是晚上经常有外卖送过去，以此验证是否拿了那么多订单，是否在夜以继日地加班。这就是另类数据。如今，我们面对一些信息时就需要一些镜像数据和另类数据去进行判断、均衡。

还有一个很重要的理论，我们要计算一下，当一条数据出现的时候，这条数据在单位时间里的传播速度和覆盖人群的数量。它的意义在于什么呢？今天全球知名的彭博社也好、路透社也好，新闻的时效性依旧是重要的因素、付费用户可以提前15分钟、提前30分钟得到最新的新闻，30分钟之后，15分钟之后这条新闻才会出现在互联网上。那么如果我们能够在获取这条数据的第一时间，通过过去十多年中新闻传播的数据模型去建模，去预测未来的3天或未来1小时能传播多少人、覆盖多少人，那价值是否会很大？

当我们去计算传播的路径、传播速度的时候，重要的是要找到那些节点，哪些节点我们需要干预、引导，否则会有影响，无论是正面的还是负面的，都会以指数级增加。这是今天的数据科学需要去不断关注的，并且在真正的实际应用当中已经得到很好的验证。另外，我们还计算了恐慌的情绪，我们计算了原油的涨跌、疾病的传播、经济的活跃度。

再来看一个很轻松的事例，国外网友在推特上发了一张图片，这一张图片他提了三个点：第一，这是一架天空中的飞机，是从伦敦飞往香港的波音747，明确了起点和终点还有机型；第二，这个照片拍摄于2019年10月30日；第三，拍摄者是在旅馆里面。要求找到这张图片是在哪拍的。那他怎么找到的？其实可以非常快，这个就是数据的分析逻辑。先去分析天气、光线，然后查找747那天航班的路径，飞机的历史轨迹，逐一排查飞机航线符合和建筑相关系的因素和城市。找到这些信息了，再逐一排查，最后将飞机飞行的轨迹、经纬度、海拔的高度投射到谷歌上，然后结合谷歌地球的三维立体地图去寻找这些建筑。在任务发布不久就找到这个旅馆了。要知道这个数据都是开源数据、开放数据，就是把这些原本不相干的数据建立起联系，这是人工智能技术赋予我们的。

无论在金融监管里面信贷的审核、反恐、反洗钱、反欺诈、尽职调查都是和这些技术是密切相关的。所以我们通过分析客户身份识别、大额监控、可疑的交易监控、反洗钱的风险评级等技术手段发现，关于反恐、反洗钱有两类数据：一类数据是银行里面的交易数据，另外一类数据叫客户关系数据，客户的朋友圈、合作伙伴、日常所有的这些开放数据，识别出主体，用知识图谱技术把关系建构起来。开源数据对于金融诈骗和反恐、反洗钱等发挥了非常巨大的作用。

同样，我们的金融科技板块里面有1亿+条公司技术资质数据、1.2亿+条产业链上下游关系数据、200亿+条企业产业链数据等。这些数据怎么来的？是来自交易所会发布财报的数据、年报的数据、公告的数据、财务报表的数据，但这些数据其实原先都是特别长的文档数据，需通过LP自然语言处理技术，把里边不同的实体类型去识别出来。当谈论到人工智能时，首先一定是先人工。人工是什么？是把一些标准制定出来，把类别标注出来，然后通过标注一定量的数据，再让机器去学习。今天无论是人工智能的算法也好，大数据的相关技术也好，这个是非常重要的核心。

通过这些，我们可以分析企业上下流的产业链数据、交易数据、合作伙伴的数据等，并且无论是智能推荐也好，风险防范也好，都可以通过这些数据来实现，都可以通过知识图谱的数据把他们关联的关系识别出来，对风险的防控、尽职调查、投资推荐发挥了重要的作用。

当我们提到人工智能的时候会想：人工智能的算法是怎么算出来的？

这个人工智能是一个黑匣子，其实你觉得这个结果可能是对的或者接近于你想要的预测，但是中间这个逻辑到底对还是不对，标准是由谁来制定，一旦当某一个标准比较偏离的时候，最终产生的结果在当前是可以的，那是不是当获得更大的数据的时候，在更广的范围执行的时候会产生偏差呢？一旦这种算法用于核心关键的领域时，这种偏差是不允许存在的。所以这是人工智能下面更加关注的方向。

2020年美国Gartner发布了魔力象限技术，我们可以看到在现在这个新兴技术曲线里面出现了哪些词汇，可以看到和人工智能相关的，AI的人工智能的增强设计、小数据、有差异化隐私、有自监督学习、构成化AI、颠覆式AI。今天已经进入到真正的人工智能的时代了，当我们把所有数据都联网的时候，它产生了大数据，当我们把所有数据汇集在一起的时候，开始对于这些数据能够结构化、能够分析、能够应用的时候，算法、人工智能让这些数据鲜活起来了。

我们今天讲的新基建不过是将传统的数据、传统的产业用数字化的形式，用大数据、人工智能的方式重新建构起来。中译语通是什么样的公司定位？早期的时候我们说自己是一家语言科技的公司，后来我们说自己是一家数据科技的公司，后来又说是金融科技的公司、科研数据的公司。其实慢慢地回归到现在，它其实还是所有的大数据在接受人工智能算法之后，在不同场景里面的运用与落地、变现。所以某种意义上来讲，我们还是一个将数据智能产业变现的公司，在未来，中译语通也是这样一种发展的路径。这个数据智能是一个不断深化认知的过程，在大数据和人工智能里面，未来还有很多需要探讨的，也是当下所有的权威专家们在探讨的，包括可解释的AI、数字孪生、负责任的AI、AI的辅助博弈。

重点讲一下数字孪生，以中国出版集团为例，我们其实可以把这家集团公司所有的数据，无论是经营数据还是数据资产，我们可以将各种各样的数据建构出来一个数字模型，从而去预测未来会发展到什么样子。当一个品类销售增长的时候和其他品类之间的关系是什么样？我们其实可以用数据去建构出一个完完整整的公司。

同样，人也是一样，我们把人体所有相关联的一些数字化的数据输入进去，例如我们的健康数据、行为轨迹数据等，就可以建构出一个数字孪生的东西。最后用这句话来总结：AI，新未来。正好呼应了我们的主题。

企业数字化变革探索与思考

◇ 张凌云

受邀来远集坊做这样一个分享对我来说的确是一个荣幸又忐忑的事。关于企业的数字化，大家都还在探讨过程当中，每个人都有自己的角度和看法，因为没有一个标准答案，所以并不能说谁是对的谁是错的，一些看法大都来自自己的思考、自己的经历和所处环境中的一些认知。今天我也把我从业过程中的经历跟大家做一个分享，讲一些在企业数字化过程当中的故事，分享一些启发。

如今在我所处的行业当中很多人都会谈到数字化，但是当我交流下来，发现大部分人所认知的数字化还是比较简单的IT，不是真正意义上的完整的数字化。完整的数字化是集移动化、LOT化、云化、智能化于一体的，无论是数据运算能力还是学习能力，都是一整套的IT能力。

过往十年、二十年时间中，从PC到移动互联网，我们讲的LOT从PC时代起就已经有一批公司去发展，我们可以看到，今天很多互联网巨头都是在那个时代成长起来的，无论是腾讯还是阿里，都是借助这个数字化的浪潮，成了今天的巨头。在移动互联网这样一个进程当中，同样也出现了一批比过往更迅猛、更迅速成长起来的企业，速度远高于过往的PC时代，拼多多只用了几年的时间就达到了千亿美金的市值，我们看腾讯、阿里很厉害，但是他们是经历了十多年时间才有了今天的成就，而字节跳动用的时间更短，整个市值就已经过了千亿美金。

如今大家探讨较多的是LOT的进程，它包括了方方面面，涉及很多的场景和应用，包括我们看到的智能启程，还有百度在大力进军的智能汽车领域，这些也只是LOT应用的一部分。华为的鸿蒙系统也是整个LOT的一个基础设施，华为希望建立一个很大的链接，链接各种场景，把我们的家庭生活和社会服务通过他的"1+8+N"都联结在一起，这也是一个维度。

另外，随着网速和带宽的变化，5G、6G的技术演进也带来了很多数字化能力的提升。5G技术的速度和效能已经远超过原来的水平，所以今天我们很难想象未来的生活还会发生哪些变化，但是变化是一定会到来的，而且还会比较迅猛。

云计算也是当今比较普及的技术。早先阿里云跟大家说云计算的时候我们还一头雾水，但是云计算目前来看，像亚马逊还有阿里、华为、腾讯这些提供云服务的企业，今天他们已经提供了一个基础设施给我们，"云"已经成为一个互联网的基础设施，可以把很多行业的门槛降低。

我们2008年刚开始创业时还没有"云"，我们要想做一件事情，要从客户端开发，到服务端开发，包括去租服务器、搞机房，这些一整套都是要自己去完成的。为什么如今互联网创业只用十个人就可以做到呢？因为后面很多服务是完全可以用这些互联网的基础设施，根本就不需要服务器过多开发，也不需要找机房租服务器，只要跟阿里云云端服务企业对接就可以，要想做海外业务，也都可以跟海外云服务的提供商去对接，已经大大降低了门槛。比云服务更进一步的是机器学习，如今机器学习的能力已经非常强，机器已经可以不断地学习吸收，不断地去变得更智能，让自己的服务更贴近于用户。

我们今天所有的数字化从整个渗透的领域来看还是较低的，我们认为中国整个企业运用数字化的水平，和各个行业运用数字化的深度、广度在今天来看应该还不足10%。如果是不足10%，未来还有90%的空间，那这个空间有多大？还会创造出多少不一样的机会？在创业过程当中，好多人觉得二十多年前便利的机会很多，十多年前的机会也很多，但是我认为今天的机会比过往的都多，只是我们在当下反而看不清楚今天有什么样的机会罢了。如果过十年以后再看今天，可能又会觉得全部都是机会，我只要在某一个点上做得比别人更好一些，我都会创造出来一个不一样的产品、服务，哪怕是跟别人做一样的事情，因为我的效率高、成本低，我就能够比别人更容易成功，所以我觉得这个空间是有无限可能的。

但不得不说，我们如今的数字化的水平和数字化的使用率还是很低的，大部分人对数字化的认知还是简单的IT。特别我们跟出版行业离得比较近，现在中国大概有600到700家出版社，他们的数字部门和公司都还是处于比较早期的阶段，有的甚至并未处在数字化技术之中，这是我直接的看法和判断。

接下来，我再讲一下农业数字化的案例。农业是一个传统的行业，能有什么样的数字化呢？我有一个朋友很厉害，他创办了一家企业，不知道大家是否听说过，是在青岛的一家企业，名叫浩丰，是做蔬菜、水果大棚的。他的规模智能大棚有3000亩，占地200公顷，是智能的数字化大棚，浩丰也认为自己是一个典型的数字化企业，希望以数字化的能力实现农业标准化、组织化、设施化和信息化的转型。他提到了农业的痛点：农业是分散的，标准化很难，每地区都不一样。而他是大面积的、有组织的信息化农业，我们看看他是怎么做的。

他目前所有的大棚都有温、光、水、气、肥的传感器，所有数据都有传送渠道，从种植到采收都有数字化把控，这跟传统农业已经发生了不一样的变化，他已经把所有能够使用的工具、技术都用到里面了。他运用了

LOT设备，把设备跟所有的东西建立了链接。他还用了一些智能的小车和机器人，从生产开始，就可以实时察看农作物的生长轨迹和温湿度。

他还跟盒马的新零售进行了打通，使其可以更好地去采集到他整个销售数据，大家都知道，蔬菜保鲜度很重要，供大于求或供不应求都会有所影响，所以他打通了跟盒马的供应，这家企业本身也是肯德基和麦当劳最大的生菜供应商，这是他在销售端做的数字化对接。

随着企业的发展升级，他已经在脑海中形成了一个数字化农业的概念，纵向将农业技术、操作流程与数字技术结合，垂直指导农业生产，让没有经验又愿意从事农业的人可以轻松进入农业领域。他还将供应链资源放在平台，横向打通种植、加工、仓储、物流、销售和金融，让普通农民都能具有"专家"能力。他的口号是：让手机变成新农具，让直播变成新农活，让数据变成新农资。让数据变成新农资是很新的概念，我们原来觉得农资就是农业基本的生产资料，但是他今天认为数据已经可以成为新农资。

他的大棚整个产值如今已经远远高于普通大棚的产值。目前他有16个自有基地，从计划、日志、销售三个主要环节统一标准生产，无人机资产盘点，并用很多微应用管理产量预测、蔬菜价格监控等。

这是一个成功的农业数字化案例，和以往的传统农业相比，确实发生了巨大的变化。

如今，LOT已经带来了更多的数据，随着人工智能算法的突破，我相信很多行业都会发生非常大的变化，特别是在汽车领域，为什么我这么认为呢，我们可以简单先看一下最近宝马干了一些什么事情。

2020年10月12日，宝马公司说：数字化对我们影响非常深远，也会重新定义什么叫奢华、豪华。过往我们评价豪华品牌车，品牌肯定是一个重要因素，另外就是基本配置，配置高、里面装修好。今天宝马已经提出来，他们认为未来的豪华车的概念更多是一些软性的服务，是一些新的不一样的服务，提出由车向人转变，任何一辆车都是为人服务的，由一辆豪华车转变为与人连接的一辆车。

从宝马的转变中我们已经能够看到他们对新技术的应用，包括认为数字化的技术已经重新定义什么叫车，什么叫豪华车。可见，LOT会对智能汽车和出行产生巨大的改变，因为有几项技术已经趋于成熟，5G也已经开始普及，大家现在到百度园区就可以体验无人驾驶的汽车，长沙也已经有了无人驾驶的出租车了，但我们今天看到的还是相对来说比较简单的，体验也没那么好的感觉。

大家畅想一下，如果未来所有的智能汽车能够普及，会给这个社会带来什么变化呢？今天在座的各位都有车，车的利用率有多少？我自己车的利用率连10%都没有，如果无人驾驶的智能汽车，有一些共享的商业模式，可能整个使用率就不一样，无论是对汽车企业还是对城市交通，甚至对社会都会发生巨大的变化。今天我们已经看到了高铁对生活的影响，看到了我们普通的中国从自行车王国，到摩托车、汽车的变化。我相信，未来无人驾驶汽车、智能汽车带来的变化远比现在看到的影响更为深远，到那时，整个社会都会发生巨变。

我不知道今天传统意义上的福特、宝马、奔驰在未来会怎么样，今天看到的特斯拉，国内的蔚来、比亚迪在汽车领域已经很强，以后还会再有新的出来，一定会有人在这个领域做得非常好。我在深圳看到的比亚迪给我带来了很大的震撼，首先比亚迪还并不是智能汽车，但它是电车，城市里的出租车全部用上了电，大的公交也全部变成了电车。在深圳，我们工程车现在也是电车，原来的工程车需要很大的功率或很强的马力才能去用。其实这还只是一个过渡，等到电车彻底普及，智能化和无人驾驶发展起来以后，对社会的改变将是无限大的。我个人认为，无人驾驶首先应该

远东书坊

中华文化：特色与生命力 ◎

在高速上专门设置一个车道给长途货运使用，因为长途货运是很辛苦的，如果有一个车道24小时中可以无人驾驶货运，对社会带来的改变又是不一样的。

　　总的来说，在过往20年里，我们的生活已经发生了很大的改变，但我想说的是，这还只是一个序章，可能才刚刚拉开数字化时代的大幕。以后的生活中，可能每天都会发生不一样的改变，职业也会转变，有的职业会消失，但是又会创造一些新的职业和就业岗位。前几年大家经常谈到富士康的东莞，东莞是个制造之都，一个工厂一下班都是几千几万人，但是今天还能看到这样的情况吗？我们工厂的人数已经急剧减少，不是没有人干活，工厂依然在运转，只是运转的要素已经发生了改变，不是像原来那样招很多工人。十年前有人提出了用工荒，生怕找不到工人，但我们都是有一些办法去解决的。我想现在的年轻人大都不愿意去从事特别机械和特别受约束的工作，我这个年龄的话让我在工厂里面我是可以接受的，但是这样一个信息化时代，再把年轻人那么约束的话，很多年轻人真的是没有意愿做这种事情。这种现象反而让我个人觉得是这个社会的进步，并不是这个社会发生了不好的改变。

　　接下来我想讲一个例子，跟我们离得比较近，就是媒体。回看我们的过往，我们媒体同样走过了一条发展之路，发生了不小的改变，以前大家还会区分传统媒体和新媒体，那现在再来看什么叫传统媒体，什么又叫新媒体？这个定义已经发生改变了，最早的报纸、杂志，这些可能是传统媒体。后来微博社交媒体又是更新的媒体，像推荐算法的媒体又是全新的媒体，现在的自媒体又是每个人在创造内容。技术已经改变了整个内容生态，对于出版领域来说，目前的改变可能还少一点，但也只是时间问题，如今也有几个领域已经把内容生产彻底改变了。一个就是资讯信息，原来基本上全靠新华社或者靠我们今天体制内所有机制去采编，但是今天的信息不是这样的，就是所有地方都可以成为信息的源头，我们今天看到的内容，很大比例上都是来自自媒体，比如头条号或者百家号等产生的内容，并不是传统的方式，内容产业已经发生了巨大的改变。还有一个就是视频，长视频目前的改变还少一点，相对来说还是专业的领域，但是短视频的产生是每个人产生的，人人都是短视频的生产者也是用户，既是用户也是生产者，未来也会向更深处过渡。最近的网络文学也在跟平台做一些网络短剧的改编，介于长视频和短视频之间，但是整个门槛也是不高的，所以我们把一个剧本拿出来，很多人可以用这些工具就可以使用了。今天我们从短的开始，未来长的一定会发生巨大的改变，包括我自己所身处的网络文学行业。

今天能看到的作家群体有两个：一个是原来意义上的作家，另外一个就是网络文学作家，网络文学的作家原来根本就不会写作的，有可能来自各种职业，干什么的都有，但是我们不可否认的，无论我们自己怎么看待网络文学，网络文学的受众是极大的，产生的内容量也是巨大的，作为一种文学形式对人的影响非常广。这种网络文学变化的背后也是技术带来的变化，如果没有技术，我相信不会有网络文学，也不会有网络文学作家这样一个新的工作模式出现。

政府的数字化我也有所体会，我们政府数字化水平比较高，而且这里面有两个比较有趣的现象，地方政府数字化的水平远高于部委的数字化水平，为什么存在这个现象？一是地方政府还是有竞争压力的，比如说江苏、浙江、上海之间，要不断把效率做得更好、更高、吸引更多的投资，让经济更活跃，为社会主体服务。二是地方政府离用户近，离服务的对象近。有几个小例子可以分享，十多年前我们开办一家企业，从工商税务、银行等手续下来，没有一个月跑不完，但是在今天，一天之内在网上提交所有材料都是可以做到的。前几年我还看到一个最新的案例，是浙江首先提出来的，原来叫最多跑一次，到后又说一次都不用跑，最新的一个案例就是浙江和上海之间的户口迁移，只需在网上提交资料，提交的信息虽然多，但三分钟左右就能给你办完，速度已经快到了这种程度。我们的国家、我们的政府在很多地方扮演着非常重要的角色，关系着我们整个社会主体的服务水平、能力效率，关系着未来的发展，所以我们看到各地的政府，特别是一些发达地方政府的整个办事效率、整个数字化水平非常高。在这一块是一个很值得高兴的成果。

我们来看看企业数字化在未来会发生哪些改变。我认为机械化的脑力劳动都会被数字化和人工智能取代。什么叫机械化的脑力劳动？就是智能语音、客服这个领域，还有基础的翻译、视频制作，新技术运用会让很多岗位消失，包括我们今天打的很多的客服电话，很多都是机械语音接听的，而且这个语音的水平比前两年已经大大进步，前几年的语音还非常机械的，很难去和客户产生交流、互动，而今天已经可以实现一些简单的互动，我觉得随着整个数据的发展，随着机器本身学习能力的加强，未来可能90%，甚至90%以上都可以不再去使用人工客服了。

另外还有视频制作，原来视频制作是一个专业活儿，可能只存在于电视台，并且要花很多钱去买大批的制作设备，才去实现视频制作。但在今天，整个视频制作的门槛已经很低了，许多平台都在给大家提供制作工具，无论是长视频还是短视频，都在降低使用门槛。还有翻译，原来很多都是要使用人工的，但是现在机器翻译的准确度也很高。

我还认为，企业与员工的协作方式也会发生很大的变化。首先就是企业的计划能力大大增强，原来我们不大愿意去提计划，但今天我们不可否认的是，随着数字化水平提高，有了数据的支撑，可以让企业的计划能力和水平得到进一步提高，组织的边界也会进一步模糊和拓宽。例如美团，美团有几百万骑手，如果用传统管理办法是没有办法管理的，今天正是因为有了这样一个数字化技术，可以非常有序地进行调度、匹配和管理，当然这些技术也带来了被人诟病的地方，比如外卖小哥他进小区时一定要跑，因为时间都已经被数据计算好，如果按照正常的步速，很难满足时间考核的数据要求。这就体现了企业跟员工之间的关系磨合，除了技术，还必须加入一些人性的东西，未必要追求时间上的极致。这些都是我个人的体会，但是我想说的是，技术协作能力第一次在几百万人中调度，其精准的程度实在让人惊叹。

如今的企业进入了知识员工的时代，企业需要赋能员工，员工需要进一步提升技能。这里简单跟大家分享一个小的案例，在教育领域里，我认为好未来远比新东方要厉害，好未来是这几年迅速成长起来的教育培训。为什么他这么厉害，是因为它确实能够赋能。从教育培训来说，一个好老师跟一个不好的老师差别巨大，但是好未来有一个能力，就是大量的研发能力，可以让一个普通老师按照他这一套教案、课案、培训机制学习下来后就能成为一个远高于原来水平的老师，其实名师、好老师是很难找的，但是好未来可能能够把一个60分的老师，变成一个80分的老师，但80分到100，到更好，可能还需要个人的水平、修养，不是一个企业赋能就能替代的，这是一个逻辑关系。一个是企业一定是要赋能大家的，但要追求最后的极致，员工自我提升的能力也非常重要。

在这个进程当中，企业发生了哪些变化？一个企业一定是有价值的，但是在这样一个数字化的时代浪潮当中，企业价值也在发生变化，有形的价值在不断向无形的价值转变。二十多年前，世界500强企业也好，中国比较厉害的企业也好，都是资产雄厚。但是今天很多企业，以抖音和快手为例，他们的资产已经转变成了数据资产，这是定义一个企业价值不一样的地方。我们掌阅作为一家上市公司也有价值，跟中国出版集团来比，中国出版集团有形的东西比要掌阅多很多，但从市值来说，掌阅跟他差不多，为什么会产生这样一个结果？肯定不是看简单的有形的价值来对比，这是这个数字化时代无形的价值，这种无形的价值还会得到持续提升。

我们把掌阅作为一个案例，来看数字化的进程。2008年创立时，我们用一个阅读器实现业务数字化，今天再看，那个产品很土，而且很简单，没有什么太多的技术含量。但是在那个时候，我们其实做到了一件事情，就是让看书这件事突破了地域限制，以前看书只能在我们所在当地的新华书店买书或去图书馆借书，但是我们开发了这样一个产品之后，就可以在任何一个地方，哪怕只有2G网络的覆盖，也可以在30秒之内把想看的书下载到本地，随时随地看。这就像是一个蹒跚学步的学童，但在当下做出了不一样的事情，才在市场里中找了突破，开始了一个新的进程。2011年，我们做了一个强大的版权系统，2011时年我们用户数量已经超过20万、30万，如果没有一个系统基本上是乱成一锅粥，基本上没有办法管理业务的。所以我们做了数字化的版权系统。2015年我们做了AI审核工具，每一个作者至少要写5000字，其实要审核的作品的量是10万起步，有5亿字，人工看根本看不过来，只能用AI去做审核，今天，这套AI系统仍在不断加强，不断学习，会演变得越来越好。2019年我们打造了投放系统，包括AI翻译平台，我刚才说了，如今是知识员工的时代了，你不可能招无限多的人去解决所有的问题，企业之间竞争一定有成本问题，一定要让成本变得更低，因为互联网行业投放能力是很重要的。所以我们打造了这样一个系统，可以实时去看到每个节点的投放能力，包括我们智能的翻译平台，给我们业务线在出海的时候使用，就是可以去先用智能翻译再加上人工翻译的方式，可以极大降低成本。

我们在这个过程当中实现整个数字化办公、管理考核，到目前为止是不需要去在纸质上做任何审批动作的，我哪怕今天休假，在异地，在任何地方，只要到我这个环节，我都是可以随时拿起手机做好的，而且都是有提醒的，在我这个环节里面不会耽误一点工作。在过往传统中，要想办事，方式要么是打电话，要么就是直接见面把事情办好，但是在今天这些事情都是不需要的。

企业如何提升数字化能力？前面讲了案例和进程，我们又该如何做？以下是我自己的心得体会。

一、这个世界变化太快了，所有变化都是超过我们想象的，我们要永远要怀着一颗未知的、谦虚的心态，建立拥抱变化、勇于改变的文化基因。你自己不改变没有人去唤醒你，在未来肯定没有机会的。一个企业过往的优势很可能在未来会变成劣势，过往在这个地方成功了，以后要改变时，这个地方可能就是阻力是最大的。就像当一个人生了病以后才会产生抗体，一个企业也是一样，当企业在某一个地方获得了极大的成功以后，整个组织都会产生抗体，就会牢牢抱着自己过往的成功，不愿意改变，或者不会去改变。只靠基层员工不行，只靠高层员工也不行，一个组织要永远不断地变化，整个组织都要有这样一个共识。掌阅也是发生了巨变，因为网络文学从免费到付费，现在又有免费的模式出现，我们打破了掌阅原来的模式，我们也在积极改变，顺应这个变化，无论是免费，还是做免费和付费的结合，我们整个行业到未来会发生到什么状态，这都是我们每天都碰撞思考的。当免费出现的时候，我们就建立了一支小团队直接杀入，因为你不能赌未来到底是什么模式，是免费还是付费，还是免费＋付费，我能做的就是先弄出一个小分队跟他去拼，首先是要去改变。能够自我革命的人我都是很敬佩的，我们还是属于外边来了一些刺激你的东西才开始改变，还是属于后知后觉，比较厉害的是先知先觉。

二、培育创新土壤，让一线去决策和实施创新。企业真的需要持续打怪升级，就跟玩游戏一样，我们内部常说一句话就是：今天的最高目标可能就是明天的新的起点。企业不去进化，不去拥有持续更强能力，一定会

远亭示坊

中华文化：特色与生命力 ◎

被市场淘汰的。如何使整个企业上升，不断地去攀升，让一线的决策者、一线的员工去迅速行动，这是比较重要的关键因素。

三、全方位向数字化巨头学习，引入行业工具为我所用，最大程度提升业务线上和数字化水平。力争在我们看到的范围内实现移动化、LOT化、云端化、智能化。说起来容易，真正做起来难，每个企业的情况不一样。当然也不用进入另一个误区，不用觉得我们所有的业务都必须是数字化，线下也有线下的优势，更多是线上和线下结合，不要丢掉线下的能力，美团的整个业务实施都是在线下的，但是业务的获取、流程、业务管理都是线上的，其服务就是给人送东西、给人卖东西、给人拼东西，这个全部都是在后面有大量的数据在计算，有大量的数据能力在实施的，我们一定要结合自己的情况，我到底做哪一部分，不断加强我们自己的移动化能力、云端化、智能化能力。掌阅是纯线上公司，现在反而在加强线下的能力。

四、打造整个数字化的中台，为组织和员工赋能，系统提升数字化水平。今天我们看到所有的竞争，一个组织和另外一个组织之间真的不只是一个系统的竞争能力，你在某一方面没有做到，你比别人落后了，你的效率比别人低，你的成本比别人高或者是你的竞争力比别人弱，在长时间段的话你一定会被别人去取代或者替代的，因为不要想任何一个行业只有我们自己发现，或只有自己有机会进入，你不会是在一个只有你一个人的赛道上，一定有一堆人跟你一起赛跑。在这个赛道上如何让自己跑出来，把自己跑赢，还是要看内容，我们不能不看竞争，但也不能被竞争绑架，在这个数字化时代打造中台，然后去赋能。进入到知识员工的时代以后，把一些基础简单的脑力劳动用一些数字化工具去替代，让我们真正的人去实施更有价值的部分，因为人才永远是最宝贵的财富，人才是企业创造价值最核心的部分，我们如何去让他的效率变得更高，能力变得更强，我觉得是在今天这样一个时代面临的最重要的问题。

　　我今天所有的分享就是以上的内容，都是我自己的一点思考，贡献自己看到的一些局部经验，不管是做企业的体会，还是做业务的体会，永远是无止境的。希望我们共创企业的成长、企业的数字化，促进国家和社会的进步。

中华文化：特色与生命力 ◎

传统典籍文献的传承与发展

◇ 李岩

　　我过去所学的专业是古典文献学，一直在中华书局工作了25年，所以一直在进行这方面的学习与思考，今天我把一些关于古籍出版及未来发展的思考结合内业的发展现状和大家做一下交流。

　　接受这个演讲任务后我想了一下题目，原本想讲古籍出版如何应对未来的挑战，或是时代发展给我们带来了哪些新的变化。但我后来想到了一首诗，是陈寅恪先生在王国维先生去世时写下的一首挽联，其中有二句较有深意："吾侪所学关天意，并世相知妒道真。"大家都爱引用第一句"吾侪所学关天意"。就像中华书局创始人陆费逵先生讲的一样，我们从事行业虽然是较小的出版行业，但与国家社会的关系还是很大的，我们从事的古籍整理也是这样。我们赶上了一个好的时代，这个时代能使我们对所从事的工作有一种深厚的责任感。

　　文化传承是中华文化的传统特色，它首先具有鲜明的独特性，中华文明绵延五千年，从来没有间断过，历史传承有序，原来说的四大文明，只有中国始终传承下来，并且中国是世界上唯一一个有持续不间断的文献记载的文明古国，其他国家的文明记载都有缺失和断裂，包括印度、埃及、古巴比伦，只有中国文明流传下来了大量而连贯的文献记载，这可以说是中国文明的特点，也对我们今天古籍整理和文献研究的工作提供了一个重要的使命和责任，也是海外汉学得以长盛不衰的基本性课题。同时，中华文明通过不断揭示传统文化生生不息的文化密码，给后人提供了可以跨越时空的古今进行"对话"的机遇。

关于文化传承最重要的一点，是传统文化赶上了我们这样一个时代，我们的几代领导人都深受传统文化浸染和熏陶，毛泽东、周恩来、陈云等，他们对弘扬传统文化贡献甚巨。两天前，古籍出版社的年会刚刚召开，会上有一个重要的议题，1981年9月17日中央专门发布了关于整理我国古籍的指示，2021年是中央37号文件发表的40周年，这个文件对我们的工作影响很大，值得古籍出版界认真学习和纪念。这个文件的基础是陈云同志当时做的一些调研和谈话，他的秘书肖华光来到中华书局，找到一些编辑并且和一些学者进行谈话，并记录精神。当时陈云同志说就关心两件事情，一个是粮食问题，一个是古籍问题，由于他和老一辈革命家的共同影响，使得古籍整理的工作变得特别重要。

当然大家一直都知道，过去我们中华书局的"二十四史"点校整理是毛主席亲自倡议，周总理总体落实，全国专家学者参与其事的。古籍整理领导小组成立后第一任组长是齐燕铭，第二任是李一氓，都是老一代学者和革命家，特别是李一氓。第三任是匡亚明先生，此后还有任继愈先生，之后由新闻出版署的署长担任领导小组组长。新一届的古籍整理出版规划领导小组组长由中宣部部长黄坤明同志牵头挂帅。可见中央领导对古籍整理工作的关注，也让我们赶上这样的好时代。

传统文献整理最基础的是要掌握文献的总数，过去我本身也学这个专业，我的导师吴枫先生专门有一本《中国古典文献学》，他说文献总数约8万种，后来这个说法在《中国古籍总目》书里得到总结和修正。我们现在对文献的最新的种类统计是20万种，那是受古籍小组委托，由傅璇琮先生和杨牧之先生主编，历经19年时间，由中华书局和上海古籍出版的《中国古籍总目》，确定现在古籍总量在20万种左右，这是一个重要成果。当然古籍整理书籍出版方式有多种要求，从校勘、辑佚、辨伪、汇编、集注、影印、编制索引等，是一个专门学术，对编辑素养要求也比较高，古籍的传播也具有特色。

过去我们经常讲，在全国各个出版社里面，大多数都愿意要古籍社的编辑，因为古籍社的编辑对素养的要求要更高一点，并且独具特色。

古籍传承的功能体现的是出版的功能，人类的一些智慧成果大部分是通过出版得以呈现、传承。我们出版的功能就是选择作品，要把人类的知识、智力成果不断地积累汇编、传承传播，并提供给读者的社会行为，是体现我们出版的价值和使命。从传统的古籍典籍文献，到后来的当世文献都是经过了出版的转化才得以传承和传播。

这些年文化昌盛，很多地方开始编纂具有地域性特点的大型的丛书，我知道最早的像湖湘文库，现在正在做的江苏文库，最近八闽文库也已经出齐了，像浙江文丛、贵州丛书、广州大典等也都陆续出版，各种典籍的汇编整理，这可能是这个时代典籍整理一个新的特色。

在古籍整理出版过程中，重要的是通过各种文字载体的变化，不断地创新转化，使我们古籍出版形式也在不断变换，从甲骨金文、简帛竹书、雕版印刷到铅字、泥字、铜活字印刷，再到激光照排，各种技术都在不停地革新，实际上就是载体形式发生变化，实现了转型发展。书籍版本从线装到精装、平装，从单书套装到多开本，从竖排横排到图文混排，古籍出版的版本形态也在发生变化，包括图文古诗文，再到日历书、mook书转型图书等。现在变化更大了，有了很多新的载体形式，并且通过视频直播，给整个营销带来了变化。这种变化不光带来了精准化、个性化的定制产品和衍生产品，还让作者和传播者与读者之间也可以互相转化。读者本身也变成了作者，读者将自己的理解认知与新形势相结合，把新的产品进行了二次传播与推广。

古籍数字化是一个重要的产品形态，我们过去一直讲"中华经典古籍库"，从2005年经过了十年时间开始正式发布，从最初10多万字的字库，现在整理到15亿到20亿字，规模非常大。2018年"籍合网"开始上线，影响非常大，它的影响可以作为一个证明，古籍整理出版不仅是简单地聚合所有重要的数据资源，还是在于它可以供研究者和传播者使用推广。通过"籍合网"，古籍整理产业链之间发生了一次重组调整，一些排校的环节都也通过"籍合网"来实现，这样线上线下的联动影响很大。大型数据库可能会提供给一些机构用户使用，微信版、手机版可以被普通的研究者使用，改变了古籍整理出版的生态，引起了业界比较大的关注。

随着传统文化、多媒体、融媒体、大数据、人工智能、AI、VR技术的结合，多媒体多终端游戏使传统文化成了网络游戏中的大IP。现在年轻人的历史文化知识很多是通过游戏来获取，对于三国、水浒、战国时代的历史文化知识获取主要是通过这样的方式。我认为，文明间的互动会成为下一个时代游戏的主题，一个世纪一百年立体化的历史研究，长时段或者短视频的综合应用，都会展现出重要的前景。在这方面走在前列的还是互联网企业，当然腾讯也是网络游戏的一个大户，它这几年的创新大会，每年都有一个主题，主题确定的都有意义，比如互联网+、引力波、深海探测、癌症早期诊断、飞行电动汽车、太空探索、人工智能等都成了热议话题。腾讯2019年的主题是宇宙的琴弦，2018年的主题叫"若有光"，题目很有意思，我当时看了以后，受到了不少启发。"若有光"引用《桃花源记》里面的一句话，"林尽水源，便得一山，山有小口，仿佛若有光"，对人类的探索好像看到了一点光，以此作为一个主题，我觉得这种新兴的互联网创新企业确实给我们带来了很多新的思考。

中华文化：特色与生命力 ◎

远集坊

哈佛大学的包弼德主持建设了中国历史地理信息系统和中国历代人物传记资料库，这个工程量很大，浙江大学也在参与相关的资料库建设。18世纪历史文献数据库、世界博览会的全景展现，这些都是结合了大数据功能开发的相关项目，在未来会成为热议话题。我从查询的一些资料看，英国只做了一个世纪，就是18世纪，1700年到1799年，这个时代所有历史文献能够记载留存，包括考古文献都聚集在一起，构成一个庞大的数据库，供人查询。但其实要做起来，中国古代历史方面的内容会更多，包括文明之间的比较也会更多，内容会更丰富。

传统文献典籍的创造性转化和创新性发展，这两点是未来重要的发展方向，是古籍整理出版的一个新的课题，也是习近平总书记在曲阜讲话中专门讲到的关于传统文化的"两创"。创造性转化和创新性发展，"两创"的提法对构建人类命运共同体，打造承载千年文化命脉与基因的红船，都有重要的启示意义。

将古代浩瀚的典籍经过大数据、智能化、仿生化新科技成果的转化应用，使其更便捷、更全面、更现实地体现古为今用，借助人类科技所能达到的手段和方法，逐步推进创造性转化和创新性发展，这个课题需要人文和科学两大领域，甚至是全球的学者们共同参与。我读研的时候做过一点研究，以前中国文化更多是整合性综合性的文化，人文和科技内容在唐代以前是综合性的，从唐宋文化逐渐开始分化。中国古代对天文、医学、数学都有综合性的论证。后来在宋以后分化了，宋以后更多明显是人文文化的昌盛。所以我们《三联生活周刊》的"中读"做了一个课题，也引起了业界的轰动，即我们为什么爱宋朝，当时就引起了学者们乃至大众的关注，带动了整个影视界对宋朝文化的关注，再由宋朝又反观唐朝文化。陈寅恪先生说中国古代的文化造极于宋，唐代文化是中外文化交流的一个重要的链接点。所以导致人文科技的裂变或者说分裂，我觉得未来新的时代，传统文化的"两创"需要人文文化和科技文化的再度融合创新和发展。

古籍整理出版的本质上具有特定的读者对象和受众群体，从最初来看，我们所做的工作更多是建设标准化数据库，对已有的古籍出版内容资源进行整合开发，实现多重开发利用和下载，包括售卖大型的数据库服务和多种形态的产品产生复合效益。数据库出版逐渐成为传统文化资源出版的主流形式，但我觉得现在又发生了新的变化，包括电子图书和按需出版已成为新的产业链，付费阅读和下载是其直接的盈利模式。但是另外的商业模式将是从过去的门户网站与搜索引擎联手实现，大量海量的信息存储处理，这个技术的发展给我们也带来新的变化，包括一些电子书也会逐渐被海量传输、运行速度快的移动阅读终端所取代。未来不一定要在一个数据库里面保存过多固化的资源，可能会通过大数据、通过云终端控制，使传统作者、读者、出版传播者的角色不断变化。未来呈现的可能是书屏一体、多屏合一，过去我们把电子书和书本完全隔阂，未来可能是一种移动终端阅读会更占上风，随着电子信息技术的成熟，我们所有的生活场景的呈现，或者生活目标的实现，通过手机屏幕终端就可以解决了，它的背后有着庞大的大数据平台。我们所有的文化传播都通过这一个焦点呈现，但是背后承载的内容可能会更多。

在古籍整理上，未来我们还是有些基础性工作应该去做，需要对现在古籍的和图书馆系统保存的古籍进行摸底。我们现在手头掌握了几个数据，也不一定准，总体上全国的系统古籍大概有2750万册，列入善本的有250万册。另外也有文章提到，调查全世界，真正宋元善本有5500部左右，其中大陆存有3500部，还有很多在海外，在北美的东亚图书馆，在日本等。这部分很难见到，但是也应该开始编一些各类古籍目录。现在政府出版主管部门从柳斌杰署长那时候开始倡导，要编海外所藏的中国古籍总目，过去广西师范大学出版社更多地承担了这样的任务，现在中华书局已经开始有多部海外图书馆的古籍书目出版，这个总量到底如何，我们现在掌握的数据也不一定很准确。但是这是一个基础性的工作，《中国古籍总目》出版以后，还有很多学者提出来应该通过再版把一些内容做重大的更新。

古籍数字化是未来发展的重大方向，是古文字知识库的建立和数字化平台建设，主体是中华字库，我们集团也一直在做，已经进入后期，由裘锡圭先生主持在做收尾工作，现在已经在做历史地理信息系统综合开发与推广使用。古代文本文献的自动标点是"籍合网"做的工作，以及语义分析人工翻译等智能功能，从而构建一个集平面图像、三维动画、立体声响、虚拟现实等多媒体技术手段，形成穿越古今的历史人物交往对话的休闲平台，这可能是一个高度集中化的古籍数字化的创新技术平台，这是一个理想化的平台，但是未来要逐渐通过我们来实现，集研究与信息发布、休闲娱乐、教育科研于一体。这些年，一些地方在建设富有传统文化教育功能的主题公园。比如常州有一个关于恐龙题材的主题公园，我们一直想倡导建设关于四大名著的主题类公园，更多是实体性实物性的。但未来的发展也可能是通过互联网平台来实现的。这个体验还有一个功能就是可以把当代的考古发现在内容上集合起来，还可以证实古代文献对具体问题的记载。比如我一直想对曹操这个人物有个全面的数据化分析。后来考古发现大量的墓地文物和一些重要史料，但是有关曹操的图像，他的形象到底是什么样，古代文学所有的文献记载，现在我们的"籍合网"能够做到，他用的笔名，比如阿瞒等，文献记载的大部分都能集成。考古发现、大量数字影像资料未来可以集合起来，做一个更加逼真的曹操的影音资料和形象，这就是动态化与古今的结合。当代人可以在这个主题下做一些休闲娱乐，做一些深度研究开发，从而打破古今，实现人类更大的梦想。2008

年，美国国家人文基金会资助了佛罗里达州的一所大学，支持他们利用多媒体技术和地球空间信息技术，以数字化方式开始重现1964年、1965年的纽约世界博览会，游客可以在里面体验，获取当时档案资料、文献、电影等。受这个启发，我们未来也可以对古代任何一个场景还原一种历史现场的感受，来实现人类最新的梦想，这可能是打破古今时空视听连接的一种新的梦想。

我们倡议建立一个立足于未来，立足于历史的文献资源库。实际上现在很多机构都在努力设计和具体操作，一些图书馆也会演示一些版刻图书，包括古代各种文字载体和存世文献，每个馆都有一些自己的精品原样原貌展示。如果利用互联网进行大型的数据库建设，那将不再是一个单一孤立的文献平台，而是一个集传统文化于大成的学术生态系统。这个学术生态系统里面将会有大量的子库，其中包含了历朝历代的历史人物，刚才讲包弼德先生也在做这个，他现在收了大概5万多个中国历史人物，《中国历史人物大辞典》里也没有那么多。所以我认为历史人物的相关信息可以分区域、分时代来逐渐丰富完善文献的缺失，大量的地方志以及相关文献都能逐渐把这些内容丰富，人物、地名的历史沿革，对研究者很有用；还要建立古代的各类名物库，比如孙机先生、扬之水他们的研究，有关天象、衣食、器具、果蔬、禽鸟等；还有历史事件库，有大量的历史事件介绍与说明；同样也包括字词典，包括历史纪年与公元的对照转换、版本比较、字词统计工具等，这个庞大的知识库里面大量的子库分布建设是一个重要的环节。

使用者按照多种方式，灵活筛选出个性需要的数据资源库，通过人才吸纳和项目培育，可以考虑成立"国家历史文献编纂出版中心"，集合全国的优势出版资源，做我们应该做的工作。比如中央领导批示的《永乐大典》和"敦煌文献"，相关主管部门已经就这两个文献做出相关的整理方案，可能是未来几年或者十几年的方案。《永乐大典》残缺很多，恢复全貌是很难的。还有一个重要的是"敦煌文献"，老话说敦煌在中国，敦煌研究在国外，现在经过努力已经改变这样的现状，但是要建立大型的历史文献编纂中心，这里面内容太多，每一个研究领域都可以作为一个专题来做，要集合全国的优势出版资源，对文化的传承与弘扬做出贡献。这将是一个自成系统的文献资源总集，也是学术研究文化普及的基本型平台，将中国古籍文献集成供全世界使用，最终受益不仅仅是学者，还包括全体民众和我们的后代子孙。所以这个工作是一项重要的历史使命，我觉得我们古籍整理的未来会更广阔，我们承担的任务会更加重要，需要几年、几十年，甚至得搞上百年的古籍整理，这个重要性才能够体现出来，也才能够为我们这个时代贡献长久深厚的历史文化。

离线、在线、在场

◇ 司晓

我想和大家分享的主题是"离线、在线、在场"。腾讯投资的Epic Games于2021年12月下旬发布了《黑客帝国5：觉醒》的演示片。这是一个基于"虚幻5"游戏引擎开发的可交互体验程序，得益于最新的虚拟几何体及动态全局光照技术，用户可以在这个16平方公里、融合了许多美国大都市标志性建筑的虚拟城市中，感受电影《黑客帝国》世界观下的每一个细节，可谓纤毫毕现。

而我们自研的游戏引擎Quick Silver，也能以全局光照、超写实渲染的方式将大家瞬间带入小说《天涯明月刀》所描绘的古风武侠世界。可以说，最新的游戏科技驱动的仿真技术，已经让我们越来越难以区分虚拟与现实。

除了电影级的超写实能力，演示片中的城市已尽可能在逻辑上模拟现实，模拟一个鲜活的、有生命力的环境。无论我们是否在看着它们，由AI驱动的逼真角色和车辆红绿灯交通系统都在自然、有序地不停运转。

为什么要和大家分享这些呢？今天想要聊的话题，可能会有些抽象，所以我想先从一个内部故事说起。腾讯计划在深圳大铲湾的一个半岛上，建立一个全新的未来总部。新总部的名字还没有最终定下来，但我们内部的昵称是"企鹅岛"。现实中的企鹅岛预计几年后才能完成首批交付并启用。作为一家科技公司，加上我们在智慧城市、游戏方面有许多积累，所以自然会想到要做一些"有意思的事情"。

所以，在前段时间，我们按照设计方案在一款沙盒游戏中搭建了这个企鹅岛的数字孪生。一方面是去探索游戏所积累的仿真、AI等科技在建筑设计等场景的应用，另一方面也是在这个相对拟真的环境中去验证我们的规划，交通能源等系统的设计是否合理，以一种更低成本的方式去优化和"试错"，去更科学地规划我们的未来总部。

由于我们希望模拟出真实智慧城市的交通控制系统，让游戏中的公交和现实中一样等红灯，自动避让，等人上下车，还要有一些比如满载时候的甩站等操作。因此，一般游戏中常见的那种固定轨迹的、绕着圈走的公交逻辑就不太可行了。因此，团队在其中引入了真实的自动驾驶仿真系统，让游戏里的载具去真实地感知周围的环境，通过机器学习不断优化，而不是按照事先设定的逻辑去行驶。

听到这里，大家会发现城市仿真和游戏的区别是要最大限度地还原现实生活场景。游戏中的位移通过传送门瞬间就实现了，能让游戏玩家节约时间，避免重复操作。但应用在数字孪生中，出于城市仿真的角度，就必须加上等车、坐车、堵车这些现实中非常频繁并且十分重要的场景。这里就引出了今天我想分享给大家的话题，从虚拟在线到仿真在场，我们缺失了什么？或者说要实现在线到在场的跨越，我们还需要什么？

我们来谈谈一个大家都熟悉的场景——在线办公。现在大家应该都能熟练掌握各类在线办公工具了，我们用邮箱、企业微信、腾讯会议、在线文档这样已有的产品，把信息沟通、文档流转和办公自动化这些事情从办公室线下搬到了线上，实现了非常高效的远程办公。但这个时候，Facebook做了一件非常奇怪的事情，发布了一个叫Horizon Workrooms的应用。

　　这件事情为什么奇怪呢？这是一个VR程序，它构建了一个VR办公室，给我们每个人捏了一个很简单和卡通的Avatar虚拟形象，然后再让我们使用Oculus这样的VR设备进入这个虚拟办公室里办公。可能你会觉得，我都在线办公了，直接发邮件不行吗？直接开视频会议不行吗？为什么还要在一个虚拟世界里，弄一个只有上半身的卡通形象，去模拟一个上班的场景？这其实就涉及在线办公和大家一起在办公室办公到底有什么区别的核心问题，我认为就是缺乏临场感。

　　面对普通显示器的界面，大家都是一个个的小方块和头像，虽然我们可以无延时对话，看到对方的表情和反馈，进行文档同步协作编辑，但大家只会把它叫作在线办公。而在办公室里一起办公的话，就是大家在一个空间里，能够看到一样的室内室外环境，能够交头接耳，能够左顾右盼，能够有肢体的接触和交互，也能够闻到一样的气味、尝到一样的味道。Workrooms通过VR技术给大家提供了一种可能性，就是把大家放在一个虚拟的场域空间里，实现线下办公的临场在场感。

　　Google也试图解决在场的问题。它用光场技术构建了一个裸眼3D的远程会议系统Project Starline。在这个屏幕面前，你可以随意移动，会议对面的人也会随着你的视线转动，就好像你们真的在面对面一样。虽然我们还做不到《王牌特工》等电影里所描绘的通过增强现实、全息投影、虚实结合式的在场感，但最新的消费级VR产品已经能欺骗眼睛和大脑，让我们初步感受到在一个虚拟场域中，让大家基于空间音频技术交头接耳，可以在同一个白板上以手柄做笔一起创作。

　　由于缺乏表情的捕捉能力、触觉嗅觉等能力的模拟，虚拟在场和真正在场在体验上还有很大差距，比如面对面，大家有相互握手的自然反应，这种时候就会出戏。但这无疑已经实现了在线到在场办公的第一步跨越。

与办公相比，演唱会、球赛等人们聚在一起现场观看的活动，更能说明我们为什么要追求在场的体验，也许现场的嘈杂、观看角度甚至还不如在家里对着大屏幕的观看效果，但置身于人群之中，万人合唱、喝彩、嘘声，那种氛围和沉浸感是再大的屏幕也无法给予的。

　　2020年，美国歌手Travis Scott在线上游戏《堡垒之夜》中举办了一场虚拟演唱会。这场演唱会有2300万用户参与，这个数量级是线下永远不可能实现的。而且整个场景都实时可互动，观众戴上VR设备，不只能够看到歌手在虚拟空间中化身的动作，聆听环绕身边的音乐，还能在这个过程中看到其他观众的反应和动作，一起挥手、跳跃等。新的科技让大家足不出户，也能体会到亲临现场的感觉。

　　那么到底什么才是"在场"？我认为，在场实际上是一个空间与时间、主体与客体、本我与他我实时同步的状态。它可以是离线的，也可以是在线的。在没有互联网以前，我们到达某个地方去做某件事情，这是一种"天然"在场。

　　在线下，我只能存在于一地，我和周遭环境的互动是即时的、同步的，我与场内其他人之间的感受也是同步的、实时的。但在线上，至少我们在过去互联网发展的阶段里，并不是这样的。比如从20世纪90年代开始，为了在只能发文字的互联网上表达情感，网民发明了颜文字，后来有了Emoji，Emoji又变成了表情包。但到表情包为止，其实我们都不是"在场"的状态，而是"在线"的状态。因为表情包没有办法像真正的人脸那样表达那么多复杂的微表情，另外就是表情包是没法实时同步。现在很多人在聊天的时候，会非常仔细地斟酌自己要发什么表情，这个逻辑就和我们在线下完全不同。虽然在线下我们也会假装露出一些表情，但大多数情况下，表情其实是我们即时的真情流露，而不是刻意的精雕细琢。我们用表情包替代了表情，是因为我们在过去的20年里，技术上没有实现足以实时捕捉表情并传递给对方的能力。或者说，为了实现线上即时通信的效果，我们压缩了情感表达的信息，或降低了情感表达的质量。

苹果公司在2017年发布的Animoji在一定程度上将"在线表情"向"在场表情"推进了一小步。我们现在也已经看到了大量实时呈现主播表情的卡通形象活跃在各大直播平台，这增加了趣味性，也满足了匿名化直播的需求。未来，我们可能会完全补上实时表情的信息缺失，以虚拟人的形式实时出现在远方的现场，实现身体的复制和延伸。

2020年9月，一个单身妈妈以虚拟化身的形式登上了美国综艺节目Alter Ego的舞台。这位妈妈本身是一个很内向的人，所以她选择创造了一个与自己性格完全相反的形象，这让她更有勇气面向观众。这其中使用的仍然是动作捕捉和面部表情捕捉技术，我们都知道这种技术在过去是十分昂贵的。但在过去10年里，它的成本正在快速下降，设备也在变得越来越小型化。可能有朝一日，我们每个人都能像使用智能手机那样，将自己投射到远方或虚拟空间。所以，从离线到在线，基于对效率的追求或者技术的限制，我们将每个社会活动的本源抽象了出来，省略掉了很多细节。从这个角度来说，在线是一种抽象化，它的反义词不是低效，不是公平，而是具象。

从在线到在场的过程，是一个把我们之前丢弃的有价值的细节重新找寻回来的一个过程，随着XR、游戏引擎等各种交互、仿真技术的突破，最终实现线上和线下完全相同的效果。特别要说明的是，从在线到在场是技术的升级和演进的必然，但并不意味着在场感一定比在线更高级或者一定会取代前者。在线时代，表情包的一图胜千言，异步通信的思考和斟酌留给用户的空间和时间，甚至于微信里的"对方正在输入"带来的期待，恰恰是比当面或在场更有空间，更轻松，也更有意思的地方。

但新技术无疑提供了越来越接近无损的信息传输，和真假难辨的数字仿真能力，为人类的交互和体验提供了新的能力和方案。它能够在人们需要的时候，让远在天边的一群人置身于同一空间沟通和协作，能够在足不出户的情况下，让远程的化身实现亲临现场的表演和演讲，真正实现人的身体的复制和延伸。

我们把以上的情况叫作在场，但很多人肯定也会马上联想到火爆的元宇宙概念。很多人觉得现在好像什么都是元宇宙，但元宇宙又好像什么都不是。我个人的理解是，元宇宙本身是一种技术渐进式发展的趋势，就像我们在30年前说信息高速公路，10年前说移动互联网一样，概念本身叫什么并不重要，它只是一个巨大的技术应用和孵化的池子。基站、手机、短视频、直播、外卖、可穿戴设备，我们都会把它装进"移动互联网"这个概念里。我们也不会说移动互联网时代的来临是某个单点技术的突然突破，或者是某个颠覆性的产品的横空出世。元宇宙也是这样，任何一项技术单点的突破或炒作，都不会把我们瞬间带入新时代，而我们会在不断的技术涌现和应用中逐渐把我们由在线时代推向一个"重新在场"的时代。

知名科幻作家刘慈欣曾经说过，人类的科技树有两个方向，其一是星辰大海，另外一个则是在虚拟空间里不断地内卷。但实际上我们发现，这两个应用方向并不必然冲突，甚至有可能是相互依存的。因为技术总是以涌现的方式持续出现，我们实际上是无法完全预测每项技术的突破在未来会产生什么样的应用，带来什么样具体的变化。比如说，移民火星似乎是我们人类现在迈向星辰大海中重要的一步，但这其中需要的很多技术。可能最终并不来自星辰大海的那一侧。以我们现在的技术基础，到我们真正实现有一部分人在火星上居住，这中间有一大部分空白。

这部分空白是由什么来填补的，如果开个脑洞，可能是由自动化机器人、远程控制和VR来实现的。比如在真正的人类"火星在场"之前，在往火星上派机器人建基地之前，要首先实现在虚拟世界中对"火星"的在

363

场。要先给火星建个超拟真的VR模型，去模拟各种可能出现的情况，就像我们要在沙盒游戏里建的那个虚拟总部一样。我们会发现，这个过程需要的技术可能源自于完全不同领域的技术涌现与应用。

我们试着拆解一下远程操控机器人建设火星这个场景，按照最简单最粗略的估计，至少得有以下几个方向的突破：其一是机器人技术，你要有一个身形灵活、能搬能扛的机器人在火星；其二可能是VR和拟真技术，我们要保障远程的操纵员能全视角感受到周边环境，可能还需要有触觉反馈的手套。这些技术，也许能从当下我们在地球上已经实现的应用中找到雏形。

在2020年11月的腾讯全球数字生态大会上，腾讯云和三一智矿有一个合作，实现了在武汉的展厅中远程驾驶一辆位于鄂尔多斯的矿车，甚至驾驶员可以在多辆卡车之间来回切换。操作台与矿车之间有1500公里之远，但整个驾驶过程是几乎无延迟的。

由于火星到地球的单向通信延时超过二十分钟，加上带宽的限制，我们可能没有办法在地球实时操作工程车在火星作业，但未来这样的技术，也许可以让我们的宇航员在更适宜人类居住的火星轨道上的空间站里，去控制火星上的车辆和机器人建设基地，建设好后再让人员落地，以保障人员的安全。

再比如腾讯的NExT Studios工作室根据火星探测器采集的数据，已经用UE5引擎真实还原了火星地貌，让大家可以身临其境地置身于5500万公里外的火星上。同时，我们的技术人员还还原了太阳系最大的峡谷——火星水手号峡谷，全长4500公里，相当于从沈阳到曾母暗沙的距离，并尝试着模拟了火星的天气变化和气流运动。

除了供大家体验火星，VR技术的发展早就开始应用到神舟十二号宇航员的日常训练当中。早在2016年，神舟十一号的宇航员就在太空中利用VR

中华文化：特色与生命力 ◎

远集坊

眼镜与亲人团聚，从而大大缓解远离亲人的焦虑。这也是技术带来的现场感才能实现的心灵抚慰。

机器人这个事情，我们最早看到硅谷的创业公司波士顿动力在做机器狗，能四条腿直立行走，再到双足人形机器人，现在已经能跑、能跳甚至还能空翻。腾讯的RoboticsX实验室在机器人领域也不断进行研究和创新，今年发布的轮腿式机器人Ollie，其做到的360度空翻动作也是同形态机器人中的首次突破。我们还在机械臂接住抛出的柱状物、球状物等物体方面进行探索，并取得成功。

机器人的快速发展不仅仅出现在新闻稿中，也出现在现实生活中，例如在安防巡检、灭火救灾、家人陪护、养老助残等领域有着非常好的应用前景，未来它们的能力不断进化，也许能够胜任建设火星的角色。

除了视觉和听觉虚拟现实之外，触觉模拟也是一个热点领域。Meta的Reality Labs在前段时间公布了触觉手套的技术。触觉虚拟现实，可能短期内会先在社交与游戏领域找到应用场景，但等到它的水平进一步提升，就可以被用来远程精确操控一些机械设备。几年前我们就在斯坦福大学的实验室里，看到过触觉虚拟现实已经被应用到远程海底文物打捞的深潜机器人身上。

元宇宙和火星移民都还是大家的想象和愿景，也许都不是我们实际会到达的未来。所以我们反对不负责任的概念炒作，也反对将虚拟世界和现实世界对立起来的立场。可以肯定的是，相关的技术一定会持续涌现，会不断地把我们的体验从在线推向在场，其中的种种技术创新点，可能会以我们当下还无法想象的方式改变我们的生产生活。我们更应该做的是关注每一项技术的落地和应用，规避和治理它们带来的隐私、健康和伦理风险，让它们在影视、娱乐、工程、生产等领域脚踏实地、一步一个脚印地落地，产生实际的价值。

回到"离线、在线、在场"这个主题，我想表达的是我们要对未来抱有一种"乐观并谨慎"的态度，因为技术有它自己的发展步调与应用规律。如汽车是一项好技术应用，但直到汽车量产50年之后，汽车行业才发明了第一条安全带。现在回想起来，这是一件有些可怕，但又非常值得庆幸的事情。

在更广阔的科技行业里，风险会以更广泛的形式存在。全球的科幻作家创作了无数关于赛博朋克题材的作品，以至于元宇宙这个概念在2021年刚刚成为风口的时候，就有很多人发出了批评的声音，这样的批评声音是非常有价值和意义的。但回顾历史，我们也能看到人类一直以来驾驭风险、善用技术的能力。以Xr、数字仿真为代表的科技会带来交互效率的提升，更强的沉浸感，对人类的生活、社交甚至心理都会带来更加深刻的影响。

我们要相信技术进步会为全社会带来的福祉，也要看到技术本身的局限性，既不要冒进，也不要因噎废食。唯有如此，才有可能发挥新技术潜力，惠及大多数人生活，解决传统社会特别是数字化转型中所面临的难题，使得人类变得更强大、更幸福，这也是科技向善的应有之义。

"潮玩"
为文化创意产业赋能

◇ 靳鑫

中华优秀传统文化需要在社会大众中发展与传承，面对年轻群体，如何让他们对中华优秀传统文化从认知到再生，再到发扬，是重要的社会课题。本文以一个实践者的身份分享怎么用年轻人喜爱的手办潮玩的形式把中华优秀传统文化发扬好，在市场的需求下怎么利用创意思想来满足广大消费者，最终让我们的产品深入人心，同时让年轻人更多了解中华优秀传统文化。

一、什么是潮玩

潮流艺术、潮玩以及盲盒，三个概念截然不同，但是大家愿意混为一谈。潮流艺术是一种主要源于商业美术形式的艺术风格，是将流行的趋势和动向以艺术的各种形式表现出来，并且不固定某种风格或流派，而是随着流行和发展的不断变化，统称为"潮流艺术"。与传统艺术品相比，潮流艺术更受到年轻人的追捧。

说到潮流艺术，第一个就不得不提到艺术家杰夫·昆斯，非常著名的气球狗就是杰夫·昆斯的其中一个代表作，在各个现代美术馆里面有展陈，杰夫·昆斯代表了欧美潮流艺术的风格。

第二是亚洲的艺术家叫奈良美智，最早奈良美智是一个插画家、设计师，他创作了一个特别可爱的小女孩形象的系列作品，这个作品在香港拍出几个亿，后面几个作品也拍出了几个亿的价格。大家可以看，潮流艺术只是代表了一种形式，这是当代艺术接受的一种艺术形式和价值，这也是现在在世艺术家比较高的一个拍卖高度，一个可爱的形式，一个小女孩笑里藏刀的样子得到艺术市场的认知，同时他的衍生作品，包括衍生的画册、图书、本子等也得到了广泛的流传，也促进了艺术品的认知。

两三年前在淘宝上有一个非常热卖的作品叫作睡眠娃娃，那个时候在日本一开始卖大几千元，后来被炒到十几万，因为知识产权问题没有得到重视，在淘宝上或者其他的电商销售渠道出现过几百元，这一两年以来由于我们对知识产权的重视，淘宝上或者其他一些电商平台上就陆续减少了，说明市场是巨大的，同时在我们潮流艺术的知识产权下会有更多人去重视这些价值。

考斯在现代收藏圈特别有名，他的代表风格就是把一些卡通形象进行一定的恶搞，身体是一个米老鼠的身体，但是脑袋进行了Q版骷髅化的体现，也得到了现在市场的认可。前两年有一个特别好玩的营销事件，叫作优衣库和KAWS的联名，商业上得到了很大的成功，好多年轻人疯狂抢购这件T恤衫，售价30多块钱，这件经过艺术家联名的T恤衫成了代表潮流的表现，所以潮流艺术和商业之间代表了年轻人消费的机会。

而"潮玩"则是将艺术、设计、潮流、IP、绘画、雕塑等多元素理念融入玩具载体，是面向年轻人群的消费品。像艺术圈比较活跃的B熊，很早的时候在日本玩具公司出现，同时慢慢在国内和亚太地区变成年轻人、收藏者的热衷需求，现在100%（B熊的一种尺寸）包括市场主流的400%炒到大几万块钱，所以B熊代表了潮流玩具的认知。和传统的艺术品相比，

中华文化：特色与生命力 ◎

刚才说的潮流艺术，现在说的潮玩在市场的需求和认知上有巨大的市场空间。

再说到"盲盒"，盲盒是一种营销方法，并不是一个产品形态或者艺术形态。"盲盒"的营销方式源自日本明治维新时期的商家清理库存，后用在售卖手办玩具。比如日本在20世纪80年代对一些小型玩具进行售卖，用扭蛋的形式，像日本美少女最初的IP推广就用了扭蛋形式。所谓"盲盒"，就是以随机抽选为主要特征的一种销售模式，以其限定款的饥饿营销，刺激消费者的购买欲和复购欲，因此盲盒的销售形式有着隐形赌博属性以及使消费者轻上瘾的可能。

以Sonny Angel为代表的盲盒形式在2004年就出现了，那个时候出现了大盲小盲，有些热衷的粉丝会收集盲盒的比较小的限量版，在盲盒这种形式下促进了产品的销售。

总结一下，"潮流艺术"是一种艺术形式，"潮玩"是年轻人接受的消费品形式，而"盲盒"是一种营销方法。在这三个方法下，变成了现在年轻人比较接受的盲盒+潮玩的购买形式。当下我们还是要回到产品力上来，而不是用偏过度营销的方法去表现。比如说中国一些美育教育其实需要更多年轻人去了解，可以把这些需要普及的、让大家入门级了解的艺术形态，用一些手办潮玩的形式让大家先可以买得到、看得到，然后再对艺术品有一些了解，最后可以普及一些艺术市场，所以中国大众也需要一些手法让大家了解艺术，同时能进入到艺术市场消费，所以可以把潮玩这种形式当成一种入门的方法。

二、从全产业链中理解"潮玩"

"潮玩"是消费品，遵循着基本的商业逻辑。当文化传承附加在消费品上时，文化价值、版权价值、商品价值同时要遵循基本的商业规律。

并不是打着中华文化的旗号就一定能有市场，并不是萌化文化、恶搞文化就能博得市场。单从"潮玩"是消费品的属性上，必须经过产品化、工业化、渠道化才能得以成立。

举一个例子，一对艺术家夫妇叫李伟、刘知音，他们的作品叫作王子，是拿铜来表现的，这是一个艺术家对自己艺术创作的理解，在进行消费化的时候，需要这样一个延展过程。首先要把它朝消费品手办或者摆件的方向改变，从材质上把铜换成了比较容易接受的像PVC等比较易被接受的材料。其次，把将近一米多高的尺寸改成20、30厘米，适合放进生活空间里。再往后可以开发出若干个产品尺寸、若干个涂装，让这个系列更加丰富。后面就是品类的边界，这个形式设计得很好看的时候，用户对它已经理解的时候，就可以变成生活功能的产品，像杯子，像一些大家生活中需要的元素。因为现在生活里需要更多美好和感性的东西促进我们对产品进行消费。最后进入场景阶段，告诉大家，这个产品虽然源自于艺术，源自于一个IP，但还是让大家的生活条件能变得更好。所以它需要一系列的从创意、知识产权，最后到消费品化的转化过程。销售得更多、用户更多的时候，IP的影响力就会更大。

"潮玩"的产品逻辑流程首先是内容汇聚，即中华优秀文化的整理、提炼和优秀艺术通过创意人才的平台化聚集；其次是把艺术家的创意或成熟IP，通过专业的产品团队进行工业级的产品研发，如全数字化的设计系统，3D打印技术等。科技在其中极大提升了产品研发效率，大幅降低了产品的研发费用。

我们有一个合作的艺术家，叫张占占，早期是创作版画、插画或油画的艺术家，他的艺术表现形式还是在平面的角度上，而在设计和艺术角度上，则需要更多的专家和老百姓对他进行支持和了解。如果只是纯用版画的艺术形式，相对来说还是效率比较低，我们可以用消费品或者用文创产品形式给他们推荐。首先可以把这些可爱的形象和公共空间做结合，让更多的老百姓能看到这些产品，不一定是艺术品，再往后有更多人看到后可以和这样可爱的形式合张影，并去了解一下背后的故事。如果市场反应好，可以做出适合消费价格的消费品，比方我们在淘宝造物节做了一次首发，把一个艺术家的作品变成了老百姓能接受的100多块钱的，可以放在桌子上、放在家里摆设的一件消费品，卖一件原作时大概卖60万，但是这个摆件我们可以卖5万只、6万只、60万只，其实等于把艺术品的价值变成数量更多的消费品的价值，所以在这种转化上对于年轻的创作者是非常好的提高价值的推广。

我们在艺术文化和消费的实践中总结了几个观点：第一，让艺术、文化一定要走到大众视野。第二，一定要走到群众的消费里面去，这样的话才有更多自我造血能力，才有更好的发展机会。所以艺术家要变成人民艺术家，要做更多能看得到、摸得到，还要买得到的东西

我们有一位合作的海外艺术家，来自韩国的李先生，他的一些创意最早都是来自一些老爷车的样子，这些老爷车已经可以让更多年轻人接受了。艺术家在创作时是一件件平面的插画，但是实现产品变成了一个可爱的、刚开始学车时把脸贴到方向盘上的一种感觉。这个时候，十几岁的男孩子也好，还是40多岁的成功人士也好，把它放到自己办公桌上、放到家里面就成了非常好玩的、体现年轻心态的一件产品。

这些艺术家也会到国内来，他们知道只有中国全产业链才能帮助他们，把一个创意最后变成一件消费品，这里面经过了产品化，经过了在东莞工业化的过程，最后到零售的过程。当艺术家的创意，最终变成在商场里就买得到的实物，这是对于一个艺术家来说非常激动的一件事。所以这种模式下，我们可以让更多国际级的文化进行交流，把这些国际级的创意变成让更多人能够接受的模式。

「潮玩」为文化创意产业赋能

接下来介绍的艺术家叫贾晓鸥，他的作品的消费对象主要面向年轻女孩。这位艺术家早期创作的原作，就是一个女孩子和动物之间的关系。他的作品和一件能买到手的消费品之间还差很长一段距离，但是创意就是这么来的，一个女孩子和动物的相互守护、相互的陪伴关系就是艺术家要给大家表现的东西。首先要进行全数字化的建模、拆解，这是让创意变成产品的第一步。要让产品设计师对这件手办摆件进行数字化拆解，再往后用科技化的手段进行全数字化的3D打印。其实数字化会让知识产权在商品的转化过程中提高非常大的效率，一个艺术品的复制，一个创意手办的工业化，科技已经变成很重要的转化手段。3D打印可以两个小时之内迅速实现建模之后的打样，尺寸、颜色可以非常快速地表现出来，而且这种研发的时间和速度也都非常快，传统的手办研发一件作品则基本需要四五天的时间。

中国有世界上最完整的工业体系，区域型的完整产业链是工业级商品的根本保证，如中国的长三角、珠三角，都拥有着国际级的全产业体系。"潮玩"以工业品一样的效率，通过现代化工厂，完成百万级的产品生产复制，这是文化向大众传播最重要的一环。

一个大家买得到的潮玩和手办，它在工厂的制作过程通常会用到我们所说的模具，我们利用PVC更环保的材料来复制文创产品时，工业化是特别重要的一环，钢模就是通过高温高压的形式，把产品造型注塑出来，这一环也代表了中国工艺非常重要的制造高度。

接着就是我们的产业工人去复制艺术家，复制创作者创意的过程。作为一个东莞的供应链中的一个年轻人，他们以前是一个电子厂或者服装厂的普通工人，但是他要在复制更多艺术家创意时就得知道材料和工业标准，就得采用国际级的沟通方法让他们复制出符合质量的产品。一个潮玩手办的制作过程不光光只是在工业链上涂色，更重要的是要利用国际级高端的供应链体系复制这件产品。国际级的供应链现在不只为一些外商提供，在现有的

中华文化：特色与生命力 ◎

国际化情况下，我们也会得到这样顶级的供应链生产机会，让我们产品达到国际级的文创产品的标准。中国的文创手办从最开始的创意就是自有的，从产品研发也是我们自己的知识产权，在生产时利用了国际级的供应链体系，我们可以自豪地说，我们的文创产品是最好的或者顶级的。

在这种工业化体系下，我们才能保证百万级的产能，才能让中国更多年轻人买得到、看得到这些消费品，赋予更多功能，使一个文化载体慢慢进入生活场景，所以中国的IP知识产权在往后有更多文化类的延展。

最后，高效的营销渠道，为产品的分发以及向大众传递产品文化内涵提供了最后的一个环节。比方说线下的销售模块，大家可以在各个商场里面买到它。互联网是我们作为一个文创企业，作为一个潮玩手办非常重要的零售渠道，从电商到比较热门的直播，为文化企业，尤其为中国文化提供了多元化的销售场景。

综上，在整个商业闭环中，文创产品不是由艺术家单独完成的，而是由规模化的商业体系完成的。在这个商业体系中，不但需要大量的流动资金，而且需要更多在各个环节中的专业人才，不断衍生出"潮玩"产品和文化生活消费品，在消费者中产生更大的影响力和传播力。用艺术创意和IP带来的高颜值和实用性，差异化定位了生活消费品卖点，成为"潮玩"品牌的核心驱动力。同时，利用"潮玩"产品带来的大众认知度和商业价值，促进艺术家有更多更好的创意产生，从而达到了良性的商业循环。

与此同时，文化以IP价值形态体现，以"潮玩"为传播载体，需要文化IP矩阵化的构架和发展，目前国外有许多IP矩阵化成功的例子，如美国的迪士尼、日本的三丽鸥等，利用成功的第一梯队IP打造的经验，复制第二梯队的产品，使得具有IP属性的消费品能够源源不断地提供给消费者。

我们和一些朋友的公司也做了好多尝试，我们把中国的一些文化元素、自己的知识产权和自己的IP用公共空间的方法来展示。比如在各个商超里面做一些美陈，让更多年轻人拍张照片、发个朋友圈，让他们了解这个IP形象背后的故事，这就是我们自己的文化延展。

所以一个IP通过产品形式进行销售之后，就慢慢变成一个推广的形态。日本的三丽鸥是一个特别值得学习的公司，这家公司是Hello Kitty的母公司，最早的时候，辻信太郎是卖日杂的，其中有一款钱包上画了一个可爱的小猫，结果发现画了一只小猫的这款钱包卖得特别好，后来他们做了一些市场采访，发现这只小猫原来代表了一种情感上的认同。慢慢地，公司开始来做产品化的延展，把这种可爱的形态打造成了一种文化形式。现在三丽鸥公司变成了一个完全的授权公司和渠道公司，产品都是Hello Kitty的延展。最早的Hello Kitty只是一个形象，现在变成了一个家族，最早Hello Kitty也不是一个猫，是一个小姑娘，只是用了一个猫的比喻形态来表现，如今变成了非常好的一种文化载体。

一百年前的迪士尼，他们用影视动画片、图书形式推广IP，在中国有巨大的商业消费诉求情况下，其实消费品也是一个非常好的、可以对知识产权来进行IP推广的载体，让商品变成了一种非常高效的文化推广形式。

我国的文创企业也可以借鉴IP矩阵模式，比如说当打造第一梯队成功之后，一定拿成功的经验来复制第二梯队，第一梯队成功时候类似于像尺寸、价格、材料、消费者、销售渠道等，其实都可以用以前的成功经验对第二梯队进行复制，渐渐地让中华优秀的文化元素以IP形式走进消费者的视野，并得以良性发展。

三、"国潮潮玩"让年轻人更了解中华文化

用现有成功的"潮玩"商业模式，去推广、传播中华优秀文化是非常可行的。如传统雕塑，如果照搬传统雕刻方式会耗费大量时间精力，达不到工业化复制的工艺要求，很难在短期内获得经济回报，在主流的大众消

费市场里，年轻人也不会接受这种手工复制。现在越来越多的年轻艺术家选择"国潮潮玩"的形式，通过符合时代审美和贴近生活的产品设计，进行二次提炼和改良，让年轻人了解、接受并喜爱上传统工艺和文化，并将中国元素传播到更广阔的市场中去。

我们公司有一款西游记的产品，是孙悟空形象的一个产品。我们每个人的心目中都有一个这样的孙悟空形象，都有这样一个英雄。在我心目中，孙悟空他是一个身材虽然瘦小，但是肩负着重大使命的形象，他肩负了保镖、军师等多种职责，是一个非常全面的干将。这样一个饱满的形象为什么没有让现在的年轻人喜欢上他？现在一些年轻人喜欢的是什么？喜欢的是一些靠吃激素、靠生发变异成为英雄的一些形象。

我们团队因此开始立项，希望用我们年轻人喜欢的一种方式把传统去表现出来。我们团队在创作之前会做大量的调研和搜集工作，比如说我们会去看《西游记》原著，会搜集以往电视剧、一些好的故事里面对孙悟空的描写，把这些搜集来的素材进行整合再设计。原画师甚至都跑到动物园去对猴子进行写生，抓住它一些传神的动态。把这些素材搜集来之后，第一步就是进行平面化的设计，包括一个猴子的形象、动态，到它的神态都做了非常多的努力工作，甚至呈现了铠甲上的细节。

2D平面完成以后，就开始进行3D的转化，让它变成一个三维模型，然后就是3D打印，让它从虚拟变成一个实物，涂装师再进行颜色的设计。以前做传统雕刻会花费大量的时间精力，而且一些细节是传统雕刻无法达到的，但是用数字雕刻就会变得非常简单，而且效率也会得到大大提升。

产品打样完成之后就要开始进行柔性供应链的生产，我们先做一小批，大概100多个，把这批产品投放到市场，等待市场的反馈，效果也是非常好的，基本上刚投到市场，产品就一销而空了。但是最让我们可喜的是收获了消费者的反馈和对产品的意见。我们把这些问题整合好之后，对产品再次进行升级迭代，让它越来越接近于完美的状态，最后再进行批量化的生产。

除了西游记，我们也在探索其他优秀的中国传统文化，比如说山海经，在做山海经创作之前，我们做了一些市场调研，在手办这个行业有很多团队都在做山海经这个题材。但是我们发现一个现象，就是很多团队没有经过调研搜集这些工作就开始做设计，他们在自己的产品上贴上传统文化、国潮的标签，去销售给消费者，其实会对消费者，特别是青少年产生一些误导。所以基于这样的问题，我们在设计之前就只做了一件事，把市面上所有能买到的关于山海经的画册、书籍全部买回来，每一位设计师挨个翻阅，当大家看完，有一定了解之后再去谈设计。

在以手办潮玩的形式传播中华传统文化中，我们也有了一个自己的认知。坚持正确的价值观，弘扬优秀文化，让社会效益和经济效益相互补充，更多地适合消费市场，让更多的大众了解传统文化；合理地利用我们的文化资源，一定不能过度商业化，不能过度娱乐化，一定要在年轻人接受的前提下，去正确地引领这样的文化形式。

"潮玩"在文化传承中，起到的是媒介作用，面向中国14亿大众人群，首先是文化的认知，现在一些青少年受到欧美日电影、动漫内容吸引，对中国传统文化不感兴趣也不了解，需要在年轻人熟悉的认知方式和内容上进行引导，如手办、潮玩、衍生品、条漫等形式，让中国传统文化得以二次认知，让中国传统文化在商业消费的检验下得以自然传承和弘扬。

中国需要自己的文创企业，需要有IP研发及打造能力、多品类研发出品能力、全产业链控制或持有能力、自有品牌能力、国际化输出输入能力，这是衡量文创企业的标准。

让文化自信得以世代传承，让年轻人认知、理解、发扬传统文化，我们要用务实先进的理念、设计优良的国货潮玩，告诉年轻人——拯救地球的，是我们自己的"国人英雄"！